성인 상담 및 심리치료 과제 플래너

ADULT PSYCHOTHERAPY
HOMEWORK PLANNER
6th Edition

Arthur E. Jongsma, Jr. · Timothy J. Bruce 공저
문미란 · 윤명신 · 아이리스 리 공역

학지사

Adult Psychotherapy Homework Planner, 6th Edition
by Arthur E. Jongsma and Timothy J. Bruce

한국의 상담 환경이 변화하는 이 중요한 시점에 귀중한 자료인 『성인 상담 및 심리치료 과제 플래너』 한국어판을 출간하게 되어 기쁘게 생각합니다.

상담 및 심리치료의 중요성에 대한 인식이 높아짐에 따라 이에 대한 수요가 급증하면서 효과적인 치료 도구의 필요성이 제기되고 있습니다. 특히 국가나 기업, 기관 차원에서 구성원들의 정신건강을 위해 상담 및 심리치료에 대한 지원을 확대하고 있는 것은 상담의 대중화와 보편화에 일조하는 고무적인 현상이라 할 수 있습니다. 그러나 이러한 지원이 제한된 예산으로 운용됨으로써 치료 세션이 짧아지고 치료 횟수가 줄어드는 경향으로 연결되고 있어서 단기상담의 효과성을 높일 수 있는 다양한 장치가 필요합니다.

그중 대표적인 것이 과제를 활용하여 내담자가 치료의 초점인 문제에 대해 세션 사이에 스스로 작업할 수 있도록 하는 것입니다. 이는 세션과 세션 간, 치료사와 내담자 간의 간극을 메우는 가교 역할을 하여 치료의 효과를 높이는 데 기여할 수 있을 것입니다. 즉, 과제를 활용하는 것은 치료의 연속성을 제공할 수 있을 뿐만 아니라, 내담자에게 문제를 해결하는 데 더 많은 책임을 부여하여 치료 과정에 적극적으로 참여시킬 수 있다는 이점이 있습니다.

하지만 아직 한국 상담 현장에는 객관적으로 효과가 입증된 치료 도구가 미비한 실정이므로 치료사들은 각자의 방법대로 고안한 자료들을 사용하여 과제에 활용해야 하는 어려움이 있습니다. 이에 임상적으로 검증된 과제들로 구성되어 있는 이 플래너는 치료사들이 증거 기반 치료에 쉽게 접근하도록 하는 데 도움을 줄 것입니다. 치료사는 내담자의 문제에 적합한 과제를 취사선택하여 내담자에게 제시할 수 있으며, 이를 다시 치료 세션에서 내담자와 함께 검토하고 강화하는 작업을 통해 효율적인 치료를 진행할 수 있습니다.

이 플래너는 『DSM-5에 기반한 상담 및 심리치료 플래너(김동일 역, 학지사, 2020)』와 함께 활용하면 더욱 효과적일 것으로 생각합니다. 또한 현장의 치료사들뿐만 아니라 상담심리 관련 학부나 대학원, 혹은 임상 수련 장면에서 치료사들의 역량 강화를 위한 교육 도구로 활용하면 좋을 것입니다.

아직은 여러모로 척박하고 어려운 상황 속에서도 내담자들의 정신건강을 돕기 위해 헌신하는 치료사들에게 도움이 되기를 바라며 시작한 이 여정에서, 결실을 맺을 수 있도록 도와주신 학지사 임직원을 비롯한 모든 분께 진심으로 감사드립니다. 그리고 무엇보다 각기 처한 어려움과 역경 속에서도 살아 낼 수 있도록 애쓰는 내담자분들께 경의를 표하며 이 책이 그들의 도전에 힘을 실어 줄 수 있기를 바랍니다.

2024. 7.

역자 일동

〈참고사항〉

- 용어 사용에 있어 session은 세션, therapist는 치료사, client는 내담자로 번역하였습니다.
- 원문의 내용 중 문화적인 차이가 있는 부분은 국내 실정에 맞게 일부 수정하였으나, 여전히 어색한 부분이 있을 수 있으므로 상황에 맞게 수정·가감하여 사용하시길 바랍니다.

점점 더 많은 치료사가 내담자에게 과제를 내 주고 있습니다. 단기 치료 모델에서 이 방법을 지지하고 있을 뿐만 아니라, 많은 기존 치료사도 그 이점을 인정하고 있습니다.

왜 과제인가

심리치료 시 내담자에게 과제를 내 주는 것은 여러 가지 이유로 유익합니다. 치료 세션이 짧아지고 치료 횟수가 줄어드는 관리 치료의 등장으로 치료사는 더 짧아진 치료의 효과를 극대화하기 위해 세션 사이에 과제를 내 주기도 합니다. 과제는 치료 과정의 연장이며, 연속성을 제공하고, 내담자가 치료의 초점인 문제에 대해 세션 사이에 작업할 수 있도록 합니다. 또한 내담자를 치료 과정에 완전히 참여시키기 위한 도구이기도 합니다. 그리고 내담자에게 현재 문제를 해결해야 한다는 더 많은 책임을 부여하여, 일부 내담자가 경험할 수 있는 '치료사만이 내담자를 치료할 수 있다'는 기대에 반박합니다. 일부 내담자에게는 자기효능감을 불러일으킬 수도 있습니다.

과제의 또 다른 장점은 이것을 통해 내담자가 치료 세션에서 논의된 통찰력이나 대처 행동을 실행하고 평가할 수 있는 기회를 제공한다는 점입니다. 연습은 종종 다양한 문제에 대한 인식을 높입니다. 또한 과제는 내담자가 변화에 대해 말만 하는 것이 아니라 변화를 실천할 것이라는 기대감을 높여 줍니다. 연습에는 참여가 필요하므로 내담자가 변화를 위해 적극적인 조치를 취하고 있다는 느낌을 줍니다. 과제를 통해 내담자는 새로운 행동을 시도해 볼 수 있으며, 이러한 경험을 다음 세션에 다시 가져와서 검토할 수 있습니다. 치료 세션에서 과제를 검토하는 작업을 하면서 내담자의 생각, 감정 또는 행동에 수정이 이루어질 수 있습니다.

때때로 치료 과정이 모호하고 추상적으로 될 수 있습니다. 과제는 초점과 구조적 요소를 추가함으로써 치료에 활력을 불어넣을 수 있습니다. 또한 구체적으로 해결해야 할 것을 제공하기 때문에 내담자의 변화 동기를 높일 수 있으며, 주변인들의 참여를 요구하는 과제를 통해서는 가족과 중요한 타인의 치료 참여도를 높일 수 있습니다. 과제는 내담자가 치료 세션 사이에 통찰력, 긍정적인 자기대화, 대처 행동을 적극적으로 개발하도록 장려하여 보다 효율적인 치료를 촉진합니다. 결과적으로, 많은 내담자는 과제가 주어지면 치료 과정에 대한 만족도가 높아진다고 말합니다. 내담자는 변화 과정을 촉진하는 능동적인 일을 함으로써 힘을 얻고 문제에 대한 통제감을 강화할 수 있습니다. 이러한 모든 장점으로 인해 치료적인 과제 부여는 점점 더 보편화되고 있습니다.

과제에 대해

치료사는 다양한 수준의 세부 사항과 내담자의 준비 과정을 통해 과제를 소개할 수 있습니다. 이러한 준비 및 연습 후 논의에 관한 권장 사항은 각 과제의 제목 페이지에 '내담자와 이 연습을 수행하기 위한 제안'이라는 제목 다음에 나와 있습니다.
임상적 판단을 통해 내담자의 관련 문제에 초점을 맞춘 과제를 선택해야 합니다. 각 과제에는 '연습의 목표'에 대한 항목이 포함되어 있어 내담자에게 적합한 과제를 선택하는 데 도움이 됩니다.

과제 수행

다양한 과제 연습의 유형과 초점에 대한 광범위한 특성을 숙지하기 위해 책 전체를 검토하는 것이 좋습니다. 내담자의 현재 문제와 관련된 장의 제목 또는 부록의 대체 목록에서 특정 과제를 선택한 다음 과제 목표 목록을 검토합니다. 치료 과제 배정은 치료 과정의 시작 단계에 불과합니다. 과제를 수행하려면 과제가 내담자의 생각, 감정 및 행동에 미치는 영향에 대한 후속 조사가 필요합니다. 결과는 어땠나요? 이 과제가 내담자에게 유용했나요? 더 나은 결과를 위해 과제를 재설계하거나 변경할 수 있나요? 내담자가 이 과제 과정에 적극적으로 참여할 수 있는 새롭고 창의적인 방법을 검토하고 찾아보세요.

차례

8. 아동기 외상 • 102

9. 만성 통증 • 113

10. 인지적 결손 • 116

11. 의존성 • 125

1. 분노 조절 문제

치료사를 위한 개요: 공격적인 분노의 대안

연습의 목표

1. 분노가 어떻게 공격적으로 표현되는지에 대한 자각을 증진시킵니다.
2. 분노 폭발의 횟수, 강도 및 지속 시간을 줄이면서 분노 관리를 위한 새로운 기술의 사용을 늘립니다.
3. 일상 기능을 향상시키는 건설적인 방법으로 분노 감정을 다룰 수 있게 됩니다.

이 연습이 가장 유용할 수 있는 추가 문제

- 반사회적 행동
- 주의력결핍 과잉행동 장애(ADHD)
- 경계성 성격 장애
- 가족 갈등
- 외상 후 스트레스 장애(PTSD)

내담자와 이 연습을 수행하기 위한 제안

내담자는 종종 좌절스러운 상황에서 할 수 있는 유일한 방법으로 대응했다고 생각합니다. 그들은 자신의 행동에 선택권과 통제권이 있다는 것을 깨닫지 못합니다. 내담자가 좌절이나 분노를 다룰 때 적용할 수 있는 대안을 이해하도록 돕기 위해 과제의 첫 번째 부분에 나열된 분노에 대한 대안을 검토해 봅니다. 내담자의 일지 자료를 검토한 후 분노를 조절하지 못하고 공격적으로 표현하게 되는 좌절감이나 상처를 주는 상황에 대응할 수 있는 건설적인 방법을 추가로 제안합니다.

연습 1-A

공격적인 분노의 대안

공격적인 분노는 다양한 형태로 나타날 수 있습니다. 분노는 언어적으로나 신체적으로 통제할 수 없는 것으로 표현될 수 있습니다. 또한 누군가에게 화를 내거나 불친절하게 비판함으로써 분노를 표현할 수 있습니다. 분노를 표현하는 또 다른 형태는 다른 사람들을 차단하거나 피하거나 우리와 관계를 맺으려는 시도를 거부함으로써 타인을 처벌하는 차갑고 냉정한 철수입니다. 이러한 모든 반응은 관계와 우리 자신의 자존감에 파괴적일 수 있습니다. 분노의 공격적인 표현은 종종 나중에 죄책감과 수치심을 느끼게 합니다.

이 연습은 분노를 다루는 긍정적인 대안에 대한 간략한 설명을 제공함으로써 공격적인 분노에 대한 몇 가지 건설적인 대안을 간략하게 파악하도록 설계되었습니다. 이 연습의 목표는 공격적인 분노를 보다 건설적인 행동으로 대체하려고 할 때의 대안을 고려해 보는 것입니다. 일상 생활에서 분노를 유발한 상황을 일지 형식으로 기록한 다음, 이러한 건설적인 대안 중 하나 이상이 그 상황에 어떻게 적용되었는지를 기록하세요.

건설적인 대안

1. 자기 주장: 상대방을 방어적으로 만들 수 있는 공격을 하지 않으면서 상대방의 필요와 권리를 매우 존중하는 방식으로 솔직하게 말합니다.
2. 조정/진정(tune out/cool down): 상황이 불안정하고 비생산적이라는 것을 인식하고, 양쪽 모두 진정한 후 생각을 정리하여 개인적인 통제력을 회복할 수 있는 기회를 갖기 위해 그 상황에서 물러날 것을 제안합니다.
3. 이완: 이완 신호를 주는 단어 사용, 긴장을 풀어 주는 심호흡, 편안한 장면 상상 또는 심부 근육 이완 절차를 통해 스트레스와 긴장을 줄이는 이완 기술을 배우고 실행합니다.
4. 기분 전환: 분노가 쌓이는 것이 느껴질 때, 축적을 멈추고 더 즐거운 경험에 마음을 집중할 수 있도록 기분 전환 활동을 찾으세요.

5. **신체 운동**: 분노와 긴장 수준이 상승할 때 신체 운동을 하는 것은 통제력을 잃거나 분노를 폭발시키는 대신 긴장을 풀고 에너지를 방출하는 훌륭한 방법이 될 수 있습니다.
6. **문제 해결 기술**: 문제를 확인하거나 명확하게 정의하고, 가능한 해결책(대안)을 브레인스토밍한 후, 각 대안의 장단점을 검토해서 실행에 가장 적합한 대안을 선택하여 결과에 대해 서로 얼마나 만족하는지 평가하고, 마지막으로 필요한 경우 해결책을 조정하여 상호 만족도를 높입니다.
7. **자기대화**: 상처를 주는 표현에서 벗어나고 분노를 조절하기 위해 차분하고 이성적이며 건설적인 문장으로 자신에게 이야기하는 시간을 가지세요.
8. **'나' 메시지**: 상대방의 행동, 동기 또는 목표를 공격하거나, 비난하거나 묘사하는 대신 분노의 대상에게 자신의 감정과 필요를 설명하면서 말하세요. 예를 들어 "나는 …… 느껴." 또는 "나는 …… 필요해."로 말을 하세요.
9. **기타**: 분노에 대한 당신 또는 당신의 치료사가 생각하는 또 다른 대안이 있으면 적으세요.

___

___

___

일상 생활에 적용

다음의 표에 날짜와 시간, 화를 내게 된 상황, 공격적인 반응, 사용할 수 있는 다른 건설적인 대안을 적으세요. 건설적인 대안을 적는 마지막 행에는 대안에 대한 전체적인 설명을 작성하는 대신 위에서 살펴본 건설적인 대안의 1부터 9까지의 번호를 간단히 입력해도 됩니다.

연습 1-A

No. ________ 날짜와 시간: ____________ ____________	**상황**	
	공격적인 반응	
	건설적인 대안 반응	

(참고: 나중에 입력할 수 있도록 양식을 추가로 복사해 두세요.)

No. ________ 날짜와 시간: ____________ ____________	**상황**	
	공격적인 반응	
	건설적인 대안 반응	

No. ________ 날짜와 시간: ____________ ____________	**상황**	
	공격적인 반응	
	건설적인 대안 반응	

No. ________ 날짜와 시간: ____________ ____________	**상황**	
	공격적인 반응	
	건설적인 대안 반응	

치료사를 위한 개요: 분노 일지

연습의 목표

1. 공격적인 분노의 원인과 대안을 명확히 하여 현재의 분노 행동에 대한 인식을 확장합니다.
2. 분노를 유발하는 사람, 상황 및 기타 분노 유발 요인에 대해 일지를 매일 작성합니다. 생각, 느낌, 취한 행동을 기록합니다.
3. 분노 폭발의 횟수, 강도 및 지속 시간을 줄이면서 분노를 관리하는 새로운 기술의 사용을 늘립니다.

이 연습이 가장 유용할 수 있는 추가 문제

- 반사회적 행동
- 경계성 성격 장애
- 가족 갈등
- 외상 후 스트레스 장애(PTSD)

내담자와 이 연습을 수행하기 위한 제안

일부 내담자는 자신이 느끼고 표현하는 분노의 정도를 부인합니다. 또 어떤 내담자들은 분노의 감정을 인지하고 있지만 분노를 유발하는 요인과 원인을 이해하는 데 도움이 필요할 수 있습니다. 내담자와 함께 일지 항목을 점검할 때 내담자가 그들의 분노 감정의 요인과 원인을 정확히 찾아내도록 도와주세요. 분노의 원인은 처음에 드러난 것이 아니라 표면 아래에 숨어 있는 경우가 많으므로 검토 작업을 통해 발견할 수 있습니다.

마지막으로, 순간의 열기 속에서(순간의 화를 참지 못하고) 선택된 부적응적 분노를 대체할 수 있는 긍정적인 대체 행동을 설명하도록 내담자를 독려하는 것이 도움이 됩니다.

긍정적인 대안에는 자기 주장, 타임아웃, 문제 해결, '나' 메시지 또는 자기대화와 같은 것들이 포함될 수 있습니다.

연습 1-B

분노 일지

자신의 분노 감정, 분노를 둘러싼 상황, 분노의 대상, 분노의 원인, 분노가 어떻게 표출되었는지를 더 잘 알기 위해 분노 일지를 씁니다. 이 일지는 언제, 무엇을, 누구에게, 왜, 어떻게 화를 냈는지를 기록할 뿐만 아니라 그 상황에 대해 다른 어떤 감정적 · 행동적 · 인지적 반응을 보일 수 있었을지에 대해 생각해 볼 수 있도록 도와줍니다. 화난 감정을 무시하거나 변명하거나 부정하지 말고 자신에게 최대한 솔직해지세요. 분노를 경험했다고 결론을 내리면 그때가 바로 이 일지를 작성할 때입니다. 장황하게 쓸 필요는 없으며, 한두 문장으로 충분합니다. 분노 경험을 처리하고 배우려고 노력할 때 치료사와 각 사건에 대해 논의할 수 있도록 충분한 정보를 입력해야 합니다.

말이나 행동으로 표현하지는 않았지만 내면에서 분노를 일으켰던 경험도 포함시키는 것을 잊지 마세요. 표현되지 않은 분노가 쌓이면 나중에 부적절한 폭발로 이어질 수 있습니다. 이 일지는 이러한 현상을 이해하는 데 도움이 될 수 있습니다. 마지막 항목, 즉 분노의 감정을 묻어두거나 불쑥 터뜨리는 대신 그 상황에 대해 어떤 긍정적인 반응을 보일 수 있었을지 생각해 보는 것도 중요합니다. 차분하게 문제를 고려하고 분석할 때 더 건설적인 대응책을 찾을 수 있는 경우가 많습니다. 순간의 열기로 인해 많은 사람이 실수를 저지르게 됩니다. 분노 일지에 하루에 한 가지 이상의 항목을 작성해 보세요.

먼저, 다음에 나오는 분노 일지에 분노를 일으킨 경험의 날짜와 시간을 입력합니다. 둘째, 당시 상황에 대한 설명을 작성합니다. 셋째, 함께 있었던 사람들의 이름과 특히 내가 화를 낸 사람의 이름을 입력합니다. 다음으로, 화를 낸 이유 또는 분노의 원인을 나타내는 한두 문장을 작성합니다. 그런 다음 분노가 어떻게 드러났는지 또는 드러나지 않았는지 설명합니다.

마지막에는 그 경험에 대해 더 건설적으로 대응할 수 있었던 방법에 대한 생각을 작성합니다.

연습 1-B

No. ________ 날짜와 시간: ________ ________	**어떤 상황 (상황)**	
	누구 (사람)	
	왜 (이유)	
	어떻게 (반응)	
	대안적인 긍정적 반응	

(참고: 나중에 입력할 수 있도록 양식을 추가로 복사해 두세요.)

No. ________ 날짜와 시간: ________ ________	**어떤 상황 (상황)**	
	누구 (사람)	
	왜 (이유)	
	어떻게 (반응)	
	대안적인 긍정적 반응	

치료사를 위한 개요: 분노에 대한 자기주장적 의사 표현

연습의 목표

1. 분노의 감정을 절제되고 단호한 방식의 말로 표현합니다.
2. 전반적인 분노 감정의 강도와 빈도를 줄이고 화난 감정을 인식하고 적절하게 표현하는 능력을 향상시킵니다.
3. 타인과 타인의 감정에 대한 존중을 표현합니다.

이 연습이 가장 유용할 수 있는 추가 문제

- 반사회적 행동
- 양극성 장애-조증
- 가족 갈등
- 충동 조절 장애

내담자와 이 연습을 수행하기 위한 제안

이 연습의 목적은 내담자가 단호한 태도로 분노를 말로 표현하는 능력을 향상시키는 것입니다. 치료 세션에서 내담자에게 효과적인 의사소통 기술 또는 대처 전략을 가르쳐 분노의 감정을 직접적이고 침착하며 통제되고 공격적이지 않은 방식으로 표현할 수 있도록 돕습니다. 내담자가 집에서 정기적으로 자기주장적인 의사소통 기술을 연습하도록 권장합니다.

과제의 첫 페이지에는 몇 가지 효과적인 의사소통 기술이 나와 있습니다. 내담자가 분노를 적절하게 표현하는 데 도움이 되는 또 다른 효과적인 의사소통 기술을 자유롭게 가르치십시오.

연습 1-C

분노에 대한 자기주장적 의사 표현

이 과제에서는 가정, 학교 또는 직장에서 정기적으로 차분하고 절제된 방식으로 분노를 표현하는 연습을 합니다.

단호하게 분노를 표현하는 방법에는 다음과 같은 것들이 있습니다.

1. '나-전달법(I-message)' 사용, '나-전달법(I-message)'은 생각과 감정에 대한 소유권을 반영합니다. 효과적인 '나-전달법(I-message)'은 현재에 초점을 맞추며 교묘한 계략(책략)이 없습니다. '나'를 사용하는 것은 개인적인 책임감을 반영할 가능성이 높습니다.
2. 비난, 판단의 성격이 강한 '당신은~'이라는 표현은 사용하지 마세요. '당신은~'이라는 표현은 종종 상대방의 잘못에 초점을 맞추기 때문에 상대방을 방어적으로 만듭니다.
3. 화를 내는 이유를 차분하게 말하세요. 구체적인 행동을 언급하고 상대방의 과거 잘못이 아닌 현재 상황에 더 집중하세요.
4. 판단 대신 사실을 사용합니다.
5. 긍정적이고 구체적인 행동 변화를 요청합니다. 예를 들어, "늦을 때는 전화로 알려 주시면 감사하겠습니다."라고 말합니다.
6. 특정 행동이나 사건이 발생한 후 가능한 한 빨리 분노를 표현하여 현재를 중심으로 분노를 표현합니다.
7. 차분하고 합리적인 목소리로 분노를 표현합니다. 상대방에게 고함을 지르거나 비난하는 목소리로 말하는 것은 피하는 것이 좋습니다. 잔소리나 징징대는 것도 피하세요.
8. 적극적인 경청 기술을 사용하세요. 자신의 생각과 감정을 차분하고 절제된 방식으로 표현한 후에는 상대방의 관점에 귀를 기울이는 것이 중요합니다. 다른 사람의 생각을 방해하지 않고 경청하는 것을 잊지 마세요. 상대방이 말하는 동안 눈을 잘 마주쳐서 상대방의 생각과 감정에 집중해서 듣고 있다는 것을 알립니다. 듣는 동안에는 다음에 하고 싶은 말을

생각하지 않도록 하세요.

9. 논쟁이 긴장되거나 뜨거워지면 잠시 휴식을 취해 평정심을 되찾고 생각을 정리하는 것을 잊지 마세요.

이제 효과적인 의사소통 기술을 배웠으니 일상에서 이러한 기술을 사용해 보시기 바랍니다. 자기주장적 의사소통 일지를 작성하여 분노의 감정을 표현하는 연습을 할 기회가 있었던 사건을 기록해 주세요.

연습 1-C

자기주장적 의사소통 일지

날짜: ______________________ 시간: ______________________

상황: ______________________

관련된 사람(들): ______________________

무엇 때문에 화가 났습니까? ______________________

상대방에게 어떻게 분노를 표현했습니까? ______________________

상대방이 당신의 분노 표현에 어떻게 반응했습니까? ______________________

상대방의 진술이나 피드백에 어떻게 반응했습니까? ______________________

이전과 같이 한 것이 분노를 표현하는 데 얼마나 성공적이거나 효과적이라고 생각하십니까? 문제를 해결하셨습니까? 설명해 주세요. ______________________

만약 말이나 행동을 어떻게 다르게 했으면 좋았을까요? ______________________

2. 반사회적 행동

치료사를 위한 개요: 나는 다른 사람에게 어떻게 상처를 주었는가

연습의 목표

1. 다른 사람에게 상처를 주기 위해 행한 구체적인 행동을 파악합니다.
2. 상처를 주는 행동의 결과를 파악합니다.
3. 반사회적 행동이 다른 사람에게 구체적으로 어떤 상처를 주었는지에 대한 인식을 높입니다.
4. 다른 사람에게 입힌 상처를 보상 또는 회복하기 위해 취할 조치를 명시합니다.

이 연습이 가장 유용할 수 있는 추가 문제

- 분노 조절 문제
- 법적 분쟁
- 물질 사용

내담자와 이 연습을 수행하기 위한 제안

최소화 및 부정은 종종 반사회적 행동 패턴에 수반되는 특성입니다. 이 연습은 다른 사람에게 고통을 주는 반사회적 행동에 대한 민감성을 높이기 위해 설계되었습니다. 내담자가 체크리스트에 포함되지 않은 행동을 인정하도록 하기 위해 직면이 필요할 수 있습니다. 반사회적 성격 특성인 투사에 주의하십시오. 즉, 내담자는 자신의 행동에 대한 책임을 자신이 아닌 다른 사람에게 돌리려고 할 수 있습니다. 내담자가 자신의 행동이 다른 사람에게 주었던 고통을 느끼도록 돕기 위해 역할 바꾸어 보기가 필요할 수 있습니다.

연습 2-A

나는 다른 사람에게 어떻게 상처를 주었는가

우리는 다양한 방식으로 다른 사람들에게 상처를 줄 수 있습니다. 이 과제는 다른 사람들에게 해로운 영향을 미치는 다양한 행동을 더 잘 인식하는 데 도움이 될 것입니다. 때때로 우리는 우리의 행동으로 누군가에게 상처를 준다는 사실을 매우 잘 알고 있는 반면, 어떤 때에는 알아차리지도 못하는 것 같습니다. 다음에 나오는 해로운 행동의 목록을 검토하고 다른 사람에게 고통을 초래했던 행동 옆에 체크 표시를 하세요.

해로운 행동

______ 부정직
______ 불충실
______ 물리적 폭행
______ 도둑질
______ 불친절
______ 비난
______ 불법 행위
______ 물질 남용
______ 실직
______ 성폭력
______ 불성실
______ 언어 공격
______ 무책임
______ 무감각
______ 위협/협박
______ 무기 사용
______ 낙인찍기
______ 약속 안 지키기

1. 나열된 행동 중 하나를 선택하여 다른 사람에게 상처를 준 세 가지 상황을 설명하세요.

상황 A: ______________________________

____

____

상황 B: ____________________

____

____

상황 C: ____________________

____

____

2. 당신의 행동이 다른 사람들에게 어떤 영향을 미쳤는지 설명하세요. 그들은 어떻게 상처를 입었습니까?

상황 A: ____________________

____

____

상황 B: ____________________

____

____

상황 C: ____________________

____

____

3. 이 세 가지 상황에서 다른 사람에게 상처를 준 행동을 보상하기 위해 무엇을 할 수 있습니까?

상황 A: ____________________

____

____

상황 B: ____________________

____

____

상황 C: ____________________

____

____

치료사를 위한 개요: 사과의 편지

연습의 목표

1. 타인에게 상처를 주는 행동에 대한 경각심을 높입니다.
2. 타인에게 해로운 행동이 미치는 영향에 대한 민감성을 높입니다.
3. 다른 사람에게 상처를 입힌 경우 이를 보상하거나 회복하기 위해 취할 조치를 명시합니다.
4. 반사회적이거나 무책임한 행동이 상대에게 어떤 부정적인 영향을 미쳤는지에 대해 서면 편지를 통해 진심 어린 사과를 합니다.

이 연습이 가장 유용할 수 있는 추가 문제

- 분노 조절 문제
- 가족 갈등
- 친밀한 관계에서의 갈등
- 법적 분쟁
- 물질 사용

내담자와 이 연습을 수행하기 위한 제안

타인에게 상처를 주는 행동은 그 책임이 누구에게 있는지에 대해 부정하거나 타인에게 미치는 영향에 대해 최소화하기 쉽습니다. 이 과제는 상처 주는 행동이 타인에게 미치는 영향에 대한 민감성을 높여 줍니다. 이 연습을 진행할 때 내담자가 건설적인 사과의 모든 요소를 포함하고 투사 또는 최소화를 피할 수 있도록 하는 것이 중요합니다. 각 사과 편지를 검토하여 필요한 모든 요소가 포함되어 있는지 확인합니다. 내담자가 후회, 수치심 또는 죄책감에 대한 진정한 감정을 표현했는지 평가합니다. 부정에 대해 분명히 직면하고 무감각한(둔감한) 행동의 부정적인 영향을 강조하십시오.

연습 2-B

사과의 편지

자신의 불친절한 행동으로 다른 사람에게 고통을 준 것을 알게 된 후에는 그 상처를 치유하고 보상할 방법을 찾아야 합니다. 많은 경우 "죄송합니다."라는 말만으로는 충분하지 않습니다. 사과와 함께 고통을 준 것을 인정하고 어떻게 다르게 행동할 수 있었는지에 대해 깨달은 내용을 첨부하는 것이 도움이 될 수 있습니다. 이 과제에서는 다른 사람에게 상처를 준 사건 세 가지를 설명합니다. 그런 다음 각 사건에 대해 짧은 사과 편지를 작성합니다.

상처를 준 세 가지 사건

세 가지 사건 각각에 대해 누가 상처를 받았는지, 어떻게 상처를 주었는지, 상대방이 당신이 한 행동에 대해 어떻게 느꼈을지, 당신은 자신이 한 행동에 대해 지금 어떻게 느끼는지, 어떻게 하면 더 친절하게 행동할 수 있었는지 설명하세요.

사건 #1: ____________________

____

____

사건 #2: ____________________

____

____

사건 #3: ____________________

____

____

연습 2-B

사과

기술한 세 가지 사건으로 인해 상처를 받은 사람들 각각에게 사과 편지를 작성하세요(별도의 종이에). 사과 편지에는 자신이 어떤 행동을 해서 상처를 주었는지, 자신의 행동이 상대방에게 어떤 영향을 미쳤을지, 자신의 행동에 대해 현재 느끼는 감정과 상처를 주는 행동 대신에 어떻게 했으면 좋았을지에 대한 자신의 깨달음을 포함하세요.

치료사를 위한 개요: 세 가지 친절

연습의 목표

1. 다른 사람들에게 친절하고 사려 깊은 행동이 될 세 가지 행동을 열거합니다.
2. 사회 규범, 타인의 권리, 정직의 필요성에 대한 건강한 존중 의식을 개발하고 보여 줍니다.
3. 지속적으로 타인에 대한 배려, 친절, 공감을 보여 줍니다.

이 연습이 가장 유용할 수 있는 추가 문제

- 분노 조절 문제
- 주의력결핍 과잉행동 장애(ADHD)–성인
- 충동 조절 장애
- 법적 분쟁
- A 유형 행동

내담자와 이 연습을 수행하기 위한 제안

제목에서 알 수 있듯이 내담자는 일주일 동안 친절, 배려, 사려 깊은 행동 세 가지를 하도록 지시받습니다. 친절이나 배려의 행동은 즉흥적으로 할 수도 있고 계획적으로 할 수도 있습니다. 내담자는 친분이 있는 사람에게 친절하게 행동할 수도 있고 전혀 모르는 사람에게 친절하게 행동할 수도 있습니다. 또한, 다른 사람에게 사려 깊거나 책임감 있는 행동을 함으로써 이전의 해롭거나 책임감 없었던 행동을 '취소'하고 싶을 수도 있습니다(참고: 이타적 행동의 횟수는 주 단위로 수정할 수 있습니다). 내담자가 정기적으로 다른 사람을 돕거나 친사회적 행동에 참여하는 루틴을 개발하기를 바랍니다.

내담자는 이타적 행동을 수행한 후 다음 페이지의 질문지를 작성해야 합니다. 이타적 행동에 대한 일지를 쓰면 내담자는 치료사와 그 경험을 검토하는 시간을 갖습니다. 또한, 치료사는 내담자의 친절하거나 사려 깊은 행동을 강화할 수 있는 기회를 갖게 됩니다.

연습 2-C

세 가지 친절

다른 사람에게 친절을 베푼 시간을 기록해 주세요. 작성한 질문지를 다음 치료 세션에 다시 가져와서 치료사와 함께 검토하세요.

- 날짜 ____________________
- 환경(예: 집, 직장, 커뮤니티) ____________________
- 친절을 베푼 대상 ____________________
- 구체적으로 어떤 친절을 베풀었나요? ____________________
- 친절을 베풀고 나서 그것에 대해 어떻게 느꼈습니까? ____________________
____
- 상대방은 당신의 친절한 행동에 어떤 반응을 보였습니까? ____________________
____
- 상대방의 반응에 당신의 기분은 어땠나요? ____________________
____
- 앞으로도 이런 친절한 행동을 다시 하시겠습니까? ________ 예 ________ 아니요
- 그렇지 않다면 그 이유를 설명해 주세요. ____________________
____
- 앞으로 당신이 실천할 수 있는 다른 세 가지 친절한 행동은 무엇입니까?
(선택 사항: 양식을 작성할 때마다 이 질문에 답할 필요는 없습니다.)
____
____
____
____

3. 불안

치료사를 위한 개요: 두려운 사건이 발생할 확률 분석

연습의 목표

1. 두려움과 불안의 비합리적인 본질에 대한 인식을 키웁니다.
2. 부정적인 기대가 실제로 발생될 확률과 그 결과를 살펴봅니다.
3. 불안 반응을 매개하는 왜곡된 자기대화를 식별합니다.
4. 두려운 결과가 발생한다고 해서 기능에 문제가 생기는 것은 아니라는 점을 인식합니다.
5. 불안의 근본적인 원인이 되는 핵심 갈등을 해결합니다.

이 연습이 가장 유용할 수 있는 추가 문제

- 의존성
- 우울증–단극성
- 낮은 자존감
- 강박 장애(OCD)
- 공포증
- 사회 불안
- 자살 사고

내담자와 이 연습을 수행하기 위한 제안

내담자가 불안의 근거를 대담하고 공정하게 바라보는 위험을 감수하도록 지원하십시오. 내담자가 불안에 대한 비합리적인 근거를 인정할 수 있도록 돕고 내담자의 삶을 황폐화시키지 않을 수 있는 두려운 상황의 합리적인 결과를 강화하도록 돕습니다. 두려움을 조장하는 왜곡된 인지에 특히 주의를 기울이고 이 강력한 매개 효과에 대응하기 위해 현실적이고 긍정적인 자기대화를 제안하십시오.

연습 3-A

두려운 사건이 발생할 확률 분석

우리가 느끼는 두려움의 대부분은 정확한 성격, 원인, 발생 가능성, 상황을 통제할 수 있는 정도, 두려움이 현실화될 경우 발생할 수 있는 실제 결과 등을 분석하지 않은 채 그 강도가 점점 커집니다. 이 연습은 두려움을 철저히 검토하는 데 도움이 될 것입니다. 두려움의 본질과 원인, 실제 결과를 합리적으로 분석하다 보면 두려움은 사라지고 대처 능력은 향상됩니다. 이 단계별 접근 방식을 사용하여 가장 큰 두 가지 두려움을 살펴본 다음 이 분석 결과를 치료사에게 가져와 철저히 함께 검토하여 대처 기술을 강화하세요.

1. 나의 첫 번째 두려움은 ______________________________

A. 어떤 것에 대한 두려움이나 불안이 있습니까? ______________________________

____

____

____

____

B. 우려했던 결과가 실제로 일어날 가능성은 1(매우 가능성 없음)에서 10(불가피함)까지의 척도로 보았을 때 어느 정도입니까? 하나의 숫자에 동그라미를 치세요.

1 2 3 4 5 6 7 8 9 10

C. 두려움을 키우는 자기대화 메시지에는 어떤 것들이 있습니까? ______________________________

____

____

____

____

D. 우려했던 결과가 실제로 발생한다면 어떤 결과가 초래되나요? ______________________

E. 당신이 두려워하는 상황의 결과를 통제하기 위해 무엇을 할 수 있습니까? ______________

F. 당신의 두려움이 현실화될 경우 예상되는 최악의 실제 결과는 무엇인가요? ______________

G. 두려운 결과가 실제로 일어난다면 당신의 삶은 어떤 영향을 받습니까? 어떻게 대처하거나 계속 기능할 수 있을까요? ______________________

2. 나의 두 번째 두려움은 ______________________

A. 어떤 것에 대한 두려움이나 불안이 있습니까? ______________________

연습 3-A

B. 우려했던 결과가 실제로 일어날 가능성은 1(매우 가능성 없음)에서 10(불가피함)까지의 척도로 보았을 때 어느 정도입니까? 하나의 숫자에 동그라미를 치세요.

1 2 3 4 5 6 7 8 9 10

C. 두려움을 키우는 자기대화 메시지에는 어떤 것들이 있습니까? ____________________

____

____

____

____

D. 우려했던 결과가 실제로 발생한다면 어떤 결과가 초래되나요? ____________________

____

____

____

____

E. 당신이 두려워하는 상황의 결과를 통제하기 위해 무엇을 할 수 있습니까? __________

____

____

____

____

F. 당신의 두려움이 현실화될 경우 예상되는 최악의 실제 결과는 무엇인가요? __________

____

____

____

G. 두려운 결과가 실제로 일어난다면 당신의 삶은 어떤 영향을 받습니까? 어떻게 대처하거나 계속 기능할 수 있을까요? ____________________

____

____

____

치료사를 위한 개요: 과거의 성공적인 불안 대처

연습의 목표

1. 과거에 사용한 성공적인 대처 전략을 파악합니다.
2. 자신을 두려움을 극복하는 데 성공한 유능하고 지혜로운 사람으로 생각합니다.
3. 과거의 성공적인 대처 전략을 현재의 불안에 적용합니다.
4. 삶의 다양한 불안에 효과적으로 대처하는 능력을 향상시킵니다.

이 연습이 가장 유용할 수 있는 추가 문제

- 충동 조절 장애
- 강박 장애(OCD)
- 공황/광장공포증
- 생애 발달과업의 문제
- 공포증
- 사회 불안
- 자살 사고

내담자와 이 연습을 수행하기 위한 제안

이 해결책 중심 과제는 내담자가 과거에 불안을 다루기 위해 사용했던 방법들을 인식하도록 시도합니다. 내담자가 사용한 대처 기술을 명확히 하고 개선하도록 돕는 것이 과제에서 가장 어려운 부분입니다. 내담자는 두려움을 다루기 위해 어떤 대처 기제를 사용했는지 알지 못하는 경우가 많습니다. 성공적인 대처 기술을 확인하고 개선한 후에는 내담자가 이러한 과거의 성공적인 기술을 현재의 불안에 적용하도록 돕습니다. 필요에 따라 해결책을 모니터링하고 수정합니다.

연습 3-B

과거의 성공적인 불안 대처

이 과제는 우리가 과거에 경험했던 자원과 성공에 집중하도록 이끕니다. 우리는 불안과 두려움이 너무 현실적이고 우리를 쇠약하게 만들 때 갖고 있는 대처 능력을 잊어버리는 경향이 있습니다. 하지만 우리 모두는 어린 시절부터 성인이 될 때까지 두려움을 극복했거나 두려움의 존재에도 불구하고 잘 대처해 온 경험이 있습니다. 어렸을 때 유치원에 가는 것이 두려웠지만 그 두려움에 대처하는 방법을 배웠고 결국 두려움이 사라졌을 수도 있습니다. 이성과 대화하는 것이 두려웠을 수도 있지만, 불안감에도 불구하고 결국에는 그들과 대화하는 법을 배웠습니다. 면접에 나가는 것이 두려웠을지 모르지만, 결국 면접에 나가서 최선을 다해 자신을 소개했습니다. 다시 말해, 우리는 불안에 대처하고 극복하는 법을 배웁니다. 불안이 우리를 위축시키거나 상황을 회피하게 해서는 안 됩니다. 불안을 정면으로 마주해야 합니다. 우리는 심호흡을 하거나 친구의 격려를 받거나 우리가 할 일이나 말을 거의 자동적으로 할 수 있도록 되풀이하는 연습을 함으로써 대처했을 수 있습니다. 어떤 대처 기술을 사용했든, 과거에는 성공적이었으므로 이제 그 대처 기술을 재발견하여 현재의 불안에 적용해야 합니다.

1. 과거에 경험했던 두려움이나 불안감 세 가지를 적으세요.

두려움 #1: ____________________

____

____

____

두려움 #2: ____________________

____

____

____

두려움 #3: ______

2. 불안에 대처하기 위해, 또는 불안한데도 계속 잘 지내기 위해 무엇을 했는지 적으세요.

두려움 #1: ______

두려움 #2: ______

두려움 #3: ______

3. 질문 2에서 파악한 대처 방법이 성공적이었다는 것을 어떻게 알 수 있습니까?

두려움 #1: ______

두려움 #2: ______

연습 3-B

두려움 #3: ______________________________

4. 과거에 두려움을 극복하는 데 도움이 된 다른 대처 기술은 무엇입니까?

5. 현재의 두려움을 극복하기 위해 질문 2에서 확인된 각각의 대처 기술을 어떻게 사용할 수 있습니까?

치료사를 위한 개요: 걱정 시간

연습의 목표

1. 일상적인 기능에 지장이 없도록 불안의 전반적인 빈도, 강도, 지속 시간을 줄입니다.
2. 지정된 '걱정 시간'이 될 때까지 걱정을 미루어, 다양한 생활 환경과 걱정이 연결되는 것을 제한하는 전략을 배우고 실행합니다.
3. 일상적으로 기능하는 능력을 향상시켜 불안 수준을 안정화시킵니다.
4. 다양한 삶의 불안에 효과적으로 대처할 수 있는 능력을 향상시킵니다.

이 연습이 가장 유용할 수 있는 추가 문제

- 우울증-단극성
- 낮은 자존감
- 강박 장애
- 공황/광장공포증
- 공포증

내담자와 이 연습을 수행하기 위한 제안

범불안 장애가 있는 내담자는 종종 걱정하는 데 과도한 시간을 소비합니다. 더욱이, 그들은 자신의 걱정을 '놓아 버리는' 데 어려움을 겪습니다. 이 연습의 목표는 걱정을 특정 시간과 장소로 제한함으로써 걱정에 소비하는 시간을 줄이는 것입니다. 내담자에게 걱정할 특정 시간과 장소를 지정하도록 지시하십시오. 심호흡, 심부 근육 이완, 생각 멈추기, 재초점화와 같은 기법을 사용하여 합의된 '걱정 시간'까지 걱정을 인식하고 멈추고 지연시키는 방법을 내담자에게 가르칩니다. '걱정 시간' 개입을 실행하기 전에 이러한 다양한 기법의 사용에 대해 교육을 합니다. 내담자는 매일 '걱정 시간' 일지를 작성하여 매일 '걱정하는 시간'을 제한하는 데 얼마나 성공했는지 확인해야 합니다.

연습 3-C

걱정 시간

내담자를 위한 안내

범불안을 가진 사람들은 다양한 문제에 대해 걱정하는 데 많은 시간을 보냅니다. 그들은 자신의 걱정을 '놓아 버리는' 데 어려움이 있습니다. 과도한 걱정은 육체적으로나 정서적으로 지치게 할 수 있습니다. 그것은 사람의 에너지를 빼앗고 삶을 이완하고 즐기는 능력을 방해할 수 있습니다. 불안을 경험하는 사람들에게 수면의 개시와 유지에 문제가 있는 것은 드문 일이 아닙니다. 높은 수준의 불안과 과도한 걱정은 학업과 인생의 다른 일에 집중하기 어렵게 만듭니다. 더욱이 과도한 걱정을 하는 사람들은 종종 자신의 문제에 너무 집중하기 때문에 가족 및 친구들과 함께하는 시간을 즐기지 못합니다.

이 연습의 목적은 걱정하느라 소비하는 시간을 줄이는 것입니다. 이 연습의 첫 번째 단계는 현재 생활에서 걱정하는 특정 스트레스 요인이나 문제를 확인하는 것입니다. 다음으로, 고민에 주력하거나 집중할 수 있는 특정 시간과 장소를 선택합니다. 당신은 매일 15~20분 동안 특정한 '걱정 시간'을 따로 떼어 놓으라는 요청을 받습니다. 치료사는 특정 시간과 장소를 선택하는 데 도움을 줄 수 있습니다. 이 연습의 이면에 있는 아이디어는 걱정을 특정 시간과 장소로 제한하는 것입니다. 당신의 '걱정 시간'이 끝난 후, 남은 시간 동안 당신은 당신의 불안과 걱정을 관리하기 위해 전략이나 중재(즉, 심호흡, 이완, 생각 멈추기 또는 치료 세션에서 배운 재초점화)를 사용하도록 지시받습니다. 걱정에서 벗어나기 위해 여가/레크리에이션 활동에 참여하는 것이 도움이 될 수 있습니다(이것을 '재초점화'라고 함). '걱정 시간' 외에 걱정하는 데 보내는 시간을 제한하는 데 가장 도움이 된다고 생각하는 특정 전략에 대해 치료사와 상담하십시오. 이것을 수행하는 것이 말처럼 쉽지 않지만 이러한 기술(예: 심호흡, 이완, 생각 멈추기 또는 재초점화)을 정기적으로 연습하여 불안을 보다 효과적으로 관리할 수 있기를 바랍니다. 매일 하루가 끝날 때 매일의 '걱정 시간' 일지를 작성하여 당신의 치료사에게 당신이 매일 걱정하는 데 보내는 시간을 얼마나 성공적으로 제한했는지 알려 주세요.

일일 '걱정 시간' 일지

날짜 및 시간: ______________________ 장소: ______________________

1. 오늘 무엇에 대하여 걱정했습니까? ______________________

____

____

____

2. 불안과 걱정의 정도를 0에서 10까지의 척도로 평가하세요(해당 번호에 동그라미 표시).

0	1	2	3	4	5	6	7	8	9	10

없음 보통 매우 심함

3. 걱정하는 시간을 줄이기 위해 어떤 전략을 사용했습니까? (해당 사항에 모두 체크해 주세요.)

_______ 크게 숨쉬기 _______ 이완 _______ 긍정적인 자기대화

_______ 생각 멈추기 _______ 재초점화 _______ 기타(기재해 주세요)

4. 걱정하는 시간을 줄이는 전략이 얼마나 성공적이었습니까?

____

____

____

____

5. 걱정하는 시간을 줄이는 전략이 도움이 되지 않았다면, 걱정을 '놓아버리는' 능력을 방해한 요인이나 스트레스 사건은 어떤 것입니까? ______________________

____

____

____

____

4. 주의력결핍 과잉행동 장애(ADHD)

치료사를 위한 개요: 문제 해결: 충동적인 행동의 대안

연습의 목표

1. 가장 어려움을 일으키는 특정 ADHD 행동을 파악합니다.
2. 문제가 있는 ADHD 행동의 부정적인 결과를 나열합니다.
3. 일상적인 기능을 방해하는 특정 ADHD 행동에 문제 해결 기술을 적용합니다.

이 연습이 가장 유용할 수 있는 추가 문제

- 분노 조절 문제
- 양극성 장애–조증
- 충동 조절 장애

내담자와 이 연습을 수행하기 위한 제안

주의력결핍 과잉행동 장애(ADHD) 내담자는 판단력이 부족하고 행동의 결과를 고려하지 않고 행동하는 경향이 특징입니다. ADHD 내담자들은 종종 자신이 왜 그런 상황에 처하게 되었는지 깨닫지 못하고 부정적인 결과의 전조를 인식하지 못한 채 곤경에 처하게 됩니다. 이 연습에서는 충동을 억제하는 데 도움이 되는 기본적인 문제 해결 전략을 배웁니다. 내담자는 먼저 충동성 문제를 파악한 다음 후속 문제 해결 단계를 진행합니다.

이 연습은 ADHD는 없지만 충동 조절에 문제가 있는 내담자에게도 사용할 수 있습니다.

문제 해결: 충동적인 행동의 대안

ADHD를 가진 사람들은 종종 자신이 왜 그런 상황에 처하게 되었는지도 모른 채 곤경에 처하게 됩니다. ADHD를 가진 사람들이 문제를 빨리 해결하려고 시도하는 것은 드문 일이 아닙니다.

그들은 자신의 행동이 초래할 수 있는 결과에 대해 생각하거나 멈추지 않고 상황에 돌입합니다. 멈추고 생각하지 않으면 자신과 타인 모두에게 부정적인 결과를 초래합니다.

이러한 상황이 너무 익숙하게 들리고 멈추고 생각하지 않아서 곤경에 처한 자신을 발견하는 데 지쳤다면 이 연습은 당신을 위해 고안된 것입니다.

이 연습에서는 기본적인 문제 해결 단계를 사용하여 스트레스 상황을 처리하는 방법을 배웁니다. 이 단계를 따라하면 다른 사람들과 문제를 덜 일으키고 자신에 대해 더 나은 기분을 느낄 수 있습니다.

1. 문제 해결의 첫 번째 단계는 문제가 존재한다는 사실을 깨닫는 것입니다. 이 시작 단계에서는 현재 직면한 주요 충동성 문제 또는 충동적인 행동으로 인해 반복되는 일반적인 문제를 파악하도록 합니다.

   파악한 문제: ______________________________

   ____

2. 문제를 파악한 다음에는 충동성 문제를 해결하거나 대처하는 데 도움이 되는 세 가지 대안적인 행동 방침을 고려하세요. 가능한 각 행동 방침의 장단점을 나열하세요. 각 행동 방침에 대해 적어도 세 가지 서로 다른 장단점을 기록하세요.

   취할 수 있는 첫 번째 행동 방침: ______________________________

   ____

   ____

연습 4-A

장점 ____________________ 단점 ____________________

취할 수 있는 두 번째 행동 방침: ____________________

장점 ____________________ 단점 ____________________

취할 수 있는 세 번째 행동 방침: ____________________

장점 ____________________ 단점 ____________________

3. 다음으로 가능한 각 행동 방침의 장단점을 검토하세요. 이 시점에서 파트너, 가족, 친구 또는 동료와 상의하여 최종 행동 계획을 선택하는 데 도움을 받으세요.

4. 따라야 할 행동 방침을 확인합니다. ____________________.

5. 이 행동 방침을 선택하는 데 영향을 미친 요인은 무엇인가요? ____________________

6. 당신의 결정에 영향을 준 다른 사람들로부터 어떤 조언이나 의견을 받았습니까? ________

____

____

____

이제 이 연습의 마지막 단계에 있습니다. 당신은 문제를 확인하고, 다른 가능한 여러가지 행동 방침을 고려하고, 결정을 내리고, 행동 계획을 실행에 옮겼습니다. 당신의 마지막 과제는 행동 계획의 결과나 성공 여부를 평가하는 것입니다. 다음 질문에 답하세요.

7. 행동 계획의 결과는 어땠나요? ________________________

____

____

____

8. 결과에 대해 어떻게 생각하십니까? ________________________

____

____

____

9. 당신의 계획은 당신과 다른 사람들에게 어떤 영향을 미쳤습니까? ____________

____

____

____

10. 이 경험을 통해 무엇을 배웠습니까? ________________________

____

____

11. 앞으로 동일하거나 유사한 문제에 직면하게 된다면 어떻게 다르게 행동하겠습니까? ____

____

____

치료사를 위한 개요: 자기 모니터링/자기 보상 프로그램

연습의 목표

1. 부주의, 건망증, 혼란 또는 충동성의 영향을 줄이기 위해 내담자에게 자기 모니터링 기술을 가르칩니다.
2. 가정, 학교 또는 직장에서 일상적인 활동이나 책임을 정기적으로 일관되게 수행합니다.
3. 충동, 부주의 또는 건망증이 긍정적인 대안 행동으로 대체될 때 스스로에게 보상합니다.

이 연습이 가장 유용할 수 있는 추가 문제

- 반사회적 행동
- 양극성 장애–우울증
- 양극성 장애–조증
- 우울증–단극성
- 충동 조절 장애

내담자와 이 연습을 수행하기 위한 제안

성인 ADHD 내담자는 산만함, 건망증, 정리 정돈 장애, 과잉 행동 또는 충동성 때문에 정기적으로 과제를 완료하는 데 어려움을 겪습니다. 이 과제에서는 내담자가 적시에 작업을 완료하는 데 도움이 되는 자기 모니터링 기술을 가르치려고 합니다. 자기 모니터링/자기 보상 양식을 사용하여 ① 내담자가 오랫동안 피했던 일회성 작업을 완료하기, ② 특정 작업을 일정 기간에 걸쳐 수행함으로써 루틴을 구축하기, ③ 장기 프로젝트를 작은 단계로 나누어 일정 기간에 걸쳐 완료하기에 도움을 줍니다. 내담자는 일상 업무나 책임을 성공적으로 완수한 것에 대해 스스로 보상하도록 권장됩니다. 내담자는 나중에 더 크거나 의미 있는 보상을 구매하기 위해 축적하거나 '현금화'할 수 있는 토큰을 사용할 수 있습니다. 내담자가 자기 모니터링/자기 보상 양식을 사용하여 활동 또는 책임을 성공적으로 수행한 것에 대한 구체적인 보상을 확인할 것을 권장합니다.

연습 4-B

자기 모니터링/자기 보상 프로그램

ADHD 진단을 받은 성인은 종종 일상적인 책임을 다하거나 정기적으로 작업을 완료하는 데 어려움을 겪습니다. ADHD 성인은 잊어버렸거나, 주의가 산만해지거나, 실제로 작업을 시작했지만 다른 활동으로 전환했기 때문에 책임을 다하거나 작업을 완료하지 못할 수 있습니다. 마찬가지로, 그들은 더 즐겁거나 스트레스가 덜한 많은 활동을 수행하기 위해 일상적이지만 필요한 작업을 미루거나 '연기'할 수 있습니다. 배우자, 가족 및 직장 동료는 ADHD 성인이 적시에 작업을 완료하지 못하는 것에 대해 짜증을 내고 좌절할 가능성이 높습니다. ADHD 성인은 종종 활동을 완료하지 못하여 좌절감을 느낍니다. 이 과제는 ADHD 성인이 정기적으로 작업을 완료할 수 있도록 돕기 위해 자기 모니터링 및 자기 보상 기술을 사용합니다.

자기 모니터링 기법

이 과제의 주요 목적 중 하나는 정기적으로 수행하는 다른 작업만큼 흥미롭거나 즐겁지 않을 수 있는 일상 작업의 완성도를 높이기 위한 자기 모니터링 기술을 배우는 것입니다. 이 과제에서는 현실적인 목표를 설정하고 하루에 적어도 한 가지 지정된 활동을 수행하도록 권장됩니다.

활동은 가정, 학교 또는 직장에서 수행될 수 있습니다. 배우자, 다른 가족 구성원, 대학 룸메이트 또는 직장 동료와 함께 당신이 완료했으면 하는 작업에 대해 자유롭게 상의하세요. 작업은 일회성 활동일 수 있습니다. 또한 장기간에 걸쳐 수행해야 하는 하나의 특정 작업을 선택하여 그 특정 작업을 수행하는 루틴을 만들 수도 있습니다. 반면에 더 작은 단계로 나누어 며칠 또는 몇 주에 걸쳐 완료해야 하는 장기 프로젝트를 완료하도록 선택할 수도 있습니다. 식별된 작업을 완료할 수 있도록 상기하는 데 도움이 되도록 자기 모니터링/자기 보상 양식에 지정된 작업을 기록하세요. 자기 모니터링/자기 보상 양식을 눈에 잘 띄는 장소(예: 냉장고, 책상)에 게시하여 과제를 완료하도록 상기시킵니다.

연습 4-B

다음은 수행할 수 있는 단기 활동의 추천 목록입니다.

- 가계부 정리 등 재정 관리
- 매일 정해진 시간 동안 공부하기
- 청소하기(창고, 베란다, 다용도실 등)
- 설거지/주방 정리하기
- 화분 관리, 정원 관리
- 보험 설계사에게 자동차 또는 주택 보험 요금에 대해 전화하기
- 직장 책상 청소 및 정리

다음은 더 작은 단계로 나누어 시간의 경과에 따라 수행해야 하는 장기 프로젝트의 예시 목록입니다.

- 침실 페인트 칠하기(여기에는 벽 청소, 샌딩, 벽지 제거, 프라이머 도포, 원하는 색상의 첫 번째 그리고 두 번째 칠하기의 단계들이 포함됨)
- 주방 또는 지하실 정리하기(여기에는 불필요하거나 사용하지 않는 물품을 제거하거나 버리기, 물건을 그룹으로 분류 및 정리하기, 방의 특정 구역에 있는 여러 선반에 물건 그룹을 배치하기의 단계들이 포함됨)
- 데크 만들기(필요한 경우 친구나 가족에게 도움 요청, 건축 자재 구입, 오래된 데크 자재 철거, 기초 또는 프레임 세우기, 데크 보드, 난간, 계단 설치, 데크 봉인 또는 페인트칠의 단계들이 포함됨)

자기 보상

특정 과제나 장기 프로젝트의 단계들을 완료한 것에 대해 스스로에게 보상을 제공하는 것이 좋습니다. 보상은 동기를 높이고 책임감을 유지하는 데 도움이 됩니다. 보상은 비싸지 않아도 되지만 과제를 완료하기 위한 노력을 강화할 수 있어야 합니다. 어떤 과제나 장기 프로젝트의 한 단계를 완료하면 받게 될 구체적인 보상을 정하세요. 더 크고 의미 있는 보상을 구매하거나 받을 수 있는 토큰을 축적하는 것으로 자신에게 보상할 수도 있습니다. 예를 들어, 5~10일 동안 특정 작업을 수행하는 경우 좋아하는 지역 레스토랑에 가서 자신에게 보상을 줄 수 있습

니다. 다시 말하지만, 업무를 완수하도록 동기를 부여할 수 있는 보상을 찾기 위해 배우자, 가족 또는 직장 동료와 자유롭게 상의해도 됩니다. 다음은 참고할 수 있는 보상 목록입니다.

- 방해 없이 컴퓨터를 하면서 30~60분 보내기
- 방해받지 않고 1시간의 자유 시간 보내기
- 토큰을 사용하여 스포츠 이벤트 티켓 구매하기
- 토큰을 사용하여 영화 티켓을 구매하거나 지역 극장에서 공연 관람하기
- 주말에 여가 활동하기
- 지역 커피숍에서 스페셜티 커피 구입하기
- 직장에서 일주일에 한 번 점심을 먹으러 나가기
- 배우자로부터 안마나 마사지 받기
- 꽃다발 구매하기

자기 모니터링/자기 보상 양식에 서명할 수 있는 공간이 있습니다. 맨 아래에는 배우자, 다른 가족 구성원, 친구, 또는 치료사가 자기 모니터링/자기 보상 양식에 서명하도록 허용할 수 있는 옵션이 있습니다. 다른 이의 서명은 작업을 수행하려는 당신의 동기를 높일 수 있습니다. 그러나 이것은 선택 사항입니다.

연습 4-B

자체 모니터링/자체 보상 양식

날짜: ______________________ 시간: ______________________

상황: ____

1. 내 목표는 오늘 다음의 작업을 완료하는 것입니다. ______________________

____

____

2. 이 작업을 성공적으로 수행하거나 완료하면 다음과 같은 보상을 받게 됩니다. __________

____

____

3. ① 장기간에 걸쳐 정기적으로 일상적인 작업을 수행하거나, ② 작은 단계로 나누어 장기 프로젝트를 완료하기 위해 토큰 시스템을 사용한다면, 다음과 같은 수의 토큰을 획득해야 다음 보상을 받을 수 있습니다. (보상 내용과 토큰 수) ______________________

____

____

______________________ 내담자의 서명

______________________ 배우자/주요 인물의 서명

______________________ 가족 또는 친구의 서명

______________________ 치료사의 서명

치료사를 위한 개요: ADHD 증상 및 해결 방법

연습의 목표

1. 가장 어려움을 일으킨 특정 ADHD 증상을 확인합니다.
2. 몇 가지 치료 기법의 예비 요소에 익숙해집니다.
3. 치료에는 단순히 약을 복용하는 것 이상이 포함된다는 점을 이해합니다.

이 연습이 가장 유용할 수 있는 추가 문제

- 없음

내담자와 이 연습을 수행하기 위한 제안

성인 ADHD는 무수히 많은 증상으로 나타나는 증후군입니다. 내담자가 경험한 증상에 대한 체크리스트를 검토하고 내담자가 이러한 증상에 대해 더 자세히 이야기할 수 있도록 합니다. 성공적인 치료의 일부인 중재 전략에 내담자의 관심을 집중시키는 것도 중요합니다. 많은 내담자는 약물치료만이 자신의 어려움에 대한 완전한 해답이라는 생각을 가지고 있습니다. 이 과제에서 간략하게 설명된 대처기술에 대해 내담자의 추가질문이 있을 수 있습니다. 내담자가 이러한 기술을 이해하는 데 필요한 만큼 자세히 설명해 주십시오. 그들에게 유익할 것으로 믿는 그리고 향후 치료 세션의 초점이 될 것으로 생각하는 전략들을 강화하십시오.

연습 4-C

ADHD 증상 및 해결 방법

ADHD는 다양한 증상이나 징후가 특징입니다. 성인이 되어서야 ADHD가 있다는 사실을 알게 되었을 수도 있지만, 산만함, 짧은 집중력, 충동성, 안절부절못하는 증상은 대부분 어린 시절부터 시작되었을 가능성이 높습니다.

자신의 삶을 돌아보고 당신이 경험한 증상들에 표시하세요. 그런 다음 일반적으로 ADHD 내담자에게 도움이 되는 대처 기술 목록을 간략하게 살펴봅니다.

증상 체크리스트

1. 지난 6개월 이내에 경험한 모든 증상을 체크하세요.

________	집중력 상실	________	'모터에 의해 움직이는' 느낌
________	쉽게 산만함	________	프로젝트를 완료하는 일이 드묾
________	안절부절못함	________	쉽게 짜증을 냄(짧은 퓨즈)
________	충동적 행동	________	활동 전환에 어려움을 겪음
________	급격한 기분 변화	________	낮은 자존감
________	중독성 있는 행동 경향	________	다른 사람을 방해하거나 간섭함
________	일관성 없는 일과 노력	________	경청하지 않음
________	시간 감각 부족	________	부주의한 실수를 함
________	쉽게 압도됨	________	시간 관리를 잘 못함
________	쉽게 좌절함	________	고위험 행동을 즐김
________	정리가 안 됨	________	차례 기다리는 것을 못 견딤
________	쉽게 지루해 함	________	지나치게 말을 많이 함
________	고용 이력 나쁨	________	물건을 자주 잃어버림
________	불안함	________	말을 흐리게 처리함

_________ 습관적 지각　　_________ 자주 우울함

_________ 일상 업무 건망증　　_________ 시선 접촉 어려움

2. 가장 문제가 되는 세 가지 증상을 나열하세요.

A. ________________________________

B. ________________________________

C. ________________________________

3. 이러한 증상이 가장 문제가 되는 이유는 무엇입니까? 이 세 가지 증상 각각의 결과는 무엇입니까?

A. ________________________________

B. ________________________________

C. ________________________________

문제 해결

4. 다음은 ADHD로 어려움을 겪는 사람들을 돕기 위해 사용되는 대처 기술 목록입니다. 목록을 검토하고 치료 진행 과정에서 추가 지침을 받는 데 가장 도움이 될 수 있다고 생각되는 항목 옆에 체크 표시를 하세요.

_________ **약물 치료**: ADHD에 대한 가장 일반적인 치료법 중 하나는 의사가 약물을 처방하는 것입니다. 이러한 약물에는 다양한 종류가 있으며 개인의 필요에 따라 다양한 용량으로 처방됩니다.

_________ **문제 해결 기술**: 내담자는 행동에 대한 결정을 내리기 전에 체계적인 방식으로 문제에 접근하고 다양한 해결책의 장단점을 분석하는 방법을 배웁니다. 이 접근법은 많은 ADHD 내담자가 특징적으로 가지고 있는 충동성을 대체합니다.

_________ **멈추고, 듣고, 생각하고, 행동하기**: 이 기술도 역시 충동성을 억제하기 위해 고안되었습니다. 내담자는 행동으로 옮기기 전에 상황의 요구 사항을 주의 깊게 경청하고 상황에 대응하여 어떤 조치를 취해야 하는지 생각하도록 배웁니다.

_________ **긍정적인 자기대화**: 내담자는 낮은 자존감, 부적절함, 우울, 불안에 대처하기 위해 긍정적인 자기대화 메시지를 전달하도록 배웁니다.

연습 4-C

________ **타임아웃:** 이 절차는 일반적으로 반응하기 전에 짧은 시간 동안 자극 상황에서 벗어나도록 훈련함으로써 내담자가 과민성과 충동성을 줄일 수 있도록 돕는 데 사용됩니다. 이를 통해 결과를 고려하고 보다 계획적인 방식으로 행동을 취할 수 있습니다.

________ **이완:** 많은 ADHD 내담자들은 안절부절못하고 불안하고 초조해 합니다. 이완 기술을 사용하는 방법을 배우는 것은 스트레스와 과민 반응을 줄이는 데 큰 도움이 됩니다.

________ **자기 보상(self-reward):** 자기 보상 절차는 ADHD 내담자가 종종 미완성 상태로 남아 있는 작업을 완료하도록 돕기 위해 사용됩니다. 이 절차는 또한 내담자가 자신의 행동에 집중하도록 동기를 부여하는 데 도움이 됩니다.

________ **알림 도구:** 건망증과 정리정돈 부족은 ADHD 내담자의 일반적인 특성입니다. 체크리스트, 자기 자신에게 쓴 메모, 소속된 조직 달력, 휴대전화, 일정표 사용법 등을 배우는 것은 유용한 기술입니다.

________ **신체 운동:** ADHD 내담자에게 흔한 불안하고 안절부절못하는 에너지를 줄이기 위해 정기적으로 신체 운동을 하는 것이 좋습니다. 운동은 스트레스를 줄이고 이완과 주의 집중 능력을 증가시킵니다.

________ **주의산만 감소:** 내담자는 주의를 산만하게 할 수 있는 소리, 시야, 사람 또는 물체를 최소화하거나 제거하도록 환경을 정리하는 방법을 배웁니다.

________ **조직화 코치:** 다른 사람들과의 상담은 삶에서 조직화가 부족한 사람들에게 매우 유용한 기술입니다. 환경을 정비하거나 작업 접근 방식에 대하여 다른 사람들의 지도와 조언을 받아들이는 것은 매우 유익할 수 있습니다.

________ **대화 시간:** 많은 ADHD 내담자에게는 방해받지 않고 앉아서 이야기할 수 있는 기회를 갖는 것이 중요합니다. 이를 통해 방해 요소를 최소화하고 생각을 끝까지 이어 갈 수 있는 구조화된 시간을 확보할 수 있습니다. 내담자에게 중요한 다른 사람들도 이러한 소통의 기회를 통해 혜택을 누릴 수 있습니다.

5. 배우고 실행하는 데 도움이 될 것이라고 생각하는 대처 기술에 체크한 후 이러한 기술이 자신에게 도움이 될 것이라고 생각하는 이유를 설명하세요.

5. 양극성 장애–우울증

치료사를 위한 개요: 우울증의 조기 경고 신호

연습의 목표

1. 우울증의 조기 경고 신호를 파악합니다.
2. 재발 방지 기술을 배우고 실행합니다.
3. 삶의 스트레스 요인을 관리하고 우울증을 줄이기 위한 계획을 세웁니다.
4. 우울한 기분을 완화하고 이전의 효과적인 기능 수준으로 돌아갑니다.

이 연습이 가장 유용할 수 있는 추가 문제

- 양극성 장애–조증
- 우울증–단극성
- 미해결된 슬픔/상실
- 낮은 자존감
- 의료 문제
- 수면 장애

내담자와 이 연습을 수행하기 위한 제안

이 연습은 우울증 병력이 있는 내담자를 위해 설계되었습니다. 과제의 주요 목적은 내담자가 우울증의 조기 경고 신호를 인식하도록 돕는 것입니다. 먼저 내담자에게 우울증 증상 목록을 검토하고 내담자가 최근에 경험한 증상을 확인하도록 요청합니다. 또한 내담자는 이전에 우울증을 완화하기 위해 사용한 전략을 파악하도록 요청받습니다. 이 과제는 내담자가 우울증의 현재 증상을 줄이는 데 효과적이라고 생각하는 전략을 선택하는 것으로 마무리됩니다.

연습 5-A

우울증의 조기 경고 신호

우울증의 조기 경고 신호를 감지하면 장기간 지속되는 우울증의 재발을 예방하는 데 도움이 될 수 있습니다.

당신이 우울증 단계에 접어들고 있는지 의문이 든다면 다음 목록을 검토하고 겪고 있는 증상 옆에 체크 표시를 하세요.

_______ 우울한 기분
_______ 잠들기 어려움
_______ 수면 유지 어려움
_______ 과도한 수면
_______ 악몽
_______ 식욕 감퇴 또는 증가
_______ 사회적 철수
_______ 무력감/희망 없음
_______ 의욕 상실
_______ 불안한 신체 움직임
_______ 자해 행위
_______ 기력 상실, 피곤, 피로감
_______ 잦은 울음소리(frequent crying spell)
_______ 무관심, 나른함 또는 무기력
_______ 삶에 대한 잦은 불평이나 부정적인 말
_______ 낮은 자존감
_______ 자신감 부족, 쉽게 포기함
_______ 집중력 저하 및 우유부단함
_______ 우울하고 짜증나는 기분
_______ 쉽게 짜증이 나거나 짜증을 냄
_______ 부적절한 죄책감 또는 후회
_______ 느리거나 부진한 신체 움직임
_______ 다양한 활동에서 기쁨이나 즐거움 상실
_______ 자신에 대한 부정적이거나 비하적인 발언
_______ 자살 생각 또는 수동적인 죽음에 대한 소망(예: '내가 태어나지 않았더라면 좋았을 텐데')
_______ 그 외 ______________________

우울증을 관리하거나 완화하기 위해 과거에 어떤 대처 전략을 배웠습니까? 다음의 전략 목록을 검토하고 우울증을 성공적으로 줄이기 위해 과거에 사용한 전략 옆에 체크 표시를 하세요.

연습 5-A

_____ 자기 계발서 읽기(책 목록 적기)

____

____

_____ 생각 멈추기

_____ 역할극 사용

_____ 문제 해결 접근법 사용

_____ 우울을 줄이는 방법 파악하기

_____ 내재된 분노를 단호한(적극적인) 방식으로 표현

_____ 효과적인 의사소통/자기 주장 기술 사용

_____ 행동 활성화(예: 기쁨이나 즐거움을 가져올 가능성이 높은 활동 일정 잡기)

_____ 항우울제 복용

_____ 신체 운동

_____ 긍정적인 자기대화의 사용

_____ 부정적인 자기대화를 식별하고 긍정적인 자기대화로 바꾸기

_____ 사회적 참여 증가

목록을 검토하고 향후 치료 세션에서 더 자세히 알고 싶은 중재 또는 전략에 동그라미를 치세요.

현재 우울증 증상을 줄이는 데 도움이 될 것으로 생각하는 3~5가지 전략을 나열하세요.

1: ______________________

2: ______________________

3: ______________________

4: ______________________

5: ______________________

마지막으로 신뢰할 수 있는 사람 3~5명에게 우울증을 줄이기 위해 할 수 있는 활동이나 일에 어떤 것이 있는지 물어보세요. 그리고 여기에 그들의 아이디어를 적으세요.

1: ______________________

2: ______________________

3: ______________________

4: ______________________

5: ______________________

치료사를 위한 개요: 트리거(촉발 요인) 확인 및 처리

연습의 목표

1. 기분 변화에 대처하는 기술을 개발하고 시연합니다.
2. 개인적 트리거와 그 근원에 대한 인식을 높입니다.
3. 정상적인 책임을 수행하고 관계에 건설적으로 참여하기 위한 효과적인 대처 기술을 개발하고 실행합니다.
4. 각 트리거의 구체적인 원인을 파악합니다.

이 연습이 가장 유용할 수 있는 추가 문제

- 아동기 외상
- 외상 후 스트레스 장애(PTSD)
- 성폭력 피해자

내담자와 이 연습을 수행하기 위한 제안

트리거와 그 원인을 파악하는 것은 반응을 진정시키고, 상황에 대한 통제력을 높이며, 궁극적으로 내담자가 특정 트리거에 반응하는 방식을 변화시키는 데 핵심적인 역할을 하므로, 이 연습은 내담자의 치료 초기에 배정하는 것을 강력히 권장합니다. 트리거에 대한 심리 교육은 치료의 핵심 부분이어야 합니다. 그 과정에서 많은 요점을 다시 강조해야 할 가능성이 높습니다. 또한, 내담자가 명확하게 트리거와 관련된 사건을 치료에 가져올 때 이 연습을 참조할 수 있습니다.

연습 5-B

트리거(촉발 요인) 확인 및 처리

트리거는 여러 가지 범주로 분류할 수 있습니다. 비외상성 트리거와 외상성 트리거가 있습니다. 비외상성 트리거는 휴일 빵 굽는 냄새, 특별한 친구의 웃음소리, 특별한 장소를 보는 것과 같은 긍정적인 트리거를 말합니다. 반면에 외상성 트리거는 현재 생활에 방해가 되는 과거의 일부입니다. 이러한 트리거는 종종 현재 상황에 맞지 않는 자동적으로 나타나는 강렬한 신체적 · 정서적 반응을 활성화합니다. 물론 이로 인해 문제와 관계를 효과적으로 처리하는 데 어려움을 겪게 됩니다. 다음 연습은 자신의 트리거가 무엇인지 가능한 한 명확하게 식별하기 시작하는 것입니다. 식별은 트리거를 제어하는 시작입니다.

1. 다음 사항을 주의 깊게 확인합니다.

A. 나를 자극하는 소리

a. ______________________________

반응: ______________________________

생각과 감정: ______________________________

기원 추측(possible origin): ______________________________

b. ______________________________

반응: ______________________________

생각과 감정: ______________________________

기원 추측(possible origin): ______________________________

B. 나를 자극하는 냄새

a. ______________________________

반응: ______________________________

생각과 감정: ______________________________

기원 추측(possible origin): ______________________________

b. ______

반응: ______

생각과 감정: ______

기원 추측(possible origin): ______

C. 나를 자극하는 내가 본 것들

a. ______

반응: ______

생각과 감정: ______

기원 추측(possible origin): ______

b. ______

반응: ______

생각과 감정: ______

기원 추측(possible origin): ______

D. 나를 자극하는 장소

a. ______

반응: ______

생각과 감정: ______

기원 추측(possible origin): ______

b. ______

반응: ______

생각과 감정: ______

기원 추측(possible origin): ______

E. 나를 자극하는 사람들(얼굴)

a. ______

반응: ______

생각과 감정: ______

기원 추측(possible origin): ______

b. ______________________________

반응: ______________________________

생각과 감정: ______________________________

기원 추측(possible origin): ______________________________

F. 나를 자극하는 시간, 요일 또는 계절

a. ______________________________

반응: ______________________________

생각과 감정: ______________________________

기원 추측(possible origin): ______________________________

b. ______________________________

반응: ______________________________

생각과 감정: ______________________________

기원 추측(possible origin): ______________________________

G. 나를 자극하는 말

a. ______________________________

반응: ______________________________

생각과 감정: ______________________________

기원 추측(possible origin): ______________________________

b. ______________________________

반응: ______________________________

생각과 감정: ______________________________

기원 추측(possible origin): ______________________________

2. 이제 식별한 트리거에서 해결할 트리거를 선택합니다.

트리거: ______________________________

3. 트리거를 해결하기 위해 실행할 하나의 접근 방식/기술을 선택합니다.

이완 기법	그라운딩 기법(안정화 기법)
깊게 심호흡하기	긍정적인 자기대화
특정 트리거 피하기	생각 멈추기

트리거를 경험했을 때 이 기술을 어떻게 실행할 것인지 치료사와 함께 연습 또는 계획하세요.

4. 트리거: ____________________

내가 경험할 것으로 예상되는 상황: ____________________

____

내가 추진할 전략: ____________________

____

그 상황에서 어떻게 전략을 실행할 것인가: ____________________

____

1 단계: ____________________

____

2 단계: ____________________

____

5. 전략을 실행한 후에는 다음을 평가하세요.

전략을 어떻게 실행했는지: ____________________

____

____

____

실행에 대해 얼마나 성공적으로 느꼈는지: ____________________

____

____

____

변경 또는 조정할 사항: ____________________

____

____

____

6. 양극성 장애-조증

치료사를 위한 개요: 일상의 리듬 유지하기

연습의 목표

1. 내담자가 규칙적인 일상 활동(예: 수면, 식사, 운동, 가사일, 혼자 하는 단독활동, 사교/오락/여가 활동)을 계획하여 생활화할 수 있도록 도와줍니다.
2. 일일 활동 양식을 사용하여 매일 예측 가능한 리듬으로 활동을 계획, 평가 및 수정할 수 있도록 합니다.
3. 규칙적인 생활 리듬이나 루틴을 만들어 기분을 안정시킵니다.

이 연습이 가장 유용할 수 있는 추가 문제

- 양극성 장애–우울증
- 경계성 성격 장애
- 우울증–단극성

내담자와 이 연습을 수행하기 위한 제안

대인관계 및 사회적 리듬 치료(Interpersonal and Social Rhythm Therapy)는 사회 리듬 측정법(SRM; Frank, 2005 참조)을 사용하여 내담자를 과도하게 자극하거나 과소 자극하여 조증이나 우울 증상을 악화시키지 않도록 일상 활동의 균형과 안정화를 위한 내담자의 일과를 기록하고 구성합니다. 치료사는 SRM 또는 이 연습을 사용할 수 있는데, 이 연습은 SRM과는 다소 다르지만 동일한 목표를 향해 접근하는 방법입니다. 대인관계 및 사회적 리듬 치료와 일상생활의 루틴을 유지하는 것이 기분을 안정시키고 증상의 재발을 예방하는 데 미치는 잠재적 이점에 대해 내담자와 주변 중요 인물들에게 교육하는 것으로 연습을 시작하십시오. 이 교육 후에는 내담자에게 수면, 기상, 식사, 운동, 작업 등 다양한 활동은 물론 단독활동, 사교, 여가, 레크리에이션 활동을 할 때 일일 활동 양식을 이용해 기록하도록 요청하십시오. 평일(또는 근무일) 및 주말(또는 휴무일) 활동을 평가하는 것이 좋습니다. 일일 활동과 시간을 기록했으면 내담자와 함께 자료를 검토하여 예측 가능한 활동을 설정하는 상호 합의된 일정을 구성하는 것을 목표로 합니다. 만족스러운 균형을 찾을 때까지 필요에 따라 이 작업을 다시 수행합니다. 이 척도에는 활동과 관련된 기분 유형 및 심각도(0~10)를 기록하여 이 관계를 평가하고 그에 따라 적절히 개입할 수 있는 옵션이 포함되어 있습니다. 내담자가 일과를 잘 따르고 있는지 정기적으로 평가하고 장애물이 있으면 해결합니다. 옵션에는 스트레스 요인이나 일정의 중단 및 기분에 미치는 영향을 파악하기 위한 것이 포함되어 있습니다.

김빛나 역(2018). **양극성 장애의 치료: 대인관계 및 사회적 리듬 치료의 임상가 가이드**. 학지사.

연습 6-A

일상의 리듬 유지하기

연구에 따르면, 대인관계 및 사회적 리듬 치료와 향정신성 약물을 병행하면 기분을 안정시키고, 조증/우울증 증상의 재발 위험을 줄이며, 내담자가 일상의 요구사항들과 스트레스 요인을 관리하는 데 도움이 되는 것으로 나타났습니다. 이 치료적 접근법의 중요한 부분은 매일의 일정이나 루틴을 개발하는 것입니다. 매일 일정이나 루틴을 정해두면 기분을 안정시키는 데 도움이 될 수 있습니다. 일일 활동 양식을 사용하여 수면, 기상, 식사, 운동, 일과 같은 다양한 일상 활동은 물론 혼자서 하는 단독활동, 사교, 여가 및 레크리에이션 활동 등을 언제 하는지 기록합니다. 주중(또는 근무일)과 주말(또는 휴무일) 모두의 일상 활동을 기록하는 것이 좋습니다. 제공되는 일일 활동 양식은 오전 7시부터 오후 11시까지로 되어 있으며, 오후 11시부터 오전 7시까지의 시간은 수면 시간으로 지정되어 있습니다. 하지만 각자의 필요에 따라 일정을 조정할 수 있습니다. 예를 들어, 오후 9시 30분 또는 10시부터 오전 6시 또는 6시 30분까지 수면을 취하는 것이 가장 좋을 수 있습니다. 활동을 기록한 후에는 이 정보를 어떻게 사용하여 일상의 루틴을 구성할지 치료사와 상의하세요. 또한 배우자, 주변 중요 인물 또는 다른 가족 구성원이 당신의 정기적인 새로운 하루 일정 수행에 도움을 줄 수 있도록 참여시키는 것이 좋습니다. 시간이 지남에 따라 특정 요구 사항을 충족하기 위해 일정을 수정해야 할 수도 있습니다. 일과를 규칙적으로 따르는 것을 권장합니다. 생활에서 불가피하게 중단이 발생할 수 있지만, 가능한 한 일관성 있게 일정을 따르도록 노력하는 것이 목표입니다. 당신과 치료사는 매일의 루틴이나 일정을 얼마나 성공적으로 따르고 있는지 정기적으로 검토해야 합니다. 또한 치료사는 당신의 루틴을 변화시키고 조정하게 만들 수 있는 당신의 기분들과 스트레스 요인들 또는 방해물들을 면밀히 추적하도록 요청할 수도 있습니다. 이러한 방식으로 일과를 따르는 것은 다른 사람들이 더 안정적이고 생산적이며 활동과 기분이 서로에게 어떤 영향을 미치는지에 대해 더 잘 이해하는데 도움이 되는 것입니다.

일일 활동 양식

기상 시간, 먹고 마신 시간, 집을 나간 시간, 다른 사람을 만난 시간, 일/학교/자원봉사 활동 시간, 낮잠, 운동, 텔레비전 시청, 취침 시간 및 기타 모든 활동을 기록하세요.

(0: 기분이 좋지 않음 ~ 10: 매우 기분이 좋음)

시각	활동 및 기분(0~10)	시각	활동 및 기분(0~10)
7:00 a.m.		3:30 p.m.	
7:30 a.m.		4:00 p.m.	
8:00 a.m.		4:30 p.m.	
8:30 a.m.		5:00 p.m.	
9:00 a.m.		5:30 p.m.	
9:30 a.m.		6:00 p.m.	
10:00 a.m.		6:30 p.m.	
10:30 a.m.		7:00 p.m.	
11:00 a.m.		7:30 p.m.	
11:30 a.m.		8:00 p.m.	
12:00 p.m.		8:30 p.m.	
12:30 p.m.		9:00 p.m.	
1:00 p.m.		9:30 p.m.	
1:30 p.m.		10:00 p.m.	
2:00 p.m.		10:30 p.m.	
2:30 p.m.		11:00 p.m.	
3:00 p.m.		11:00 p.m.~ 7:00 a.m.	취침

연습 6-A

자기 기분 관찰

날짜와 시간: ______________________________

1. 당신의 일상을 방해하거나 변화시킨 스트레스나 생활 속 사건은 무엇인가요? __________

____

____

____

____

2. a. 당신의 일상 루틴에 지장을 받은 결과 조증의 어떤 증상을 경험하셨습니까? (해당 사항에 모두 동그라미 표시를 하시고, 증상이 없으시다면 없음에 동그라미 해 주세요.)

과대/고양된 기분	감정적 불안정	에너지 수준 증가
흥분된 정신운동	물질 남용	빠르게/큰 소리로 말하기
수면의 감소 또는 상실	과대 사고	경주사고(racing thoughts)
성적인 행동이나 말	사고의 비약	식욕이 거의 또는 전혀 없음
매우 충동적인 행동	쾌락을 추구하는 행동	병적수다(pressured speech)
없음	그 외: ______________	

b. 각 증상의 심각도를 1에서 10까지의 수준으로 평가하세요.
(1: 심각하지 않음~10: 매우 심각함)

3. a. 당신의 일상 루틴에 지장을 받은 결과 우울증의 어떤 증상을 경험했습니까? (해당 사항에 모두 동그라미 표시를 하시고, 증상이 없으시다면 없음에 동그라미 해 주세요.)

우울한 기분	무관심/무기력	절망/무력감
부정적인 혼잣말	사회적 철수	과민성
자살 사고나 행동	과도한 수면	이유없이 눈물이 남(crying spells)
수면 부족	활동에 대한 흥미/즐거움의 상실	
피곤함/피로/에너지 상실		
없음	그 외: ______________________	

(1: 심각하지 않음~10: 매우 심각함)

b. 각 증상의 심각도를 1에서 10까지의 수준으로 평가하세요.

4. 얼마나 쉽게 다시 일상 루틴으로 돌아갈 수 있습니까? 아니면 일일 일정을 변경하거나 수정해야 하나요? 자세히 설명해 주세요. ______________________

____

____

____

____

치료사를 위한 개요: 충동적인 행동의 부정적인 결과 인식

연습의 목표

1. 보다 합리적이고 사려 깊은 행동과 충동적인 행동을 구별합니다.
2. 충동적인 행동은 자신과 다른 사람들에게 값비싼 부정적인 대가를 치르게 한다는 것을 이해합니다.
3. 자신의 행동을 검토하고 충동적인 행동과 그 부정적인 결과를 확인합니다.
4. 충동적인 행동에 대한 보다 합리적인 대안적 대체 행동을 생각합니다.
5. 무분별함, 약물 남용, 노골적인 적개심이나 공격성의 표현과 같은 자기 파괴적인 행동을 중단합니다.

이 연습이 가장 유용할 수 있는 추가 문제

- 주의력결핍 과잉행동 장애(ADHD)—성인
- 경계성 성격 장애
- 충동 조절 장애
- 물질 사용

내담자와 이 연습을 수행하기 위한 제안

충동적 행동은 충동 조절 문제가 있는 내담자보다 주변의 다른 사람들이 훨씬 더 쉽게 인식합니다. 내담자들은 자신의 행동이 정상적이고 전형적이라고 생각합니다. 내담자들이 충동적인 행동의 결과에 대해 생각하기 전에 그들의 행동 패턴에 민감할 수 있도록 도와주어야 합니다. 치료사는 내담자들이 설명한 각 장면을 처리할 시간을 충분히 가지면서 내담자와 함께 이 과제를 천천히 검토합니다. 내담자들은 각 항목을 신속하게 처리하고 다음 항목으로 빨리 이동하기를 원할 것입니다. 그 충동적인 행동이 바로 치료사가 집중하고 있는 내담자의 문제입니다.

연습 6-B

충동적인 행동의 부정적인 결과 인식

이 연습은 더 나은 결과를 얻을 수 있도록 행동하기 전에 생각하는 데 도움이 됩니다. 각 번호에 대한 두 가지 행동 설명을 읽고 적절한 통제가 부족해 보이는 것의 번호에 동그라미를 치세요.

어느 것이 충동적입니까

1. 미리 리뷰를 읽지 않고 좋아하는 배우가 나오는 영화를 볼 수 있는 티켓 2장을 구매합니다.

2. 햄버거 매장에서 참을성 있게 차례를 기다립니다.

3. 아침에 처음 손에 잡히는 옷을 입습니다.

4. 저축을 위해 약간의 돈을 보관합니다.

5. 말하기 전에 친구가 말을 멈출 때까지 기다립니다.

6. 한 작업이 완료되기 전에 새 작업으로 넘어갑니다.

1. 온라인에서 여러 영화에 대한 리뷰를 읽은 후 영화를 같이 볼 사람과 함께 영화를 선택합니다.

2. 줄을 서서 기다리는 것에 대해 크게 불평하고 다른 사람들보다 앞서려고 노력합니다.

3. 상황에 맞는 옷을 고릅니다.

4. 돈이 생기면 즉시 모든 돈을 씁니다.

5. 두 친구의 대화에 끼어듭니다.

6. 다른 작업을 시작하기 전에 한 작업을 완료합니다.

연습 6-B

7. 하나의 TV 프로그램을 시청하기 시작했다가 끝나기 전에 다른 프로그램으로 전환합니다.

____

7. 하나의 TV 프로그램이 끝날 때까지 시청한 다음 다른 프로그램을 선택합니다.

____

이제 앞의 일곱 가지 행동 각각으로 돌아가서 행동의 결과에 대해 먼저 생각하지 않고 행동을 했을 때의 부정적인 결과가 각각 무엇이라고 생각하는지 적어 보세요.

(작업의 이해를 위해 첫 번째는 예시로 미리 작성해 놓았습니다.)

충동적인 행동이 가져 오는 부정적인 결과

1. 영화를 함께 본 사람과 당신은 보던 영화가 매우 불만족스러워서 도중에 나옵니다.

2: ____________________

____

3: ____________________

____

4: ____________________

____

5: ____________________

____

6: ____________________

____

7: ____________________

____

앞에서 설명한 일곱 가지 행동 중 네 가지를 선택하고 자신의 삶에서 충동적이었던 비슷한 장면을 적어 보세요. 익숙한 이름과 장소를 사용하세요.

나의 충동적인 행동

1: ____

____

2: ____

____

3: ____

____

4: ____

____

이제 네 가지 충동적인 행동의 부정적인 결과를 설명하세요.

나의 부정적인 결과

1: ____

____

2: ____

____

3: ____

____

4: ____

____

마지막으로, 당신의 네 가지 충동적인 행동을 살펴보고, 더 나은 결과를 가져오기 위해 당신이 할 수 있었던 좀 더 침착하고, 합리적이고, 배려심 있고, 예의 바르고, 사려 깊은 방법을 작성하세요.

연습 6-C

나의 좋은 자질은 무엇인가

종종 우리는 자신의 결점은 쉽게 언급하고 자신의 좋은 특성을 간과합니다. 이제 당신의 장점에 특별한 관심을 기울일 때입니다. 당신을 특별하게 좋은 사람으로 만드는 성격의 측면에 집중하세요. 정직하고 현실적인 방식으로 자신을 바라보세요. 예의를 갖춰서 자신의 장점을 부정하려 해서도 안 되지만, 다른 사람에게 인정받을 만큼 충분하다고 느껴지지 않는 것을 만회하기 위해 과장해서도 안 됩니다.

1. 사람들이 좋은 사람들에 대해 말하는 좋은 말들의 다음 목록에서 당신에게 해당되는 단어를 찾으세요. 당신을 설명하는 모든 것에 동그라미를 치세요.

감사해하는	따뜻한	친절한	겸손한
사려 깊은	현명한	창의적인	신뢰할 수 있는
철저한	친절한	믿음직한	독립적인
민감한	명료한	리더십 있는	책임감 있는
개방적인	유쾌한	배려심 있는	소통할 수 있는
관대한	활기찬	영적인	시간을 잘 지키는
매력적인	근면한	포용적인	사랑스러운
충실한	지적인	합리적인	신체적으로 건강한
성실한	사교적인	도덕적인	폭넓은 관심사를 갖고 있는
의사결정을 잘하는	느긋한	유머가 있는	신뢰할 수 있는
정직한	재능 있는	윤리적인	감정적이지 않은
강건한	예술적인	조직적인	음악을 좋아하는
잘 정돈된	수용적인	옷을 잘입는	통찰력 있는
예의 바른	칭찬하는	실용적인	인내심 있는

행복한	존중하는	잘 들어주는	다가가기 쉬운
순종적인	검소한	도움이 되는	

이 목록에 없는 당신의 좋은 점을 적으세요. ______________________________

____

2. 이제 여러분을 잘 아는 두세 사람(부모, 친구, 선생님, 친척)에게 다음 페이지에 있는 양식의 복사본을 주고 그들에게 당신을 설명하는 단어에 동그라미를 치도록 요청하세요. 빈칸에 그들의 이름과 당신의 이름을 써넣으세요.

____________________ 에게,
(아는 사람들의 이름)

당신은 저를 잘 알기 때문에 당신이 생각하는 저에 대한 좋은 점들을 말씀해 주셨으면 합니다. ________________ 를 실제로 설명한다고 생각하는 단어에 동그라미를 쳐 주세요.
(당신의 이름)

저를 위해 시간을 내어 주셔서 대단히 감사합니다.

감사해하는	따뜻한	친절한	겸손한
사려 깊은	현명한	창의적인	신뢰할 수 있는
철저한	친절한	믿음직한	독립적인
민감한	명료한	리더십있는	책임감 있는
개방적인	유쾌한	배려심 있는	소통할 수 있는
관대한	활기찬	영적인	시간을 잘 지키는
매력적인	근면한	포용적인	사랑스러운
충실한	지적인	합리적인	신체적으로 건강한
성실한	사교적인	도덕적인	폭넓은 관심사를 갖고 있는
의사결정을 잘하는	느긋한	유머가 있는	신뢰할 수 있는
정직한	재능 있는	윤리적인	감정적이지 않은
강건한	예술적인	조직적인	음악을 좋아하는
잘 정돈된	수용적인	옷을 잘입는	통찰력 있는
예의 바른	칭찬하는	실용적인	인내심 있는
행복한	존중하는	잘 들어주는	다가가기 쉬운
순종적인	검소한	도움이 되는	

연습 6-C

이 목록에 없는 저의 좋은 점을 적어 주세요. ______________________

3. 이제 목록에서 당신이 동그라미 친 항목과 다른 사람들이 당신을 설명하기 위해 동그라미 친 항목들에서 선택하여 열 가지 최고의 자질 목록을 작성하세요.

나의 열 가지 최고의 자질

1: ______________________
2: ______________________
3: ______________________
4: ______________________
5: ______________________
6: ______________________
7: ______________________
8: ______________________
9: ______________________
10: ______________________

4. 집에 있는 거울에 나의 열 가지 최고의 자질 목록을 붙여 두세요. 7일 동안 계속해서 하루에 한 번 이상 자신의 눈을 똑바로 바라보며 각 단어를 큰 소리로 말하세요. 한 주가 지나면 다음 빈칸에 자신에 대해 어떻게 느끼는지 한 단락을 쓰세요.

치료사를 위한 개요: 약 복용을 싫어하는 이유

연습의 목표

1. 향정신성 약물을 꾸준히 복용하지 않는 이유를 파악합니다.
2. 책임감 있고 확실하게 약물을 복용해야 하는 이유를 확인합니다.
3. 정신과 약물 복용의 필요성을 받아들이고 혈중 농도 모니터링을 통한 처방전을 준수할 것을 구두로 약속합니다.

이 연습이 가장 유용할 수 있는 추가 문제

- 주의력결핍 과잉행동 장애(ADHD)–성인
- 양극성 장애–우울증
- 우울증–단극성
- 편집증적 사고
- 정신증

내담자와 이 연습을 수행하기 위한 제안

약물에 대한 저항은 증상에 대해 정신약리학적 치료법을 처방받은 내담자에게 흔한 문제입니다. 이 연습은 내담자가 복약 순응에 저항하는 이유를 파악하는 데 도움을 주기 위해 설계되었습니다. 또한 내담자는 처방된 향정신성 약물을 지속적으로 복용해야 하는 이유를 조사하고 탐구하도록 요청받습니다. 완료된 과제를 내담자와 함께 검토하면서 저항에 대한 이유를 해결하고 처방전 준수의 이점을 강화합니다.

연습 6-D

약 복용을 싫어하는 이유

많은 사람들이 정서 장애 진단을 받은 후 처방된 약을 복용하는 것을 거부합니다. 사람들은 지속적으로 약을 복용하지 않는 다양한 이유를 제시합니다. 이 연습은 약물 복용을 거부하는 이유를 파악하고 지속적이고 책임감 있게 약물을 복용하는 것의 이점을 확인하는 데 도움이 됩니다.

약물 복용 거부의 일반적인 이유

_______ 나 자신처럼 느껴지지 않음

_______ 무기력하거나 나른함

_______ 약에 중독되는 것이 두려움

_______ 약 복용을 깜빡함

_______ 부작용(어지러움, 메스꺼움 등)

_______ 창의력을 잃을 것 같음

_______ 필요하지 않음

_______ 다른 사람들과 다르게 느껴짐

_______ 너무 비쌈

_______ 너무 번거로움

_______ 조롱당할까 봐 두려움

_______ 삶의 통제력이 떨어짐

1. 목록을 검토하고 정서 장애로 인해 처방받은 약물 복용을 거부하는 이유 옆에 체크 표시를 하세요. 나열된 이유 외에 어떤 이유가 있나요? _______________

____

____

____

2. 약 복용을 꺼리는 주된 이유는 무엇인가요? _______________

____

____

____

3. 처방대로 약을 규칙적으로 복용하기 위해 약을 통해 구체적으로 어떤 긍정적인 변화를 기대하는지 적으세요. ______

______

______

______

4. 동료, 친구 또는 가족에게 당신이 약을 복용하는 것이 좋다고 생각하는 이유를 물어보세요. 처방된 대로 약을 복용하지 않을 때 그들은 당신의 기분과 행동에서 어떤 차이를 알아차리나요? 그들의 대답을 적으세요. ______

______

______

______

5. 약을 복용해야 한다고 생각하는 세 가지 이유를 나열하세요. 약이 어떻게 도움이 되나요?

______

______

______

6. 약물 치료로 증상을 조절하면 당신의 생활이 어떻게 개선될 수 있나요? ______

______

______

______

7. 경계성 성격장애

치료사를 위한 개요: 자기 패배적인 사고 수정 및 일지 작성

연습의 목표

1. 강렬한 부정적인 감정을 매개하는 부정적이고 왜곡된 인지를 확인합니다.
2. 보다 적응력 있는 새로운 사고 방식을 배웁니다.
3. 부정적인 생각을 보다 긍정적이고 현실적인 상황 해석으로 대체합니다.
4. 이분법적 사고를 사람과 문제의 모호함과 복잡성을 견딜 수 있는 능력으로 대체합니다.

이 연습이 가장 유용할 수 있는 추가 문제

- 불안
- 우울증—단극성
- 낮은 자존감
- 사회 불안
- 자살 사고

내담자와 이 연습을 수행하기 위한 제안

경계성 성격의 내담자는 부정적이고 비관적으로 사고하는 사람의 전형입니다. 이 연습은 이러한 패턴을 인정하고 그것을 삶에 대한 긍정적이고 현실적인 평가로 대체하기 시작하는 데 도움이 됩니다. 내담자가 일상 생활 경험을 기록하는 것을 시작하기 전에 과제에 설명된 여섯 가지 유형의 자기 패배적 사고 패턴과 이에 대한 대안을 검토하는 것이 좋습니다. 일지 자료를 검토할 때 내담자가 왜곡된 비관적 사고를 대체할 수 있는 긍정적인 생각을 찾도록 도와야 할 수도 있습니다.

연습 7-A

자기 패배적인 사고 수정 및 일지 작성

강렬한 감정을 느낄 때는 외부 상황을 인지적으로 처리하는 과정이 선행됩니다. 곤란한 상황에 직면하면 먼저 그 상황을 분석하면서 일련의 생각을 하게 됩니다. 평가적 사고를 바탕으로 상황을 어떻게 해석하느냐에 따라 감정이 변화합니다. 자극 상황은 해석적 사고로 이어지며 그 생각에 따라 다양한 감정이 유발됩니다. 이 과제에서는 거의 항상 좌절감, 슬픔, 분노 또는 기타 부정적인 감정으로 이어지는 여섯 가지 일반적인 자기 패배적 사고를 강조합니다. 이 여섯 가지 자기 패배적인 사고 패턴을 바꾸면 보다 현실적이고 긍정적인 사고를 통해 더 차분하고 자신감 있고 긍정적인 감정을 만들 수 있습니다.

1. 여섯 가지 자기 패배적 사고 패턴의 정의
   - A. 흑백 논리: 상황, 사람 또는 자신을 전적으로 나쁘거나 전적으로 좋게만 보는 것. 그 사이에는 아무것도 없음. 그러한 생각은 거의 항상 가혹한 판단과 타인으로부터의 소외로 이어집니다(예: "내 상사는 결코 공정하지 않으며 그는 항상 나를 미워했어.").
   - B. 절망감: 미래에도 긍정적이거나 심지어 중립적으로도 해결될 가능성이 없을 것으로 일관되게 상황을 간주하는 것. 이것은 절망으로 이어지고 문제에 대한 해결책을 찾는 것을 거부하게 됩니다(예: "나를 받아 주고 즐겁게 해 주는 새로운 친구는 절대 사귀지 못할 거야.").
   - C. 무력감: 자신이 긍정적인 방식으로 세상에 영향을 미칠 수 있는 능력이 있다는 사실을 인정하지 않고 나쁜 일이 자신에게만 일어난다고 일관되게 믿는 것. 그 결과 모든 긍정적인 특성, 능력, 성공을 무시하고 환경을 변화시키려는 노력을 하지 않고 다른 사람이 대신 해 주기를 바라며 의존하게 됩니다(예: "상황을 바꾸기 위해 내가 할 수 있는 일은 아무것도 없으니 그냥 포기하고 무슨 일이 일어나면 일어나는 대로 내버려 두는 것이 낫겠어.").

D. 무가치함: 자신을 다른 사람들의 시간, 관심 또는 수용을 받을 만한 가치가 없는 존재로 여기는 것. 이것은 다른 사람의 거절을 예상하여 자기 비판적인 말을 하게 만듭니다(예: "어차피 나는 그럴 가치가 없으니 나를 좋아하지 않는다고 해서 그들을 탓하지 않아.").

E. 파국화: 예상되는 결과를 매우 부정적인 방향으로 확대 해석하는 것. 이는 상황을 더 나은 방향으로 바꾸려는 노력을 포기하고 부정적인 결과가 이미 발생한 것처럼 상황에 반응하는 결과를 초래합니다(예: "나는 절대 다른 직장을 구할 수 없을 거야. 이번 해고는 내 인생의 끝이야.").

F. 부정적인 예측: 현실에 근거하지 않고 사건이 나쁘게 끝날 것이라고 예측하는 것. 이러한 유형의 사고는 비관주의, 우울증 및 노력의 포기를 초래합니다(예: "나는 절대 취업하지 못할 거야, 그러니 면접을 보러 가는 것조차 의미가 없어.").

2. 나열된 여섯 가지 자기패배적 사고 패턴을 각각 반대로 뒤집어 긍정적인 대안으로 대체할 수 있습니다.

A. 흑백 사고의 대안: 거의 모든 일과 모든 사람에게는 좋은 면과 나쁜 면이 있다는 것을 인식하고 작은 결점이나 실수 때문에 누군가를 섣불리 거부하지 않는 것. 이는 다른 사람들을 더 많이 받아들이고 자기 자신을 더 많이 수용하는 것으로 이어집니다(예: "내 상사는 오늘 기분이 안 좋은 것 같지만 그가 가끔은 나에게 잘해 주었다는 것도 인정해야겠어.").

B. 절망에 대한 대안: 삶을 보다 현실적으로 바라보고 시간과 노력을 기울이면 부정적인 상황을 해결할 수 있는 가능성이 있다고 보는 것. 이것은 당신을 '긍정적인 사고를 하는 사람'으로 보는, 다른 사람들로부터 힘을 얻고 수용을 더 많이 받을 수 있는 결과로 이어집니다(예: "누구나 친구가 필요하고 친절함을 높이 평가하기 때문에 내가 인내심을 갖고 친절하고 사려 깊게 대하면 소셜 네트워크를 개발할 수 있을 거야.").

C. 무력감에 대한 대안: 부정적인 상황에 영향을 미칠 수 있는 개인의 자원과 능력을 인정하고 다른 사람이 대신 해 주기를 기다리기보다 변화를 일으킬 수 있는 기회를 찾는 것. 그 결과 행동을 취하고 상황을 통제할 수 있다고 느끼게 됩니다(예: "이 상황에 대한 접근 방식을 변경하고 다른 전략을 사용하면 긍정적인 결과를 얻을 것이라고 확신해.").

D. 무가치함의 대안: 자신을 다른 사람들로부터 인정받을 가치가 있는 존재로 보고, 강점과 약점을 가진 인간으로서 본질적 가치를 인정하는 것. 그 결과 자기 수용성이 높아지고 타인의 수용에 대한 기대가 커집니다(예: "나는 내가 존경하는 다른 사람들로부터 존중받을 자격이 있는 선하고 유능한 사람이야.").

E. 파국화에 대한 대안: 현실적인 관점에서 결과를 바라보고 긍정적인 측면을 포함하는 맥락에서 부정적인 측면을 유지하는 것. 이러한 사고방식은 모든 결과의 긍정적인 측면을 기반으로 하는 능력으로 이어지며 희망적인 마음을 키울 수 있습니다(예: "이번 해고는 받아들이기 어렵지만, 나는 기술도 있고 그리고 일하는 습관도 갖고 있기 때문에 부지런히 노력하면 다른 직장을 찾을 수 있어.").

F. 부정적 예측의 대안: 가능한 모든 결과가 발생할 수 있다는 점을 고려하고 노력 없이는 긍정적인 결과를 얻을 수 없다는 점을 인식하는 것. 이것은 세상을 보다 낙관적으로 바라보게 하고 열정을 불러일으킵니다(예: "이 직업을 갖기 위한 경쟁이 치열하다는 것을 알고 있지만 나는 긍정적인 자세로 면접에 임하겠어. 만약 이 일에 채용되지 않더라도 미래에 나를 위한 다른 일자리가 있다는 것을 알고 있어.").

3. 자기 패배적 사고와 이러한 부정적인 패턴에 대한 긍정적인 대안에 관한 자료를 검토한 후, 자기 패배적 사고에 빠져들었던 사례를 최대 7개까지 기록하고 이를 대체할 수 있었거나 대체했어야 했던 긍정적인 대안의 생각을 적어 주세요.

다음 양식에 요청하는 정보를 기입하세요. 자기 패배적 사고를 일으킨 상황을 설명하고, 자기 패배적 생각 자체를 나열한 후, 이 생각에서 비롯된 부정적인 감정을 설명하고, 마지막으로 상황을 다르게 해석하는 데 사용할 수 있었던 대안적 긍정적인 사고를 나열하세요.

연습 7-A

No. ________ 날짜 ________	상황	
	자기 패배적 사고	
	부정적인 정서적 결과	
	대안적 긍정적인 사고	

No. ________ 날짜 ________	상황	
	자기 패배적 사고	
	부정적인 정서적 결과	
	대안적 긍정적인 사고	

No. ________ 날짜 __________	상황	
	자기 패배적 사고	
	부정적인 정서적 결과	
	대안적 긍정적인 사고	

No. ________ 날짜 __________	상황	
	자기 패배적 사고	
	부정적인 정서적 결과	
	대안적 긍정적인 사고	

연습 7-A

No. ______ 날짜 ______	상황	
	자기 패배적 사고	
	부정적인 정서적 결과	
	대안적 긍정적인 사고	

No. ______ 날짜 ______	상황	
	자기 패배적 사고	
	부정적인 정서적 결과	
	대안적 긍정적인 사고	

No. ________ 날짜 ________	상황	
	자기 패배적 사고	
	부정적인 정서적 결과	
	대안적 긍정적인 사고	

치료사를 위한 개요: 행동하기 전에 계획하기

연습의 목표

1. 충동적으로 반응하는 경향을 억제하기 위한 대처 전략을 개발합니다.
2. 충동적인 행동이 어떻게 자신과 타인에게 부정적인 결과를 초래하는지에 대한 인식을 높입니다.
3. 행동에 대한 최종 결정을 내리기 전에 문제를 파악하고 대안적인 행동 방침을 탐색합니다.
4. 자신의 행동과 그것이 자신과 다른 사람에게 미치는 영향을 평가하는 방법을 배웁니다.
5. 충동적인 행동을 통제하는 능력을 개발합니다.

이 연습이 가장 유용할 수 있는 추가 문제

- 분노 조절 문제
- 주의력결핍 과잉행동 장애(ADHD)—성인
- 양극성 장애—조증
- A 유형 행동

내담자와 이 연습을 수행하기 위한 제안

많은 내담자는 자신의 행동에 대한 결과를 고려하지 않은 채 잘못된 판단을 내리고 행동하는 경향이 있습니다. 내담자는 자신이 왜 그런 상황에 처하게 되었는지 깨닫지 못한 채 곤경에 처하게 되고, 부정적인 결과의 전조를 인식하지 못합니다. 이 연습에서 내담자는 충동을 억제하는 데 도움이 되는 기본적인 문제 해결 전략을 배웁니다. 내담자는 먼저 문제를 파악한 다음 후속 문제 해결 단계를 수행합니다. 이것은 긴 과제이므로 치료 세션 내에서 과제를 완료하는 데 상당한 격려와 지원이 필요합니다.

연습 7-B

행동하기 전에 계획하기

사람들은 종종 자신이 왜 그런 상황에 처하게 되었는지 깨닫지 못한 채 곤경에 처하게 됩니다. 이것은 사람들이 자신의 행동이 불러올 수 있는 결과에 대해 멈춰서 생각하지 않고 상황에 재빨리 뛰어들어 문제를 해결하려고 할 때 발생합니다. 멈추고 생각하지 않으면 자신과 타인 모두에게 부정적인 결과를 초래합니다. 이 연습에서는 스트레스가 많은 상황에 대처하기 위한 기본적인 문제 해결 단계를 사용하는 방법을 배웁니다. 이러한 단계를 따르면 다른 사람과의 문제가 줄어들고 자신에 대해 더 나은 기분을 느낄 수 있습니다.

1. 어떤 문제를 해결하는 첫 번째 단계는 문제가 있다는 것을 깨닫는 것입니다. 이 시작 단계에서는 현재 직면하고 있는 주요 문제 또는 자신을 괴롭히는 반복되는 문제 중 하나를 선택해야 합니다. 집중적으로 해결하고 싶은 문제를 선택하는 데 어려움이 있다면 친구, 배우자 또는 가족과 이야기하세요. 여기에서 문제를 파악하세요.

____

____

2. 문제를 파악한 후 문제를 해결하거나 대처하는 데 도움이 되는 두 가지 가능한 행동 방침을 고려하세요. 가능한 각 행동 방침의 장단점을 나열한 다음 각 행동 방침에 대해 서로 다른 장단점을 기록합니다.

취할 수 있는 첫 번째 행동 방침: ______________________________

____

____

장점 ______________ 단점 ______________

______________ ______________

두 번째로 취할 수 있는 행동 방침:

장점 | 단점

3. 다음으로, 가능한 각 행동 방침의 장단점을 검토하고 따를 행동방침을 선택합니다(배우자나 친구 또는 가족과 상의하여 최종 행동방침을 선택하는 데 도움을 받는 것이 좋습니다.). 이제 자신이 따를 행동 방침을 정하세요.

4. 이 행동 방침을 선택하는 데 어떤 요인이 영향을 주었습니까?

5. 당신의 결정에 영향을 준 다른 사람들로부터 어떤 조언이나 의견을 받았습니까?

6. 이제 행동 계획을 실행할 차례입니다. 행동 계획을 실행했을 때 어떤 일이 일어났는지 설명하세요. 결과는 어땠나요?

---

7. 이 연습의 마지막 단계입니다. 당신은 문제를 확인하고, 가능한 여러가지 행동 방침을 고려하고, 결정을 내리고, 실행계획을 따랐습니다. 이제 마지막 과제는 결과를 평가하는 것입니다. 행동의 결과에 대해 어떻게 생각하시나요?

---

8. 이 경험을 통해 무엇을 배웠습니까?

---

9. 앞으로 동일하거나 유사한 문제에 직면하게 된다면 어떻게 다르게 대처하시겠습니까?

---

8. 아동기 외상

치료사를 위한 개요: 피해자에서 생존자로의 변화

연습의 목표

1. 피해자의 특성과 생존자의 특성을 구분합니다.
2. 피해자 또는 생존자로서의 현재 상태를 평가합니다.
3. 피해자였다는 진술은 줄이고 개인의 역량 강화를 반영하는 진술은 늘립니다.
4. 역량이 강화되었다는 느낌을 가지고 삶을 마주하는 것에 대한 자신감을 높입니다.

이 연습이 가장 유용할 수 있는 추가 문제

- 외상 후 스트레스 장애(PTSD)
- 성폭력 피해자

내담자와 이 연습을 수행하기 위한 제안

내담자는 피해자가 아닌 생존자가 되기 위해 먼 길을 가고 있을 수 있으며, 반면에 내담자는 피해자 상태에 머물러 있을 수도 있습니다. 이 과제는 내담자를 피해자 상태로 유지하게 하는 특성을 분류하는 데 도움이 될 것입니다. 설명어 목록을 검토하여 '생존자' 라벨 아래에는 긍정적이고 자신감 있고 건강한 설명어가 있으며, '피해자' 라벨 아래에는 더 부정적이고 자기 패배적이며 우울한 설명어가 있음을 확인하게 합니다. 피해자에서 생존자로 전환하도록 동기를 강화하고 이렇게 관점을 바꾸면 얻을 수 있는 많은 이점을 내담자가 알 수 있게 합니다.

연습 8-A

피해자에서 생존자로의 변화

학대가 최근에 발생했거나 학대와 관련된 감정과 생각을 해결할 기회가 없었다면 자신을 피해자로 여기고 그 피해자 상태에 수반되는 모든 감정과 태도를 경험하는 것은 당연합니다. 피해자의 상태에서 생존자의 상태로 이동하려면 시간과 노력이 필요합니다. 피해자가 되는 것과 관련된 감정과 생각은 압도적으로 부정적이고 자기 패배적입니다. 반면에 생존자와 관련된 감정과 생각은 더 긍정적이고 미래 지향적이며 자신감이 넘칩니다. 학대에 노출된 사람은 누구나 피해자라는 느낌으로 시작하는 것이 당연하고 예상되는 일이지만, 그 상태가 생존자라는 상태로 바뀌어야만 자신의 잠재력을 실현할 수 있습니다. 이 연습은 피해자와 생존자의 차이점을 이해하고 당신의 현재 상태를 정의하는 데 도움이 됩니다.

1. 다음 단어나 문구는 피해자 또는 생존자를 설명하는 것이지만 뒤섞인 순서로 제시됩니다. 각 단어나 구를 살펴보고 '피해자'라고 표시된 열이나 '생존자'라고 표시된 열 아래에 다시 쓰고 당신이 적은 목록을 정렬하여 최종적으로 피해자를 설명하는 단어와 생존자를 설명하는 단어의 목록을 완성하세요.

설명어 목록

우울한	트라우마에 사로잡혀 있음
고통을 극복함	삶을 즐김
가해자를 비난함	과거에 살고 있음
비관적	이해를 원함
희망이 없음	사람들과 즐김
힘이 생긴	분노를 가라앉힘
신뢰가 커짐	트라우마는 어떻게 생각하느냐에 달려 있다고 봄

연습 8-A

패배한	에너지 없음
현재와 미래를 생각하는 삶	두려움에 의해 지배당함
무기력	눈물보다 미소가 더 많음
희망찬	의심 많은
사회적 위축(철수)	씁쓸함
낙관적	자신감
부끄러움	새로운 에너지가 생김
동정이 필요함	고통에 집중

피해자	생존자
______	______
______	______
______	______
______	______
______	______
______	______
______	______
______	______
______	______

2. 피해자와 생존자 각각을 설명하는 단어와 문구 목록을 살펴보았을때 자신을 피해자로 보나요. 아니면 생존자로 보나요? 이유는 무엇입니까? ______

______

______

3. 당신과 당신의 현재 상태를 설명하는 데 가장 정확한 세 가지 단어 또는 문구는 무엇입니까?

______

______

______

4. 트라우마를 겪은 후 어린 시절의 자신을 가장 정확하게 설명하는 세 단어 또는 문구는 무엇입니까? ______________________________

____

____

5. 생존자가 되기 위한 여정을 시작하기 1년 전 당신을 가장 잘 표현한 세 단어 또는 문구는 무엇입니까? ______________________________

____

____

6. 자신이 피해자(1) 또는 생존자(5)라고 느끼는 정도를 1에서 5까지의 척도로 평가하세요.

1	2	3	4	5
피해자				생존자

7. 피해자에서 생존자로 되는 데 가장 도움이 된 것은 무엇입니까? ______________________________

____

____

____

8. 피해자에서 생존자로 되는 데 도움을 준 사람은 누구입니까? ______________________________

____

____

____

치료사를 위한 개요: 심호흡 연습

연습의 목표

1. 심호흡 기법을 배우고 연습합니다.
2. 이 기법을 사용할 수 있는 구체적인 상황을 파악합니다.
3. 위에서 파악한 가정, 직장, 학교 및 기타 사회적 상황의 특정 상황에서 심호흡 기법을 사용하는 방법을 시연합니다.
4. 다양한 삶의 불안에 효과적으로 대처할 수 있는 능력을 향상시킵니다.

이 연습이 가장 유용할 수 있는 추가 문제

- 불안
- 공포증
- 외상 후 스트레스 장애(PTSD)
- 성폭력 피해자
- 사회 불안

내담자와 이 연습을 수행하기 위한 제안

이는 주로 어린 시절의 부정적인 경험으로 인해 불안 수준이 높은 많은 사람에게 중요한 기법입니다. 그들은 이러한 경험의 결과로 얕은 호흡 패턴이 발달하게 됩니다. 심호흡은 불안, 두려움 또는 기타 위협을 유발하는 상황에 직면했을 때 신체의 긴장을 완화하고 당면한 상황을 평가, 처리 및 해결하는 기법을 사용할 수 있도록 합니다. 당연히 치료사는 이 연습에 적극적으로 참여하여 내담자가 이 기법을 배우고, 이해하고, 숙달하고, 자신의 생활 상황에서 실행할 수 있도록 도와야 합니다. 연습 부분은 재미있으면서도 적절한 경쟁심을 유발하며 내담자의 노력과 기술 수준 향상에 대해 칭찬할 수 있는 기회가 제공되어야 합니다.

연습 8-B

심호흡 연습

긴장, 걱정, 두려움을 느낄 때 먼저 몸을 진정시키는 방법을 배우는 것이 중요합니다. 이렇게 하면 상황에 더 잘 대처할 수 있어 상황을 더 좋게 만들고 자신에 대한 기분을 좋게 만들 수 있습니다. 심호흡을 배우는 것은 이를 위해 도움이 될 수 있습니다. 치료사가 이 기법을 배우는 데 도움을 줄 것입니다.

1단계 (4-4-4 생각하기)

- 4를 (속으로) 세면서 깊게 숨을 들이마십니다.
- 4를 (속으로) 세면서 숨을 참으세요.
- 4를 (속으로) 세면서 숨을 내쉬세요.
- 이 과정을 두 번 반복합니다.

2단계

- 손바닥을 피자 한 조각이라고 생각하면서 가장 좋아하는 토핑을 모두 올린다고 상상해 보세요.
- 이제 손을 피자 조각으로 생각하며 오븐에서 갓 나온 피자가 어떤 냄새를 풍기는지 상상해 보세요. 좋은 냄새를 맡기 위해 (4를 세면서) 깊이 숨을 들이마시고 그 좋은 냄새를 유지하기 위해 (4를 세면서) 숨을 참으세요.
- 다음으로 피자를 식혀서 먹을 수 있도록 피자에 바람을 (4를 세면서) 불어서 식힙니다.
- 두 번 반복합니다.

3단계

- 심호흡 기법을 향상시키려면 바람개비, 비눗방울 또는 해바라기 씨를 사용하여 연습해 보세요.

연습 8-B

- 4-4-4 기법을 기억하고 사용하면서 바람개비를 얼마나 오래 또는 빠르게 돌릴 수 있는지 또는 얼마나 큰 비눗방울을 날릴 수 있는지 확인하세요. 약속 시간 사이에 집에서 바람개비, 거품 또는 해바라기 씨로 연습할 수도 있습니다.

4단계

- 심호흡법을 익혀서 더 잘 사용하기 위해 이것을 자녀나 파트너에게 가르쳐 보세요. 만약 그렇게 할 수 없는 경우 치료사에게 다시 가르쳐 보세요.

5단계

- 치료사의 도움을 받아 가정과 직장에서 불안/초조, 걱정 또는 두려움을 느끼게 하는 상황을 확인하세요.

집에서: 상황 ________________________________

____

____

직장에서: 상황 ________________________________

____

____

이제 다음에 이 두 가지 상황이 닥쳤을 때 심호흡 기법을 어떻게 사용할 것인지 계획을 세워 보세요.

계획 ________________________________

____

____

6단계

- 일주일 동안 집에서 바람개비, 비눗방울, 해바라기 씨를 사용하여 혼자서 심호흡을 연습하세요. 5단계에서 확인한 상황에서 어떻게 하고 있으며 심호흡을 어떻게 사용했는지 치료사에게 보고하세요.

치료사를 위한 개요: 감정과 용서 편지

연습의 목표

1. 어린시절 학대나 방임으로 인한 외상적 경험에 대한 감정을 명확히 합니다.
2. 아동학대 또는 방임의 가해자에 대한 감정을 명확히 합니다.
3. 가해자 및 아동기 트라우마와 관련된 다른 사람들에 대한 용서의 수준을 높입니다.
4. 피해자였다는 진술은 줄이고 개인의 역량 강화를 반영하는 진술은 늘립니다.

이 연습이 가장 유용할 수 있는 추가 문제

- 낮은 자존감
- 외상 후 스트레스 장애(PTSD)
- 성폭력 피해자

내담자와 이 연습을 수행하기 위한 제안

이 연습은 내담자가 어린 시절의 학대나 방임 경험을 둘러싼 많은 감정을 이미 말로 표현하고 해결한 후인 치료의 후기 단계에 배정해야 합니다. 내담자는 가해자나 중요한 타인을 용서할 준비가 되어 있어야 하므로 이 상담 단계에 성급하게 들어가도록 강요해서는 안 됩니다. 내담자가 실제 편지를 쓰기 전에 생각이나 감정을 정리하는 데 도움이 되는 질문에 정직하게 답하도록 격려하세요. 일부 질문은 특정 내담자에게는 관련이 없을 수 있으므로 내담자는 본인에게 해당하는 질문에 선택적으로 답변을 하면 됩니다. 가해자 또는 중요한 다른 사람과 편지를 공유하는 것에 대한 결정을 내리기 전에 추가 검토 작업을 위해 편지를 세션에 다시 갖고 오도록 내담자에게 상기시키십시오. 이 편지는 임상적으로 적절하다고 판단되는 경우 가해자 또는 다른 가족 구성원과의 공동 세션의 기초자료로 사용될 수도 있습니다.

연습 8-C

감정과 용서 편지

이 연습에서 당신은 가해자나 당신의 어린 시절 학대나 방임과 관련된 다른 중요한 사람들에게 감정과 용서를 표현하는 편지를 써야 합니다. 당신은 그간의 상담에서 이미 많은 노력을 하였기 때문에 이 과제를 받게 되었습니다. 당신은 아동기 학대 또는 방임과 관련된 많은 생각과 감정을 확인하고, 말로 표현하고, 해결할 수 있었습니다. 이 시점에서 당신은 이제 정서적으로 훨씬 강해졌으며 아동 학대 또는 방임의 경험과 관련된 가해자 또는 중요한 다른 사람들을 용서해 줄 준비가 되었습니다.

실제 편지를 쓰기 시작하기 전에 다음 질문에 답하세요. 이 질문들은 가해자 또는 중요한 다른 사람에게 편지를 쓰기 전에 생각과 감정을 정리하는 데 도움이 될 것입니다. 당신에게 해당되지 않는 질문이 있을 수 있습니다. 그 항목은 공백으로 두세요. 이 과제의 마지막 부분에는 편지에 포함하고 싶은 추가적인 생각이나 느낌을 표현할 수 있는 공간도 제공됩니다. 다음 질문에 답하면서 마음속에 떠오르는 생각이나 느낌을 자유롭게 적어 보세요.

1. 어린 시절 트라우마의 경험이 성인이 된 당신의 삶에 어떤 영향을 미쳤습니까? ____________

____

____

2. 어렸을 때 겪었던 학대 또는 방임의 가해자에 대해 어떤 감정을 느꼈습니까? ____________

____

____

3. 학대나 방임으로 인해 어린 시절 자신에 대해 어떤 생각이 들었습니까? ____________

____

____

4. 어린 시절의 학대나 방임과 관련된 고통을 겪은 후 성인이 된 지금 자신에 대해 어떤 생각이 듭니까? ______________________________

5. 어린 시절 학대 또는 방임의 가해자에 대한 당신의 현재 감정은 어떻습니까? ______________________________

6. 학대나 방임을 목격했지만 그것을 멈추기 위해 아무 조치도 취하지 않은 가족 내 다른 중요한 사람들에 대한 당신의 감정은 무엇입니까? ______________________________

7. 가해자나 다른 중요한 사람을 용서하는 것을 고려할 수 있을 정도로 내면에 어떤 변화가 일어났습니까? ______________________________

8. 가해자나 다른 중요한 사람의 말이나 행동 중 당신이 용서를 고려하게 만든 것이 있다면 무엇입니까? ______________________________

9. 왜 가해자나 다른 중요한 사람에 대한 용서의 과정을 시작하기로 선택했나요? ______________________________

10. 가해자와의 현재 관계를 어떻게 설명할 수 있을까요? ______________________________

11. 다른 가족 구성원과의 관계를 어떻게 설명할 수 있을까요? ________________

12. 어린 시절의 트라우마, 자신, 가해자, 가족 또는 미래에 대해 갖고 있는 다른 생각이나 감정을 다음의 공간에 표현하세요. ________________

13. 질문에 대한 답변을 검토한 다음 별도의 종이에 편지를 쓰세요. 학대 또는 방임 사실에 대한 기억, 그 경험이 어린 시절에 어떤 느낌을 주었는지, 트라우마로 인해 성인이 된 자신에 대해 어떻게 느끼는지, 가해자에 대해 어떻게 느꼈는지, 현재 용서 과정을 시작하려는 이유, 가해자 및 다른 가족 구성원(현재 옆에 있는 경우)과 앞으로 어떤 유형의 관계를 맺고 싶은지 등을 포함해야 합니다. 가해자가 이미 사망했거나 앞으로 어떤 관계도 맺을 수 없는 경우라도 이 편지를 쓰는 것은 자신의 성장과 괴로움으로부터의 자유라는 측면에서 여전히 매우 유익할 수 있습니다. 완성된 편지를 다음 치료 세션에 가져와 치료사와 검토하세요. 편지를 어떻게 처리할지 고려할 수 있는 몇 가지 옵션이 있습니다. 편지를 파기할 수도 있고, 보관하고 싶을 수도 있으며, 편지를 보내거나 직접 읽어 주는 방식으로 가해자 또는 다른 중요한 사람과 편지를 공유할 수 있습니다. 치료사는 이러한 선택에 대한 결정을 내리는 데 도움을 줄 수 있습니다.

9. 만성 통증

치료사를 위한 개요: 통증과 스트레스 일지

연습의 목표

1. 스트레스, 근육 긴장 및 통증 수준 증가 사이의 관계를 알아봅니다.
2. 통증을 유발하는 시간, 장소 또는 활동의 패턴을 파악합니다.
3. 특정 통증 유발 요인을 파악하고 점검(모니터링)합니다.
4. 통증 또는 스트레스를 줄이기 위해 일반적으로 사용되는 완화 활동의 패턴을 파악합니다.

이 연습이 가장 유용할 수 있는 추가 문제

- 의료 문제
- 생애 발달과업의 문제
- 신체화

내담자와 이 연습을 수행하기 위한 제안

내담자에게 이 과제를 줄 때 데이터 수집을 위한 양식을 검토하십시오(치료 시작 단계에서 내담자에게 양식의 사본을 충분히 제공하십시오). 양식에서 요청하는 자료 유형에 대한 질문에 답합니다. 내담자와 함께 완성된 양식을 검토하여 통증 경험 증가와 관련된 장소, 활동 또는 시간의 패턴을 찾으십시오. 스트레스 수준이 통증 증가와 어떻게 연관될 수 있는지 주목하십시오. 통증을 유발할 수 있는 스트레스의 원인을 검토하고 이러한 스트레스 원인에 초점을 맞춘 스트레스 관리 기법 교육을 받을 수 있도록 내담자를 준비시킵니다. 내담자가 현재 사용하고 있는 적응적 스트레스 감소 기법이 있는지 주의 깊게 살펴보고 이를 강화할 수 있도록 합니다.

연습 9-A

통증과 스트레스 일지

만성 통증은 스트레스를 유발하는 동시에 스트레스로 인해 악화됩니다. 만성 통증으로 고통받는 사람들은 이러한 사실을 인식하고 일상에서 스트레스의 양을 최소화하고 피할 수 없는 스트레스를 줄이기 위한 효과적인 대처 기술과 기법을 개발하는 것이 중요합니다. 스트레스와 그에 수반되는 근육의 긴장을 줄이면 통증 관리 및 조절 능력이 향상됩니다. 이 연습은 당신과 치료사가 만성 통증이 가장 심해지는 시기와 통증 증가를 유발하는 스트레스 요인의 특성을 파악하는 데 도움이 됩니다. 일지를 쓰는 것은 매일 꾸준히 기록하는 훈련이 필요한 어려운 작업입니다.

일지 개요 양식은 치료 과정에서 통증과 스트레스 관리에 주의를 집중할 수 있도록 설계되었습니다. 왼쪽 열에 날짜와 시간을 적는 것부터 시작하여 하루에 한 번 이상 항목을 작성해야 합니다. 하루 동안 심한 통증이 여러 번 있을 경우에는 한 번 이상 입력할 수 있습니다. 날짜와 시간을 입력한 후, 통증이 심할 때 어디에 있었는지를 장소 항목란에 기록하세요. 다음으로 통증 정도 항목란에 1에서 100까지의 척도로 통증의 정도를 기록하세요. 100이 가장 심한 것입니다. 다음으로 활동 항목란에 통증의 강도가 증가하는 동안 무엇을 하고 있었는지 기록하세요. 스트레스 심각도 항목란에는 1에서 10까지의 척도로 당신이 느끼고 있는 스트레스의 정도를 기록하세요. 10은 스트레스 심각도에서 가장 심한 스트레스입니다. 다음으로 스트레스 원인 항목란에 스트레스를 많이 받았다고 생각하는 이유를 기록하세요. 마지막으로 완화 조치 항목란에 통증을 완화하거나 스트레스를 줄이기 위해 취한 모든 조치를 기록하세요(비약물 또는 행동 요법 포함). 매일 일관되게 이러한 항목을 반복하여 기록한 다음 검토 및 처리를 위해 치료사에게 기록을 가져옵니다. (나중에 사용할 수 있도록 양식 사본을 충분히 보관하세요.)

No. ________ 날짜와 시간: ____________ ____________	장소	
	통증 심각도 (1~100)	
	활동	
	스트레스 심각도 (1~10)	
	스트레스 원인	
	완화 조치	

No. ________ 날짜와 시간: ____________ ____________	장소	
	통증 심각도 (1~100)	
	활동	
	스트레스 심각도 (1~10)	
	스트레스 원인	
	완화 조치	

10. 인지적 결손

치료사를 위한 개요: 기억 보조장치: 개인 정보 관리 기록

연습의 목표

1. 기억력 향상 메커니즘을 적용합니다.
2. 사람, 장소, 시간에 대한 상황 판단을 유지하기 위해 기억해야 할 중요한 정보를 기록합니다.
3. 일정을 관리하고 일상 생활의 기록을 보존합니다.

이 연습이 가장 유용할 수 있는 추가 문제

- 주의력결핍 과잉행동 장애(ADHD)—성인
- 우울증—단극성
- 해리장애
- 생애 발달과업의 문제
- 정신증

내담자와 이 연습을 수행하기 위한 제안

뇌 외상이나 심리적 문제(예시: 우울증, ADHD, 해리장애)와 관련된 기억력 결손을 경험하는 내담자는 중요한 정보를 기억하고 생산적이고 체계화된 일정을 유지하는 데 도움이 되는 대처 전략을 사용해야 합니다. 이러한 양식은 내담자에게 일정 관리를 위한 구조적 틀을 제공하고 중요한 정보를 기록하는 습관을 강화하는 데 유용할 수 있습니다. 휴대폰이나 알람 기능이 있는 손목시계를 사용하여 일일 일정표를 확인하는 것도 좋습니다. 습관이 형성되면 내담자는 더 완벽한 일일 일정관리 플래너 구입을 고려할 수 있습니다.

연습 10-A

기억 보조장치: 개인 정보 관리 기록

사람, 장소, 시간을 정확하게 기억할 때 안심이 됩니다. 기억 상실이 발생하면 대처 전략을 사용하여 자신이 누구인지, 어디에 살고 있는지, 지지하는 친구와 가족이 누구인지, 어떤 행사가 예정되어 있고 이미 발생했는지, 성취해야 할 중요한 활동은 무엇인지에 대한 정보를 기억하도록 도와야 합니다. 다음 가이드를 사용하여 체계적으로 관리하세요.

개인 정보의 식별

이름: ______________________________

주소: ______________________________

전화: ______________________________

생일: ______________________ 나이: ________

내 삶에 도움이 되는 사람들의 이름

관계	이름	주소	연락처
부모님			
형제/자매			

연습 10-A

<table>
<tr><td rowspan="4">친구/이웃</td><td></td><td></td><td></td></tr>
<tr><td></td><td></td><td></td></tr>
<tr><td></td><td></td><td></td></tr>
<tr><td></td><td></td><td></td></tr>
<tr><td colspan="2">경찰서</td><td></td><td></td></tr>
<tr><td colspan="2">소방서</td><td></td><td></td></tr>
</table>

월간 계획

이 달력 페이지를 복사하고 그 달의 일정을 적어 두세요. 월간 달력을 저장해 두면 과거에 어떤 일을 했는지를 확인하기 위해 되돌아볼 수 있습니다.

일요일	월요일	화요일	수요일	목요일	금요일	토요일

일일 계획

하루 동안 계획한 일상적인 활동과 비일상적인 활동을 기록합니다. 이 페이지를 복사하여 알리미로 사용하거나 이와 같은 플래너를 구입하세요.

오전	7:00	______	4:00	______
	7:30	______	4:30	______
	8:00	______	5:00	______
	8:30	______	5:30	______
	9:00	______	6:00	______
	9:30	______	6:30	______
	10:00	______	7:00	______
	10:30	______	7:30	______
	11:00	______	8:00	______
	11:30	______	8:30	______
오후	12:00	______	9:00	______
	12:30	______	9:30	______
	1:00	______	10:00	______
	1:30	______	10:30	______
	2:00	______	11:00	______
	2:30	______	11:30	______
	3:00	______	12:00	______
	3:30	______	12:30	______

연습 10-A

일정에 포함할 수 있는 일상 생활 활동

- 목욕/샤워
- 양치질
- 신문 읽기
- 세탁하기
- 집안 먼지 청소
- 아침 식사하기
- 점심 식사하기
- 저녁 식사하기
- 옷 입기
- 침대에서 일어나기
- 장 보기
- 잠자리에 들기
- 진료 예약하기
- 몸 단장
- 잠자리 준비
- 청구서 납부
- 집 정리
- 이메일 읽기
- 친구/가족에게 전화하기
- 심부름하기
- 약 먹기
- 진공청소기 사용
- 설거지
- TV 시청

내가 해야 할 일

꼭 해야 할 구체적인 할 일이 생각날 때마다 적어 두었다가 나중에 일정에 넣습니다.

해야 할 일 목록

기억해야 할 중요한 사항

기억해야 할 중요한 내용을 읽거나 들을 때마다 기록하세요.

잊지 말아야 할 것

치료사를 위한 개요: 기억력 향상 기술

연습의 목표

1. 정보의 기억력을 높이는 인지 과정을 배웁니다.
2. 기억력 향상 메커니즘을 적용합니다.

이 연습이 가장 유용할 수 있는 추가 문제

- 주의력결핍 과잉행동 장애(ADHD)—성인
- 교육 결손

내담자와 이 연습을 수행하기 위한 제안

내담자에게 일상 생활에 적용하도록 요청하기 전에 일반적으로 사용되는 이러한 암기 기법을 세션에서 검토하고 처리하는 것이 좋습니다. 내담자에게 언제 이 기술을 적용할 수 있는지 제안합니다. 내담자가 긍정적인 태도를 유지하도록 돕고 기억력 감퇴의 영향으로 인한 낙담을 줄이도록 도와줍니다. 기억력 향상을 위한 기법 사용 사례를 강화합니다.

연습 10-B

기억력 향상 기술

기억력 감퇴가 발생하면 수년에 걸쳐 효과가 입증된 암기 기법을 사용하는 것이 도움이 될 수 있습니다. 기억력 향상을 위해 설명된 기법의 사용을 연습하세요.

1. 청킹(묶기): 정보를 청크로 그룹화하면 목록을 기억할 때 유용하게 사용할 수 있습니다. 항목을 의미 있는 부분으로 그룹화할 수 있습니다. 예를 들어, 474965327은 474-965-327과 같이 목록을 더 작은 그룹으로 나누면 기억하기 쉽습니다. 또는 TWANBCCBSCPRCIA는 TWA NBC CBS CPR CIA와 같이 친숙한 모둠으로 그룹화하면 더 쉽게 기억할 수 있습니다. 청킹을 사용하여 회상할 수 있는 정보의 몇 가지 예를 나열하세요.

   A. ______________________________

   B. ______________________________

   C. ______________________________

2. 연관 지어 연상하기: 새로운 것을 이미 알고 있는 것과 연관시키거나 짝지어 두면 더 쉽게 회상할 수 있습니다. 예를 들어, 방금 'Holly Weames'라고 소개받은 사람을 기억하려는 경우 그녀를 '핼러윈'과 연관시키고 마음속에 할로윈 의상을 입은 모습을 상상할 수 있습니다. 정보를 회상하는 데 도움이 되도록 연상을 사용할 수 있는 몇 가지 예를 나열하세요.

   A. ______________________________

   B. ______________________________

   C. ______________________________

3. 운율: 간단한 운율은 잊기 쉬운 정보를 기억하는 데 도움이 됩니다. 예를 들어, 새로 알게 된 사람의 이름이 Bill Fowler인 경우 "Bill Fowler는 '옷깃을 여미는' 사람(fills his collar)처럼 보여." 와 같이 스스로에게 우스꽝스러운 말을 할 수 있습니다.

   운율을 사용하여 정보를 기억하는 데 도움이 될 수 있는 몇 가지 예를 나열해 보세요.

   A. ______________________________

   B. ______________________________

   C. ______________________________

4. 그림: 무언가를 시각화하면 더 쉽게 기억할 수 있는 경우가 많습니다. 예를 들어, John Runyon의 이름을 기억하기 위해 가슴에 'John' 표시가 있는 마라톤 선수를 머릿속에 상상해 보세요.

   정보를 기억하는 데 그림을 사용할 수 있는 몇 가지 예를 나열해 보세요.

   A. ______________________________

   B. ______________________________

   C. ______________________________

5. 약어법(두문자법): 기억해야 할 항목의 첫 글자를 따서 단어를 만들면 항목을 더 쉽게 기억할 수 있습니다. 예를 들어, 미국 5대호(Huron, Ontario, Michigan, Erie 및 Superior)의 이름은 HOMES로 기억할 수 있습니다. 우리는 일반적으로 단어의 철자를 모르는 경우에도 마찬가지로 단어의 첫 글자를 사용하여 정보를 기억합니다(예: WNBA = Women's National Basketball Association, 여자 농구 협회).

   정보를 기억하는 데 도움이 되도록 첫 글자를 사용할 수 있는 몇 가지 예를 나열하세요.

   A. ______________________________

   B. ______________________________

   C. ______________________________

6. 범주화: 기억해야 할 항목의 목록이 많을 때는 범주화로 분류하는 것이 항상 도움이 됩니다. 이렇게 하면 긴 목록이 서로 연관된 작은 부분으로 나뉘어 기억하기가 더 쉬워집니다. 예를 들어, 농구, 멀리뛰기, 테니스, 야구, 100미터 달리기, 높이뛰기, 골프, 허들, 배구, 크리켓과 같은 스포츠의 긴 목록을 생각해 보세요. 이 목록은 육상과 공을 사용하는 스포츠

의 두 가지 범주로 분류하면 더 쉽게 기억할 수 있습니다.

범주화를 사용하여 정보를 기억하는 데 도움이 될 수 있는 몇 가지 사례를 나열해 보세요.

A. ______________________________

B. ______________________________

C. ______________________________

7. 약문법(이야기법, Acrostic): 약문법은 기억하고 싶은 각 단어의 첫 글자를 가져온 다음 그 글자로 시작하는 다른 단어를 삽입하여 만드는 문장을 말합니다. 예를 들어, 9개의 행성 [Mercury(수성), Venus(금성), Earth(지구), Mars(화성), Jupiter(목성), Saturn(토성), Uranus(천왕성), Neptune(해왕성), Pluto(명왕성)]을 기억하기 위해 다음 문장을 만들 수 있습니다. "Man Very Early Made Jars Stand Up Nearly Perpendicular"[1)]

   정보를 기억하는 데 도움이 되도록 약문법을 사용할 수 있는 몇 가지 예를 나열하세요.

   A. ______________________________

   B. ______________________________

   C. ______________________________

참고: 이 과제에 설명된 일곱 가지 기법은 **CARPACA**(**C**hunking, **A**ssociation, **R**hyming, **P**ictures, **A**cronyms, **C**ategorizing, **A**crostic)라는 약어를 사용하여 기억할 수 있습니다.

1) 역자 주: 후기 인상파 미술가(마네, 모네, 세잔느, 고호)를 기억하기 위해 "마네가 모내기를 하다가 술을 세 잔 마시고 고추를 먹더니 호호 하더라."라는 문장을 만들어 외울 수 있습니다.

11. 의존성

치료사를 위한 개요: 스스로 결정하기

연습의 목표

1. 회피했었던 의사결정들을 확인합니다.
2. 앞으로 독립적으로 의사결정을 할 수 있는 것을 확인합니다.
3. 의사결정에 대한 자신감을 높이기 위해 긍정적인 자기대화를 실행합니다.
4. 관계에 대한 의존도를 줄이면서 자신의 필요를 충족하기 시작하고, 자신감을 키우고, 자기주장을 연습합니다.

이 연습이 가장 유용할 수 있는 추가 문제

- 우울증 – 단극성
- 미해결된 애도/상실
- 낮은 자존감

내담자와 이 연습을 수행하기 위한 제안

의사결정은 다른 사람에게 의존하는 패턴을 발전시키거나 자신의 능력에 대한 자신감을 잃은 사람들에게 불안을 유발합니다. 이 연습은 내담자가 결정을 회피하는 패턴을 인정하고, 특정 결정을 내리고 긍정적인 자기대화를 통해 자신감을 키울 수 있도록 돕는 것에 중점을 둡니다. 낮은 자존감에 영향을 미치는 내담자의 왜곡된 인지 메시지를 제거하고 보다 현실적이고 긍정적인 대체 메시지를 생각하여 나열할 수 있도록 합니다. 독립적인 기능 및 의사 결정을 위한 모든 단계를 강화합니다.

연습 11-A

스스로 결정하기

다른 사람에게 의존하는 습관이 생기면 일반적으로 스스로 결정을 내리는 것을 피합니다. 그리고 결정에 대한 책임을 다른 사람에게 미루거나 전가합니다. 종종 이러한 패턴은 언제 먹을지, 어떤 식사를 준비할지, 몇 시에 잠자리에 들어야 할지, 또는 작은 물건을 구입할지 말지와 같은 일상의 작은 결정으로까지 이어집니다.

1. 다른 사람들이 내리게 한 결정: 근래에 당신이 하지 않은 결정 다섯 가지를 적어 보세요.

   A. ______________________________

   B. ______________________________

   C. ______________________________

   D. ______________________________

   E. ______________________________

2. 내가 내릴 결정: 가까운 장래에 다른 사람들로부터 불필요한 안심과 지시를 구하지 않고 당신이 내릴 네 가지 결정을 적어 보세요.

   A. ______________________________

   B. ______________________________

   C. ______________________________

   D. ______________________________

3. 긍정적인 자기대화: 좀 더 자신감 있게 결정을 내릴 수 있도록 도울 수 있는 자신에게 줄 수 있는 네 가지 긍정적인 메시지를 적어 보세요(예: 나는 유능한 사람입니다, 나는 합리적인 결정을 내리기 위해 필요한 만큼의 지능이 있습니다, 나는 정보에 입각한 논리적인 문제 해결을 위해 이 문제에 대해 충분히 조사했습니다).

A. ______________________________

B. ______________________________

C. ______________________________

D. ______________________________

치료사를 위한 개요: 충족되지 않은 정서적 욕구 충족

연습의 목표

1. 자신을 다른 사람들에게 의존적이고 도움을 필요로 하는 사람이 아닌 독립적이고 유능한 사람으로 인식합니다.
2. 충족되지 않은 정서적 욕구를 식별하고 구체화합니다.
3. 정서적 욕구를 충족시키기 위한 자조 행동을 확인합니다.
4. 정서적 욕구를 충족시키기 위해 자조 행동을 시작하기로 약속합니다.
5. 자신의 필요를 충족시키고 혼자임을 견딜 수 있도록 자신감을 개발합니다.

이 연습이 가장 유용할 수 있는 추가 문제

- 경계성 성격 장애
- 우울증 – 단극성
- 미해결된 애도/상실
- 친밀한 관계에서의 갈등
- 낮은 자존감
- 사회 불안
- 자살 사고

내담자와 이 연습을 수행하기 위한 제안

이 연습은 내담자가 충족되지 않은 정서적 욕구에 집중하는 데 도움이 됩니다. 의존성, 우울증, 또는 부적절감으로 어려움을 겪는 내담자들은 종종 자신의 상황을 개선하는 것에 어떠한 것도 도움이 되지 않는다는 무력감을 발달시키게 됩니다. 이 과제는 내담자가 자조행동 계획을 실천할 수 있는 방법에 대해 집중해서 생각할 수 있도록 합니다. 치료사는 내담자가 욕구를 충족할 확률을 높이기 위해 취해야 할 행동을 나열하도록 안내할 수 있습니다. 그러나 치료사가 너무 많은 도움을 주기 전에 내담자가 스스로 이 문제를 해결할 수 있도록 하는 것이 좋습니다. 사실 이 과제는 내담자를 위한 과제를 수행할 때 보이는 치료사에 대한 내담자의 의존도를 테스트하기도 합니다.

연습 11-B

충족되지 않은 정서적 욕구 충족

모든 인간에게는 충족하고 싶은 정서적 욕구가 있습니다. 이러한 욕구를 충족하지 못하면 슬프고, 우울하고, 외롭고, 상처받고, 실망하거나, 심지어 무가치하다고 느낍니다. 이 연습은 충족되지 않은 욕구를 파악하고 구체화하는 데 도움이 될 것입니다. 그리고 건설적인 일을 할 수 있는 행동 계획을 세우는데 도움이 될 것입니다. 사람들은 너무 자주 다른 사람이나 삶의 환경에 의존하여 욕구를 충족시키려 해서 실망하는 경우가 많습니다. 당신의 요구가 충족될 수 있도록 다른 사람들에게 행동하고 요청하는 것과 같이, 자신을 주장하고 자신의 세계를 정리하기 위해 할 수 있는 모든 일을 하는 것이 훨씬 더 건강한 접근 방식입니다.

다른 사람에게 전적으로 의존하는 것은 당신이 쉽게 상처받거나 실망을 느끼게 만들고, 당신의 욕구를 충족시킬 수 있는 당신의 능력과 자원을 부정하게 합니다.

충족되지 않은 정서적 욕구

1. 일반적인 정서적 욕구 목록을 검토하고 자신의 삶에서 충족되지 않는다고 생각되는 욕구 앞에 ×표시를 합니다. 빈 줄에는 목록에 없지만 당신이 충족되지 않는다고 느끼는 것을 적을 수 있습니다.

_____ 1. 적어도 몇 명으로부터 무조건적으로 사랑받고 있다고 느끼는 것.
_____ 2. 성취에 대한 인정을 받는 것.
_____ 3. 다정하게 만지고, 쓰다듬고, 안아 주는 것.
_____ 4. 최선을 다하라는 격려를 받는 것.
_____ 5. 경청하고, 이해하고, 들어주는 것.
_____ 6. 상처를 받거나, 약하거나, 취약하다고 느낄 때 지지를 받는다고 느끼는 것.
_____ 7. 옳은 일을 하려는 노력에 대해 칭찬과 보상을 받는 것.
_____ 8. 다른 사람과 의견에 동의하지 않더라도 존중받는 것.

_____ 9. 잘못된 일을 했을 때 용서받는 것.
_____ 10. 당신의 결점이나 단점에도 불구하고 받아들여진다고 느끼는 것.
_____ 11. 다른 사람들과 사교 모임에 참여하도록 요청받는 것.
_____ 12. 자신의 이야기를 할 때 신뢰와 믿음을 받는 것.
_____ 13. 믿을 수 있는 친구를 갖는 것.
_____ 14. 당신을 인정하고 자존감을 구축할 수 있는 재능이나 능력을 갖는 것.
_____ 15. 자신이 믿는 신에게 인정받고 사랑받는 느낌을 갖는 것.
_____ 16. 공정하고 평등하게 대우받고 성공할 기회가 주어지는 것.
_____ 17. 다른 사람들과 적절하게 경쟁할 수 있다고 느끼는 것.
_____ 18. 외모가 상당히 매력적이라고 느끼는 것.
_____ 19. 누군가가 당신의 능력을 믿어 주는 것.
_____ 20. 친구들과 잘 어울린다고 느끼는 것.
_____ 21. ____________________
_____ 22. ____________________
_____ 23. ____________________

2. 당신의 필요를 충족시키기 위해 전적으로 다른 사람에게 의존해서는 안 됩니다. 충족되지 않은 상위 4개 욕구 옆에, 당신의 욕구 충족에 한 걸음 더 다가가기 위해 할 수 있는 일 한두 가지를 적으세요. 당신의 치료사는 당신이 스스로를 돕기 위해 할 수 있는 일을 파악하는 데 도움을 줄 수 있습니다. 수행을 위한 단계를 완료하기 위한 목표 날짜를 작성하세요.

충족되지 않은 욕구	**수행을 위한 단계**	**목표 날짜**
____________	A. ____________	A. ____________
____________	____________	
	B. ____________	B. ____________
	____________	
____________	A. ____________	A. ____________
____________	____________	
	B. ____________	B. ____________

A. 　　A.

B. 　　B.

A. 　　A.

B. 　　B.

3. 자신의 욕구를 충족시키기 위해 취한 행동의 결과를 기록하세요.

독립을 향한 발걸음

연습의 목표

1. 독립적인 행동을 방해하는 두려움을 파악하고 인정합니다.
2. 자신감보다는 두려움을 심어 준 과거의 사건을 파악합니다.
3. 보다 독립적인 방향으로 나아가기 위해 취할 수 있는 조치를 알아봅니다.
4. 관계에 대한 의존도를 줄이면서 자신의 필요를 충족하고, 자신감을 키우고, 자기주장을 연습하기 시작합니다.

이 연습이 가장 유용할 수 있는 추가 문제

- 낮은 자존감

내담자와 이 연습을 수행하기 위한 제안

내담자에게 자신의 역사를 검토하여 두려움과 타인에 대한 의존적인 삶을 살게 된 상황을 파악하도록 요청합니다. 내담자가 두려움을 키운 고통스러운 사건을 드러내도록 지원하되, 두려움을 극복하고 더 독립적으로 사는 법을 배우기 위한 조치를 취하는 과정에서 성장할 수 있도록 격려합니다.

독립을 향한 발걸음

두려움과 자신감 부족은 정상적인 독립성 발달을 방해할 수 있습니다. 어떻게 해서든 다른 사람의 환심을 사려고 노력하면서 다른 사람이 대신 결정을 내려 주기를 바랄 수 있습니다. 다른 사람의 책임이 분명한 활동을 대신하는 것을 의미하더라도 말이죠. 독립적인 행동을 늘려 두려움을 극복하는 방법을 알아보세요.

1. 다른 사람을 실망시키는 것에 대한 두려움: 이것은 독립성의 성장을 방해하는 일반적인 두려움입니다. 어떤 행동을 결정할 때 다른 사람들을 실망시킬 것이라고 예상하게 만든 과거의 경험에 대해 적어 보세요.

2. 실패에 대한 두려움: 당신이 독립적인 행동을 하면 실패할 것이라고 생각하게 된 것에 영향을 미친 과거 경험에 대해 적어 보세요.

연습 11-C

3. 버림받는 것에 대한 두려움: 어떤 가족적 혹은 사회적 상황이 당신으로 하여금 끊임없이 다른 사람들을 기쁘게 해 주려고 노력하지 않으면 그들이 당신을 혼자 내버려둘 것이라는 두려움을 만들게 했습니까?

____

____

____

____

____

4. 독립적인 행동: 두려움을 극복하고 독립심을 키우는 데 도움이 될 수 있는 행동을 나열하세요. 실행 날짜를 정하세요.

행동	날짜
A. _______________	_______________
_______________	
B. _______________	_______________
_______________	
C. _______________	_______________
_______________	

12. 우울증-단극성

치료사를 위한 개요: 즐거운 활동을 파악하고 계획하기

연습의 목표

1. 즐거운 활동을 파악하고 일정을 잡고 참여합니다.
2. 우울증을 극복하기 위한 행동 전략을 사용합니다.
3. 사교, 여가 및 레크리에이션 활동이 가져다주는 기분 좋은 감정을 즐깁니다.
4. 사교 활동 및 여가 활동의 증가로 인한 기분 전환을 보고하게 됩니다.
5. 우울한 기분을 완화하고 이전의 효과적인 기능 수준으로 돌아갑니다.

이 연습이 가장 유용할 수 있는 추가 문제

- 가족 갈등
- 친밀한 관계에서의 갈등
- A 유형 행동

내담자와 이 연습을 수행하기 위한 제안

내담자의 우울증은 즐거운 활동을 회상하는 능력을 방해할 수 있으며, 내담자는 이러한 활동을 할 에너지가 부족하다고 느끼면서 많은 활동을 피할 수 있습니다. 내담자가 자유롭게 브레인스토밍하도록 장려합니다. 필요한 경우, 우울하고 의욕이 없는 내담자에게 상담 세션 밖에서 과제의 요구 사항을 충족하도록 하기보다는 상담 세션 내에서 이 과제를 수행하도록 할 수 있습니다. 브레인스토밍과 계획하기는 세션 내에서 이루어지고, 활동을 실행하고 활동을 구현하고 그 영향을 기록하는 것을 과제로 내줄 수 있습니다. 활동(사건)이 기분에 미치는 긍정적인 효과에 초점을 맞추기 위해 내담자가 활동 전, 도중, 후에 기분을 모니터링하는 것이 좋습니다. 내담자가 만족스러운 활동을 통해 기분을 개선하는 데 성공했는지 검토하고 강화합니다.

연습 12-A

즐거운 활동을 파악하고 계획하기

우울한 사람들은 거의 항상 한때는 만족스럽고, 보람 있고, 즐겁거나, 그냥 재미있었던 활동에 참여하는 것에서 물러납니다. 이러한 철수의 사이클을 끊고 삶의 여러 활동, 주변 관계, 자신이 잘하는 일에 재투자를 시작하는 것은 매우 중요합니다. 이러한 재투자 또는 재참여의 작업의 출발점은 과거에 즐거웠던 일들을 찾아내어 목록을 만드는 것입니다.

1. 다음 줄에 과거에 즐겁고 유쾌했던 활동에 대해 몇 단어로 적으세요. 이러한 즐거운 활동에는 다음이 포함되어야 합니다.
   ① 긍정적인 사회적 상호작용(예: 좋은 친구와 시간 보내기), ② 유용하거나 생산적인 활동(예: 자녀 돌보기, 일 잘하기), ③ 그냥 즐거움을 느낄 수 있는 활동(예: 좋아하는 식당에서 식사하기, 좋아하는 음악 듣기, 따뜻한 목욕하기).
   이 브레인스토밍 세션을 하는 동안, 자신에게 에너지가 있는지 또는 실현 가능한지 여부에 따라 검열하지 않고 즐겁고 유쾌한 활동을 자유롭게 떠올려 보세요. 중요한 사람에게 목록에 대한 의견을 요청할 수도 있지만, 이 목록은 개인적으로 즐거운 활동의 목록이므로 반드시 본인이 즐거워하는 활동을 반영해야 한다는 점을 기억하세요.

긍정적인 사회적 상호작용	유용하거나 생산적인 활동	그냥 즐거움을 느낄 수 있는 활동

2. 이제 즐거운 활동 목록에서 자신이 참여할 가능성이 가장 높다고 생각되는 활동 일곱 가지를 선택합니다. 해당 활동을 나열한 다음, 그 활동의 긍정적인 점 또는 그 활동이 즐겁거나 유쾌했던 이유를 몇 마디로 설명하세요.

가장 가능성이 높은 활동	왜 즐거운가요?
1.	
2	
3.	
4.	
5	
6	
7.	

3. 하루에 한 가지 즐거운 활동을 계획하세요. 하루 중 시간과 활동을 공유할 수 있는 사람을 포함하여 적어 보세요.

	활동	언제/누구와 함께
1일차		
2일차		
3일차		
4일차		
5일차		
6일차		
7일차		

연습 12-A

4. 즐거운 활동에 참여하는 동안과 그 후에 느낀 만족도를 1(낮음)에서 10(높음)까지의 척도로 기록하세요. 또한 즐거운 활동이 기분에 미친 영향을 1(긍정적인 효과 없음)에서 10(기분을 고양시키는 강한 효과)의 척도로 기록하세요.

	활동	만족도	기분에 미친 영향
1일차			
2일차			
3일차			
4일차			
5일차			
6일차			
7일차			

치료사를 위한 개요: 부정적인 감정을 유발하는 부정적인 생각

연습의 목표

1. 왜곡된 사고와 부정적인 감정의 관계에 대한 이해를 말로 표현합니다.
2. 왜곡된 사고 유형에 대한 핵심 개념을 배웁니다.
3. 왜곡된 사고에 관한 핵심 개념을 자신의 경험에 적용합니다.
4. 우울증에 도움이 되는 인지적 자기대화를 확인하고 대체합니다.

이 연습이 가장 유용할 수 있는 추가 문제

- 불안
- 섭식 장애 및 비만
- 미해결된 애도/상실
- 친밀한 관계에서의 갈등
- 낮은 자존감
- 공황/광장공포증
- 편집증적 사고
- 사회 불안
- 자살 사고

내담자와 이 연습을 수행하기 위한 제안

인지 치료의 개념은 추상적으로 설명하면 내담자에게 어려울 수 있습니다. 이 과제에서는 왜곡된 사고의 일반적인 유형들 각각에 대한 정의와 실제 사례를 제시합니다. 이 과제의 내용은 Beck, Burns 및 Lazarus와 같은 인지/행동 치료사의 연구에 크게 의존합니다. 이 과제를 내담자에게 생각을 통제하고 멈추는 것의 중요성에 대해 교육하는 디딤돌로 사용할 수 있습니다. 이전 또는 현재 상담 세션에서 드러났던 내담자의 삶의 경험에서 왜곡된 사고의 예를 찾도록 도와주십시오. 그런 다음 내담자의 부정적인 생각을 대체할 긍정적인 생각을 생성하도록 돕습니다. 이 작업이 끝나면 내담자가 집에 가서도 부정적인 생각을 인식하고 대체하는 연습을 다시 할 수 있는 과제를 줍니다.

연습 12-B

부정적인 감정을 유발하는 부정적인 생각

우리는 사람들이 부정적으로 생각하게 만드는 것이 우울증이나 불안이라고 믿었습니다. 하지만 심리학자들과 정신과 의사들은 불안하거나 우울한 감정을 느끼는 대부분의 사람들은 그러한 감정을 불러일으키는 부정적이고 비관적이며 왜곡된 생각을 가지고 있다는 것을 발견했습니다. 사람들은 종종 같은 상황에 대해 완전히 다른 반응을 보입니다. 예를 들어, 존과 잭은 상사가 프로덕션 그룹에게 "우리는 더 열심히 일하고 생산성을 높여야 합니다. 사소한 일에 너무 많은 시간을 낭비하고 있으니 집중해야 합니다."라고 말하는 것을 들었습니다. 존(John)은 "관리자는 생산량을 늘리고 더 효율적으로 만들려고 한다. 나도 내 역할을 다해야겠다."라고 생각합니다. 하지만 잭(Jack)은 "상사가 낮은 생산성 수치에 대해 나를 탓하고 있어. 나는 해고될까 봐 걱정이야. 그는 나를 좋아하지 않아."라고 생각합니다. 잭은 우울하고 불안한 기분으로 업무에 복귀하고, 이러한 부정적인 감정에 사로잡혀 생산성이 저하됩니다. 존은 상사로부터 같은 말을 들은 후 더 집중해서 업무에 복귀하고 상황이 개선될 수 있다는 확신을 갖게 됩니다. 어떤 상황에 대해 어떤 생각과 해석을 하느냐에 따라 발생하는 감정에 매우 큰 영향을 미칩니다. 심리학자들은 불안과 우울감을 느끼는 사람들에게 공통적으로 나타나는 몇 가지 부정적인 사고 패턴을 발견했습니다. 이러한 왜곡된 사고 패턴은 부정적인 감정을 유발하고 만성적인 우울증과 불안으로 이어질 수 있습니다.

1. 확인되고 정의된 부정적인 사고 패턴의 유형에 대한 다음 목록을 살펴보세요. 이러한 왜곡된 사고 패턴은 우울증, 불안, 낮은 자존감으로 고통받는 사람들에게서 흔히 볼 수 있습니다.

왜곡된 생각

유형	정의	예
흑백 논리 (이분법적 사고)	상황, 사람 또는 자기를 완전히 나쁘거나 좋게만 보고 그 사이에는 아무것도 없다고 생각하는것	메리(Mary)가 이웃과 함께하는 포트락 파티에 야채 샐러드를 가져갔을 때, 한 안주인이 "세 번째 샐러드네요."라고 말했다. 메리는 즉시 "저 여자가 나를 비난하는구나. 나를 싫어하는구나."라고 생각했다
과장하기	다음과 같은 용어가 포함된 자기 비판적 또는 다른 비판적 진술: 절대로, 아무것도, 전부 또는 항상	실수로 동료들이 점심 약속을 잡을 때 잭(Jack)을 참여시키는 것을 깜빡했다. 잭은 생각했다. "그들은 나에게 아무것도 요청하지 않아. 아무도 내가 여기 있기를 원하지 않아."
필터링 (선택적 추상)	긍정적인 것들을 무시하고 자기 주변에서 일어나는 부정적인 것에만 집중하고 강조하는 것	케이트(Kate)는 머리를 짧게 잘라 스타일을 다르게 했다. 친구와 가족으로부터 여러 차례 칭찬을 받았고 한 사람은 약간 부정적이었다. 케이트는 이렇게 생각했다. "난 머리를 짧게 자르지 말았어야 했어. 난 괴물처럼 보이고 사람들은 나를 비웃고 있어."
의미 축소 (긍정 경험 축소)	긍정적인 경험을 중요하지 않다고 하거나 의미가 없다고 거부하는 것.	타일러(Tyler)는 상사로부터 프로젝트에 대해 잘했다고 칭찬을 받았다. 그는 생각했다. "누구나 할 수 있는 일이야. 그녀는 이 프로젝트에 대해 아무것도 모르고 난 특별히 한 것도 없어."
파국화	예상되는 결과를 부정적인 방향으로 기울여 생각함	선생님은 메리(Mary)에게 아들이 수학에 약간 어려움을 겪고 있다고 말했다. 메리는 생각했다. "끔찍해, 조니(Johnny)는 실패할 거야. 내가 그 애에게 더 많이 가르쳐야 했어."
판단하기	(반드시)~해야 한다, ~해서는 안 된다를 지나치게 강조하여 자신이나 타인에 대해 비판적인 것	질(Jill)은 고객에게 영업 프레젠테이션을 했다. 고객은 매우 세심한 주의를 기울였고 제품에 깊은 인상을 받았다고 말했다. 질은 생각했다. "내가 말실수를 했다는 것을 그도 알고 있구나. 내가 더 준비했어야 했는데. 내가 더 능수능란해지지 않으면 어떤 고객도 나에게서 구매하지 않을 거야."
독심술	다른 사람의 생각과 동기에 대해 부정적인 가정을 하는 것.	아론(Aaron)은 새로운 부서로의 이동에 대해 문의했다. 그 자리가 이미 꽉 찼다는 말을 듣고 그는 생각했다. "이 매니저는 나를 좋아하지 않아. 그는 내가 그 자리를 원한다는 걸 알았지만 나를 무시한 거야."

연습 12-B

예측하기	일이 잘못될 것이라고 예측함	켈리(Kelly)는 방금 중요한 취업 면접을 마쳤다. 그러고나서 바로 그녀는 "나는 절대 이 직업을 얻지 못할 거야. 그 면접은 끔찍했고 망친 게 분명해."라고 생각하면서 본인이 고용되지 않을 것이라고 예측했다.
감정을 사실로 여기기 (정서적 추론)	특정 방식으로 느끼기 때문에 현실을 그 느낌에 맞는 것으로 간주함	짐(Jim)은 주말에 친구들과의 활동 계획이 없었다. 그는 외롭고 열등하다고 느꼈다. 그는 생각했다. "아무도 나를 좋아하지 않아. 난 성격이 끔찍해."
라벨링 (낙인찍기)	불쾌한 행동을 할 때 자신과 타인에 대해 부정적 낙인찍기	조안(Joan)은 친구와 점심 식사 장소와 관련하여 의견 충돌이 있었다. 조안은 "베티(Betty)는 정말 통제욕이 강해. 베티는 다른 사람의 말을 전혀 듣지 않고 항상 자기 방식대로만 고집하는 사람이야."라고 생각했다.
자기 비난	자신이 완전히 통제할 수 없는 결과에 대해 스스로 책임을 지는 것	폴라(Paula)의 친구가 경미한 교통 사고를 당했다. 폴라는 생각했다. "이 사고는 내 잘못이다. 운전하는 동안 재키(Jackie)와 얘기하지 말았어야 했어. 비록 상대방 차량이 우릴 쳤지만, 내가 입을 다물고 있었다면 재키가 피할 수 있었다고 확신해."

2. 이러한 왜곡된 사고의 일반적인 유형 열한 가지를 자신의 사고 방식에 적용해 보세요. 우울하고 불안한 기분이 들게 했던 자신의 생각의 예를 세 가지 이상 적어 보세요. 먼저, 우울한 기분이 들게 한 사건을 설명한 다음 나쁜 감정을 일으키게 한 생각을 설명하세요.

무슨 일이 발생했나요?	당신이 가지고 있던 부정적인 생각
A. ______________________	______________________
______________________	______________________
B. ______________________	______________________
______________________	______________________
C. ______________________	______________________
______________________	______________________
D. ______________________	______________________
______________________	______________________

3. 부정적이고 왜곡된 생각을 긍정적이고 현실적인 생각으로 바꾸어 더 행복해지는 데 도움이 되려고 노력하는 것이 중요합니다. 2번의 각 예를 참조하여 기분을 좋게 하기 위해 사용할 수 있었던 긍정적인 생각을 적어 보세요.

무슨 일이 발생했나요?	대체할 수 있는 긍정적인 생각
A. ______________________	______________________
______________________	______________________
B. ______________________	______________________
______________________	______________________
C. ______________________	______________________
______________________	______________________
D. ______________________	______________________
______________________	______________________

치료사를 위한 개요: 긍정적인 자기대화

연습의 목표

1. 자신, 세상, 미래에 대해 긍정적으로 생각하고 이야기하는 빈도를 늘립니다.
2. 긍정적인 자기대화를 실행한 후 기분이 긍정적으로 바뀌었다고 보고합니다.
3. 우울증에 도움이 되는 인지적 자기대화를 식별하고 대체합니다.

이 연습이 가장 유용할 수 있는 추가 문제

- 불안
- 미해결된 애도/상실
- 낮은 자존감
- 자살 사고

내담자와 이 연습을 수행하기 위한 제안

우리의 생각이 기분에 큰 영향을 미친다고 내담자에게 설명하십시오. 내담자는 우리가 사실이라고 알고 있는 것과는 반대로 기분이 생각을 좌우한다고 생각하는 경향이 있습니다. 내담자가 긍정적인 문장을 쓰는 데 실패할 경우 삶에 적용할 수 있는 긍정적인 진술을 찾도록 도와주십시오. 우울증을 유발하는 왜곡된 사고에 대응하기 위해 내담자가 매일 긍정적인 진술을 검토하도록 강화합니다.

연습 12-C

긍정적인 자기대화

우리는 얼마나 빨리 잊어버리는가. 이 말은 특히 우울증으로 고생하는 사람들에게 해당됩니다. 그들은 긍정적으로 생각하는 방법을 잊어버리고 개인으로서의 가치, 사회 전반에 대한 기여, 특히 친구와 가족에 대해 잊어버립니다. 우울증의 구름은 긍정적인 면을 차단하고 자신과 세상, 미래를 부정적으로 보도록 시야를 왜곡합니다. 이 과제는 자기 패배적이고 비현실적이며 부정적인 사고의 사이클에서 벗어날 수 있도록 돕기 위해 만들어졌습니다. 왜곡된 사고의 나쁜 습관을 깨기 위해서는 노력과 집중력이 필요합니다.

1. 기분을 좋게 하는 긍정적인 문장 다섯 가지를 적어 보세요[예: 자신(예: "나는 성공한 유능한 사람이다."), 세상(예: "다른 사람들은 기본적으로 친절하고 도움이 되고 싶어 한다."), 미래(예: "내가 활동을 늘리면 미래가 더 밝아 보일 것이다.")]. 자신의 성공, 긍정적인 특성, 사람들의 선함, 미래에 대한 낙관적인 전망에 집중하도록 스스로를 강요해야 합니다. 당신은 실패만 생각하고 성공을 무시하거나 미래를 절망적으로 보는 경향이 있습니다. 다시 말해, 타고난 우울한 성향과 반대로 생각해야 하며, 나쁜 습관이 생각을 지배하기 전의 현실적이고 긍정적인 사고 방식으로 돌아가야 합니다.

나에 대한 긍정적인 견해

연습 12-C

세상에 대한 긍정적인 견해

____

____

____

____

____

미래에 대한 긍정적인 견해

____

____

____

____

____

2. 매일 당신의 목록에서 기분을 좋게 하는 생각 하나를 선택하여 종이에 적어 쉽게 볼 수 있도록 집 어딘가에 잘 보이게 붙여 놓습니다(예: 냉장고, 거울 등).
3. 매일 3분 동안 거울 앞에 서서 자신의 눈을 바라보면서 항목 1에 적었던 긍정적인 자기대화를 반복합니다.
4. 긍정적인 자기대화가 당신의 기분에 미친 영향을 설명하세요.

____

____

____

____

____

5. 부정적으로 생각하는 대신 긍정적으로 생각할 때 기분이 얼마나 좋아지는지를 평가하세요.

1	2	3	4	5
영향 없었음		중간 정도의 영향 있었음		큰 영향 있었음

13. 해리장애

치료사를 위한 개요: 트라우마를 설명하기

연습의 목표

1. 고통에 대한 억압과 회피를 무너뜨립니다.
2. 외상성 사건의 세부 사항을 문서화합니다.
3. 그 사건으로 인해 유발된 감정을 설명합니다.
4. 완전한 전체 기억을 되찾습니다

이 연습이 가장 유용할 수 있는 추가 문제

- 반사회적 행동
- 경계성 성격 장애
- 아동기 외상
- 외상 후 스트레스 장애(PTSD)
- 성폭력 피해자

내담자와 이 연습을 수행하기 위한 제안

이 과제는 내담자가 과거의 악마(고통스런 기억)와 맞설 힘이 있다고 확신하는 경우에만 제공해야 합니다. 이 연습은 상담 세션 사이에 내담자에게 집에서 작성하도록 요청하지 말고 세션 내에서 완료하는 것이 좋습니다. 수집된 데이터는 신중하게 처리되어야 하며 감정적 자극을 제거하기 위해 반복적으로 처리해야 하는 경우가 많습니다.

연습 13-A

트라우마를 설명하기

과거의 고통스러운 사건을 직면하는 것은 대개의 경우 어렵습니다. 그러한 사건에 대해 이야기하거나 생각조차 하지 않음으로써 고통을 피하려고 할 수 있습니다. 어떤 사건은 의식적인 기억에서 밀어냈기 때문에 기억하기 어려울 수 있습니다. 하지만 치유는 수용적인 분위기 속에서 고통을 마주하는 것으로부터 비롯됩니다. 이 연습을 통해 고통스러웠던 사건을 자세히 묘사함으로써 과거를 직면하도록 유도합니다. 사실을 기억하는 데 도움을 받기 위해 신뢰할 수 있는 중요한 타인에게 그것에 대해 물어볼 수도 있습니다. 그러나 어떤 사실을 기록할 때는 다른 사람이 말해 준 사실이 아니라 본인이 보증할 수 있는 사실이어야 합니다.

관련된 사람들

A. 고통을 겪을 때 누가 옆에 있었나요? ____________________

____

B. 이 사건의 사실에 대해 누구에게 말했습니까? ____________________

____

C. 사건을 알게 되거나 목격했을 때 누가 도움을 주었습니까? ____________________

____

D. 누가 도움을 주지 않았습니까? ____________________

____

E. 당신의 고통과 아픔에 책임이 있는 사람은 누구였습니까? ____________________

____

F. 당신을 돕거나 보호할 수 있었음에도 불구하고 아무것도 하지 않은 사람이 있었습니까?

____

____

어디에서 고통이 발생했나요

A. 사건 발생 위치를 설명하세요. ____________________

B. 사건이 발생한 시간은 언제였습니까? ____________________

C. 사건이 얼마나 오래 지속되었습니까? ____________________

D. 재발했습니까? ________ 그렇다면, 얼마나 자주 발생했나요? ____________________

당신의 반응

A. 사건이 발생하기 전에 신체적, 감정적으로 어떤 기분이었나요? ____________________

B. 사건이 발생한 동안 신체적 · 감정적으로 어떤 기분이었습니까? ____________________

C. 그리고 사건 직후의 기분은 어땠나요? ____________________

D. 이 사건을 다시 떠올리면서 지금 기분이 어떻습니까? ____________________

E. 당신은 지금 당신의 고통의 가해자에 대해 어떤 기분이 드십니까? ____________________

연습 13-A

다른 사람들의 반응

A. 사건 이후 가해자는 어떻게 행동했습니까? ____________________

____

B. 최근에 누가 당신을 지지해 주었습니까? ____________________

____

C. 최근에 이해 부족으로 인해 당신을 실망시킨 사람은 누구입니까? ____________________

____

사건에 대한 설명을 최대한 자세하게 작성하세요

____

____

____

____

____

____

____

____

____

____

____

____

____

____

____

____

____

____

____

치료사를 위한 개요: 현재의 현실에 집중하기

연습의 목표

1. 고통스러운 과거에 대한 집착이나 정체성에 대한 혼란을 줄입니다.
2. 현재 삶의 현실에 대한 집중력을 높입니다.
3. 현실에 초점을 맞춘 정체성을 유지합니다.
4. 해리성 에피소드의 빈도와 지속 시간을 줄입니다.

이 연습이 가장 유용할 수 있는 추가 문제

- 인지적 결손
- 외상 후 스트레스 장애(PTSD)
- 정신증
- 성폭력 피해자

내담자와 이 연습을 수행하기 위한 제안

내담자가 과거의 문제에서 길을 잃거나 자신의 진정한 정체성에 집중하지 못할 때, 이 과제는 실제 정체성과 현재의 책임을 강화할 수 있습니다. 내담자가 행동과 생각을 지금-여기의 일에 집중할 수 있도록 인식시키고 보상하십시오.

현재의 현실에 집중하기

과거에 겪은 트라우마에 사로잡히기 쉽습니다. 하지만 과거의 고통스러운 사건을 솔직하게 마주하며 신뢰할 수 있고 지지적인 사람들과 감정을 공유하는 과정을 통해, 과거의 감정이 당신을 압도하여 움직이지 못하게 만들지 않는 것이 중요합니다. 일상적인 업무를 처리할 때 대부분의 에너지를 소비할 수 있는 현재 현실에 집중해야 합니다. 현실의 일상적인 측면에 집중하는 방법을 명확히 하려면 당신의 삶의 사실을 나열해 보세요.

단순한 사실

당신의 이름: ______________________

배우자/파트너 이름: ______________________

거주 도시: ______________________

당신이 하는 일의 유형: ______________________

고용주: ______________________

근무 시간: ______________________

아이들의 이름과 나이: ______________________

____

____

____

부모님 이름: ______________________

형제자매 이름: ______________________

____

____

____

주의가 필요한(관심을 가져야 하는) 가정 내 프로젝트

자녀들과 함께 또는 자녀들을 위해 해야 할 일

파트너와 함께 또는 파트너를 위해 해야 할 일

미래에 대한 장기적인 계획이나 목표

14. 섭식 장애와 비만

치료사를 위한 개요: 리얼리티 저널: 음식, 체중, 생각 그리고 감정

연습의 목표

1. 실제 음식 섭취량, 체중 증가 및 신체 사이즈에 대한 거부를 세분화합니다.
2. 음식 섭취와 관련된 왜곡된 생각과 그러한 부정적인 생각으로 인해 발생하는 부정적인 감정을 파악합니다.
3. 체중 조절에 사용되는 역기능적 행동의 발생률을 줄입니다.
4. 건강한 식습관을 통해 꾸준한 체중 증가를 책임지겠다는 구체적인 서약을 합니다.

이 연습이 가장 유용할 수 있는 추가 문제

- 없음

내담자와 이 연습을 수행하기 위한 제안

섭식 장애를 가진 내담자의 특징인 왜곡된 인식과 부정은 회복의 기초를 세우는 것을 어렵게 만듭니다. 이 연습은 내담자가 무엇을 얼마나 먹었는지, 그리고 먹는 것이 어떻게 비합리적인 두려움과 역기능적인 체중 조절 행동(예: 구토, 폭식, 과도한 운동, 설사약 남용)을 유발하는 인지적 연쇄 반응을 일으키는지에 대한 사실을 직시하도록 돕기 위해 고안되었습니다. 내담자에게 식사와 관련된 인지 왜곡, 부정적인 감정, 역기능적 보상 행동 사이의 관계에 대해 교육해야 합니다. 예를 들어, 치즈와 함께 크래커 세 개를 먹는 경우 “나는 살찌겠어. 배가 부풀어 오른다. 뚱뚱한 돼지 같아.” 이러한 파괴적인 패턴에 대한 인식이 확립된 후, 내담자는 이 사이클을 끊고 체중 증가를 위해 정상적으로 식사를 시작해야 하는 개인적인 책임에 직면해야 합니다.

연습 14-A

리얼리티 저널: 음식, 체중, 생각 그리고 감정

거식증이나 폭식증의 그물에 걸리면 자신이 무엇을 얼마나 먹었는지, 실제 체중은 어느 정도인지, 음식과 신체 이미지에 대한 합리적인 생각을 왜곡하기가 매우 쉽습니다. 이 일지 양식은 과장하거나, 부정을 조장하거나, 미래를 부정적으로 예측하거나, 생각을 왜곡하지 않고 현실을 직시하는 데 도움이 되도록 만들어졌습니다.

1. 매일 먹는 음식과 양을 기록하세요. 음식을 먹을 때마다 음식과 자신에 대한 생각을 적으세요. 또한 음식과 자신과 관련된 감정을 기록하세요. 마지막 열에는 평소 은밀하게 하는 역기능적 보상 행동(예: 과도한 운동, 무리한 음식 섭취, 구토, 음식 비축, 설사약 사용, 먹는 것에 대해 거짓말하기 등)을 기록합니다. 매주 체중을 기록합니다.

주간 리얼리티 저널(Reality Journal)

시작 무게: ____________

섭취한 음식	생각	감정	역기능적 보상 행동
1일차 아침:			
점심:			

연습 14-A

섭취한 음식	생각	감정	역기능적 보상 행동
저녁:			
간식:			
2일차 아침:			
점심:			
저녁:			
간식:			

섭취한 음식	생각	감정	역기능적 보상 행동
3일차 아침:			
점심:			
저녁:			
간식:			
4일차 아침:			
점심:			
저녁:			

연습 14-A

섭취한 음식	생각	감정	역기능적 보상 행동
간식:			
5일차 아침:			
점심:			
저녁:			
간식:			
6일차 아침:			

섭취한 음식	생각	감정	역기능적 보상 행동
점심:			
저녁:			
간식:			
7일차 아침:			
점심:			
저녁:			
간식:			

연습 14-A

섭취한 음식	생각	감정	역기능적 보상 행동

2. 정상적으로 식사를 하지 않았고, 신체에 적절한 영양과 칼로리가 필요하며, 체중과 체격이 평균 이하라는 사실에 대해 보다 현실적으로 받아들여야 합니다. 회복의 길에 들어서고 음식을 적으로 대하는 악순환의 고리를 끊으려면 부정을 깨고 왜곡된 생각을 인식해야 합니다. 다음 단계는 음식 섭취량을 늘려 조금씩이라도 꾸준히 체중을 늘리는 목표를 설정하는 것입니다(그리고 과도한 운동, 구토, 거짓말 등의 역기능적 보상 행동을 중단하는 것입니다). 다음 양식에 건강한 식습관에 기반한 주당 최소 체중 증가량에 대한 서약을 기록하세요.

서약서

나, ____________________ 은(는) 일주일에 ____________________ 늘리는 것이
(이름) (중량)

목표입니다.

나는 규칙적인 시간에 식사를 하고 균형 잡힌 식단을 정상적으로 섭취합니다.
체중이나 칼로리 섭취를 조절하기 위해 몰래 역기능적 보상 행동을 하지 않습니다.

증인: ____________________ 서명: ____________________
날짜: ____________________ 날짜: ____________________

치료사를 위한 개요: 두려움은 내 식생활을 어떻게 통제하는가

연습의 목표

1. 행동의 표면 아래에 존재하는 두려움을 파악합니다.
2. 이러한 두려움이 행동을 어떻게 통제하는지 파악합니다.
3. 두려움이 행동에 미치는 영향을 줄이기 위해 두려움에 직면하는 계획을 수용하고 실행합니다.
4. 대안적인 대처 전략을 개발합니다.

이 연습이 가장 유용할 수 있는 추가 문제

- 없음

내담자와 이 연습을 수행하기 위한 제안

다양한 두려움이 섭식 장애를 가진 내담자에게 강력한 영향을 미칠 수 있습니다. 이 연습은 내담자가 이러한 두려움을 식별하고, 행동에 어떤 영향을 미치는지 알아보고, 각 두려움과 관련된 부정적인 자동적 사고를 대체할 계획을 세우도록 돕기 위해 고안되었습니다. 치료사는 내담자가 인지 왜곡이 어떻게 두려움을 유발하는지 인식하도록 돕고 현실적인 대체 생각을 제안해야 합니다.

연습 14-B

두려움은 내 식생활을 어떻게 통제하는가

거식증과 폭식증은 두려움에 기반한 행동 문제입니다. 두려움은 다양한 형태로 나타날 수 있으며 여러 가지 왜곡된 생각으로 인해 발생할 수 있습니다. 이 연습에서는 자신의 식습관 행동을 통제하는 것처럼 보이는 다양한 두려움을 파악해 보세요. 그런 다음 가장 강력한 두려움에 집중하고 그 두려움이 어떻게 당신의 행동을 통제하는지 이해하세요. 마지막으로 두려움을 극복하려면 두려움에 직면하는 방법을 찾아야 합니다.

1. 다음의 두려움 목록을 검토하고 자신이 어려움을 겪고 있는 두려움과 식습관에 영향을 미치는 두려움에 체크 표시를 하세요. 목록에는 없지만 당신이 느끼는 다른 두려움이 있으면 하단의 빈 공간에 해당 두려움을 추가로 써넣으세요.

나는 다음을 두려워한다

_________ 체중 증가
_________ 비만해짐
_________ 음식에 대한 통제력을 잃고 폭식
_________ 내 삶의 많은 영역에서 실패
_________ 내가 원할 때 음식을 구할 수 없음
_________ 독립하여 혼자 살기
_________ 성적으로 매력적인 몸매를 가꾸는 것
_________ 완벽하지 않음
_________ 가족 또는 친구로부터 거절당함
_________ 나의 성적 환상이 충동적인 성적 행동으로 이어짐
_________ 내 생각과 감정을 직접 표현하기
_________ 내 권리를 주장하기

_________ 내 외모 외에는 아무런 가치가 없다고 생각함

_________ 이성과 가까워지고 친밀해지는 것

_________ 다른 사람이 나를 통제하는 것

_________ ______________________________

_________ ______________________________

2. 이제 가장 강력한 두려움 두 가지를 강도가 높은 순서대로 나열하세요.

   A. ______________________________

   B. ______________________________

3. 나열된 두 가지 두려움 각각에 대해, 그 두려움이 당신의 행동에 어떤 영향을 미치는지 적어 보세요. 그것이 당신의 삶에 어떤 영향을 미치나요? 식습관에 어떤 영향을 미칠 수 있나요?

   두려움 #A: ______________________________

   ____

   ____

   두려움 #B: ______________________________

   ____

   ____

대부분의 비합리적인 두려움은 왜곡된 생각에 의해 유발됩니다. 먼저 사람들은 어떤 상황에 대한 생각을 하게 되고 이러한 생각은 감정적인 반응을 일으킵니다. 따라서 부정적인 생각을 보다 현실적이고 희망적이며 긍정적인 생각으로 바꿀 수 있다면 두려움은 줄어들거나 없어질 수 있습니다.

4. 2에 나열된 각 두려움과 관련된 생각을 찾아보세요. 예를 들어, 체중 증가에 대한 두려움이 있다면 다음 중 하나 이상의 부정적인 생각이 이 두려움을 유발할 수 있습니다.

   - 나는 이미 너무 뚱뚱하다.
   - 엄마처럼 뚱뚱해질 것이다.
   - 모델처럼 날씬해 보이고 싶다.
   - 살이 찌기 시작하면 멈출 수 없을 것 같다.
   - 나는 날씬할 때 예뻐 보인다.

연습 14-B

- ○ 정상적으로 먹으면 살이 찐다.
- ○ 나는 살찌기 때문에 다른 사람들처럼 먹을 수 없다.
- ○ 내가 건강을 유지할 수 있는 유일한 방법은 끊임없이 다이어트를 하는 것이다.
- ○ 규칙적으로 먹는 것은 건강에 좋지 않다.

이런 생각을 붙잡고 있으면 체중 증가에 대한 두려움이 커집니다. 이제 각각의 두려움을 유지하거나 유발하는 데 도움이 되는 생각을 적어 보세요.

두려움 #A: ____

____

____

두려움 #B: ____

____

____

이러한 두려움을 줄이려면 부정적인 생각을 긍정적이고 현실적인 생각으로 바꿔야 합니다. 예를 들어, 체중 증가에 대한 두려움이 있다면 다음과 같은 현실적인 생각으로 부정적인 생각을 대체할 수 있습니다.

- ○ 나는 뚱뚱하지 않다. 사실, 나는 저체중이다.
- ○ 나는 체중을 늘려야 한다.
- ○ 나는 체중 증가를 조절할 수 있으므로 합리적인 수준이다.
- ○ 너무 마른 것은 건강하지도 매력적이지도 않다.
- ○ 나는 살이 찌면 더 매력적으로 보일 것이다.
- ○ 건강한 몸에는 정상적인 양의 칼로리가 필요하다.
- ○ 규칙적인 음식 섭취는 신체에 필요한 영양을 공급한다.

이러한 생각을 붙잡고 있으면 정상적인 체중 증가에 대한 두려움이 사라집니다.

5. 이제 각 두려움에 대해 비합리적인 두려움을 줄일 수 있는 긍정적인 대체 생각을 써 보세요. 생각은 당신이 통제할 수 있으며, 생각은 감정을 유발한다는 사실을 기억하세요.

두려움 #A: ______________________________

____

____

두려움 #B: ______________________________

____

____

15. 교육 결손

치료사를 위한 개요: 나의 학업 및 직업상의 장점

연습의 목표

1. 학업 및 동기 부여의 강점을 파악합니다.
2. 추가 교육에 대한 동기를 부여할 수 있는 가능성을 브레인스토밍합니다.
3. 강점을 바탕으로 향후 교육 또는 훈련 계획을 수립합니다.

이 연습이 가장 유용할 수 있는 추가 문제

- 재정적 스트레스
- 생애 발달과업의 문제
- 직업 스트레스

내담자와 이 연습을 수행하기 위한 제안

이 과제를 완료할 때 내담자가 자유롭게 생각하거나 브레인스토밍을 하도록 격려합니다. 향후 교육 또는 직업 훈련에 대한 계획을 세우는 것을 염두에 두고 결과를 검토하십시오. 교육, 경험 또는 훈련에 대한 확실한 근거(기초)가 없는 새로운 방향으로의 충동적인 전환은 강화하지 마십시오.

연습 15-A

나의 학업 및 직업상의 강점

우리는 모두 각기 다른 재능과 능력, 관심사를 가지고 있습니다. 이러한 강점 중 일부는 훈련과 교육을 강화할 때 자산이 될 수 있습니다. 성공한 사람들은 자신의 재능을 더 많은 교육을 통해 다듬고 발전시킨 후 벤처 사업(Business Venture)으로 전환했습니다. 이번 기회에 자신의 강점을 탐색해 보세요.

1. 초등학교, 중학교, 고등학교 때 어떤 과목을 좋아했습니까? ______________________

2. 어떤 주제를 좋아하시나요? ______________________

3. 스스로 해서 성공적이었던 분야는 무엇인가요? ______________________

4. 다른 사람들이 인정하고 다른 사람들에게 칭찬을 받은 능력은 무엇입니까?

5. 추진하려고 생각 중인 사업 아이디어는 무엇이며, 그 사업을 위해 자신을 준비시키는 가장 좋은 방법은 무엇인가요?

6. 어떤 직업적 또는 전문적 꿈이나 환상을 가지고 계신가요?

7. 당신이 더 많은 훈련이나 교육을 받았다면 어떤 취미나 특별한 관심사를 직업으로 발전시킬 수 있을까요?

8. 어떤 활동을 정말 좋아하고 열정을 가지고 있나요?

9. 가장 즐거웠던 일이나 가장 잘한 일은 무엇입니까? ______________________

____

____

____

____

10. 당신의 가장 큰 재능, 특별한 자질 또는 능력 다섯 가지는 무엇입니까?

A. ____

B. ____

C. ____

D. ____

E. ____

11. 지금까지 파악된 당신의 능력이나 관심사를 활용할 수 있는 교육 또는 직업 훈련 계획에는 어떤 것이 있나요? ______________________

____

____

____

____

치료사를 위한 개요: 교육의 장점

연습의 목표

1. 교육 부족으로 인한 불이익을 인식합니다.
2. 교육 목표를 달성하면 어떤 이점이 있는지 살펴봅니다.
3. 추가 학업 또는 직업 훈련을 받겠다는 의지를 수립합니다.

이 연습이 가장 유용할 수 있는 추가 문제

- 재정적 스트레스
- 물질 사용
- 직업적 스트레스

내담자와 이 연습을 수행하기 위한 제안

이 과제는 내담자가 좋은 교육의 부족 또는 유무에 따라 삶이 영향을 받는 여러 가지 측면에 초점을 맞추도록 설계되었습니다. 교육에 의해 영향을 받는 삶의 다양한 측면에 대한 내담자의 반응을 검토합니다. 교육 목표를 추구하기 위한 현실적인 행동 계획에 대해 구체적이고 명확한 약속을 합니다. 이 장(chapter)의 이전 과제인 '나의 학업 및 직업적 강점'을 완료한 후에 내담자에게 이 연습을 적용하는 것이 좋습니다.

연습 15-B

교육의 장점

당신이 지금까지 교육 목표를 추구하고 완료한 결과, 교육 부족으로 누적되었거나 누적될 부정적인 영향에 대해 살펴보세요. 그런 다음 더 많은 교육으로 인해 얻을 수 있는 이점을 나열하세요.

교육 부족의 부정적인 영향

A. 재정: ____________________

B. 자존감(자부심): ____________________

C. 다른 사람으로부터의 존중: ____________________

D. 취업 기회의 유형: ____________________

E. 취업 기회에 대한 도전의 정도: ____________________

F. 여가 활동에 사용할 수 있는 시간과 비용: ____________________

교육 목표 달성의 긍정적 효과

A. 재정: ____________________

B. 자존감(자부심): ____________________

C. 다른 사람으로부터의 존중: ______

D. 취업 기회의 유형: ______

E. 취업 기회에 대한 도전의 정도: ______

F. 여가 활동에 사용할 수 있는 시간과 비용: ______

교육/직업 목표 확인

A. 당신의 구체적인 교육/직업 목표는 무엇입니까? ______

B. 교육/직업 목표를 추구하는 데 방해가 된 장애물이나 삶의 스트레스 요인은 무엇입니까?

C. 교육/직업 목표를 달성하기 위해 어떤 단계 또는 행동 과정을 밟아야 합니까? ______

D. 현실적으로 언제부터 목표 달성을 시작할 수 있다고 생각합니까? ______

E. 목표를 달성하는 데 시간이 얼마나 걸릴 것 같습니까? ______

16. 가족 갈등

치료사를 위한 개요: 대인관계 갈등에 문제 해결법 적용

연습의 목표

1. 갈등에 대해 상호 동의할 수 있는 건설적인 해결책을 찾기 위해 갈등에 대한 책임을 받아들입니다.
2. 해결책을 브레인스토밍하고 장단점을 분석합니다.
3. '윈-윈(win-win)' 결과를 도출하도록 설계된 해결책을 실행합니다.
4. 실행된 해결책의 상호 수용도와 만족도를 평가합니다.
5. 부모와의 현재 갈등 수준을 낮추면서 과거 갈등을 놓아주기 시작하거나 부모와의 과거 갈등을 해결합니다.

이 연습이 가장 유용할 수 있는 추가 문제

- 분노 조절 문제
- 반사회적 행동
- 친밀한 관계에서의 갈등
- 생애 발달과업의 문제
- 직업적 스트레스

내담자와 이 연습을 수행하기 위한 제안

많은 내담자는 분노, 철수, 공격성 외에는 문제에 대한 해결책이 보이지 않기 때문에 문제 해결 기술을 배워야 하는 경우가 많습니다. 이 연습은 내담자가 고전적인 문제 해결 기술을 사용하여 친구, 가족, 동료, 배우자 또는 상사와의 갈등에 대한 '윈-윈' 해결책을 찾도록 돕기 위해 고안되었습니다. 내담자는 역기능적으로 문제 해결 방식을 사용하는 습관이 어린 시절에 깊이 뿌리내리고 학습되었을 수 있기 때문에 이 과제를 완료하는 데 상당한 도움이 필요할 수 있습니다.

연습 16-A

대인관계 갈등에 문제 해결법 적용

다른 사람들과 잘 지내려면 의견 충돌에 대한 해결책을 협상할 수 있는 능력이 필요합니다. 모든 관계에는 갈등의 시기가 있습니다. 의견 불일치가 즉각적인 분노나 철수를 유발하지 않는 것이 가장 중요합니다. 갈등에 대한 더 나은 반응은 양측이 모두 동의할 수 있는 해결책을 찾는 것입니다. 이를 '윈-윈(win-win)' 상황이라고 하며, 양쪽 모두 만족할 수 있습니다. 즉각적인 공격으로 이어지는 갈등은 '윈-루즈(win-lose)' 상황을 초래하며 상처, 분개, 분노로 이어집니다. 이 연습은 다음을 돕기 위해 고안되었습니다. 현재 생활에서 일어나는 갈등에 문제 해결 기술을 적용하여 '윈-윈(win-win)'하는 결과를 만들어 보세요.

1. 자신과 상대방 사이의 갈등 문제를 가능한 한 자세하게 설명하세요. ____________

____
____
____
____
____

2. 문제에 대해 생각할 수 있는 모든 가능한 해결책을 브레인스토밍하고 다음에 나열하세요.

____
____
____
____
____

3. 브레인스토밍 목록에서 가장 합리적이고 공정한 해결책 두 가지를 골라 각 해결책의 장점과 단점을 나열하세요.

해결책 #1: ________________________________

____

____

장점	단점
________________	________________
________________	________________
________________	________________
________________	________________
________________	________________
________________	________________

해결책 #2: ________________________________

____

____

장점	단점
________________	________________
________________	________________
________________	________________
________________	________________
________________	________________
________________	________________

4. 장점과 단점 분석을 통해 가장 적합한 해결책을 선택하고 적습니다. ________________

____

____

____

____

5. 선택한 해결책을 언제 어디서 실행할 것인지 적으세요. ______________________

6. 해결책을 실행한 후 이 노력의 결과를 평가합니다. ______________________

7. 선택한 갈등 해결책이 더 효과적으로 되기 위해 어떤 점을 변경할 필요가 있을까요? ______

치료사를 위한 개요: 체계적인(구조화된) 양육 계획

연습의 목표

1. 부모에게 가장 문제가 되는 자녀의 행동을 파악합니다.
2. 자녀의 특정 문제 행동에 대한 개입에 부모가 더 집중할 수 있도록 합니다.
3. 바람직하지 않은 행동이 발생했을 때 부모가 일관성 있게 개입하고 그에 대한 결과를 제시합니다.
4. 협조적인 행동에 대해 부모가 줄 수 있는 구체적인 긍정적 강화를 개발합니다. 또는 반항적인 행동에 대해 줄 수 있는 부정적인 대가(결과)를 개발합니다.
5. 가족 구성원들이 서로를 지지하고, 돕고, 관심을 보이는 합리적인 수준의 가족 유대감과 화합을 달성합니다.

이 연습이 가장 유용할 수 있는 추가 문제

- 육아

내담자와 이 연습을 수행하기 위한 제안

아이들은 속임수의 달인이기 때문에 부모는 부적절하고 끊임없이 방어적인 태도를 취하게 됩니다. 이를 바꾸려면 부모는 자녀의 특정 문제 행동을 수정하는 데 집중해야 합니다. 이러한 목표를 달성하기 위해서는 집중과 지도, 격려가 필요합니다. 부모의 개입 방법을 검토하고 보다 효과적인 개입 방법에 대한 모델링과 역할극을 통해 부모를 지원합니다. 바람직한 행동에 대한 일관성 있고 긍정적인 강화를 강조하는 것을 잊지 마십시오.

연습 16-B

체계적인(구조화된) 양육 계획

자녀의 행동을 지도하고 지시할 때 부모로서의 효율성을 높이려면 체계적인 계획을 세우는 것이 가장 도움이 됩니다. 계획은 자녀의 행동 패턴에 대응하는 방법에 관한 일상적인 의사 결정을 내리는 데 도움이 되는 로드맵을 제공합니다. 계획이 없으면 의식적으로 행동하기보다는 무의식적으로 반응하는 경향이 있으며 양육에 일관성과 방향성이 부족해집니다. 계획을 세우면 구체적이고 집중적이며 일관성 있게 자녀에 대한 행동 목표를 달성할 수 있습니다. 이 과제는 자녀가 더 자주 하기를 바라는 행동과 더 이상 하지 않기를 바라는 행동을 식별하여 계획을 체계적으로 하는 데 도움이 됩니다. 부모를 안내하는 일반적인 원칙은 긍정적인 행동은 최대한 강력하고 일관되게 강화하는 반면, 원치 않는 행동에 대해서는 즉각적이고 단기적인 처벌을 가하는 것입니다. 부모로서 가장 효과적이려면 자녀가 참여하기를 바라는 행동을 최대한 정확하게 규정하고 그만하기를 바라는 행동을 명확하게 명시해야 합니다.

문제 행동 파악

자녀의 문제 행동 몇 가지를 가능한 한 구체적으로 나열하세요.

이제 목록을 살펴보고 가장 문제가 되는 행동 세 가지를 선택하세요. 효과를 극대화하려면 중요한 몇 가지에 집중하는 것이 필요합니다.

1. ______________________________
2. ______________________________
3. ______________________________

바람직한 긍정적 행동 설명하기

선택한 각 행동에 대해 자녀에게 기대하거나 원하는 행동을 설명하세요. 가능한 한 구체적이고 현실적으로 작성하세요.

예시

문제: 항상 논쟁을 벌이고 합리적인 요청이나 과제를 거부합니다.

바람직한 행동: 저항을 최소화하고 합리적인 시간 내에 요청을 따릅니다.

문제	바람직한 행동
A. ______________	A. ______________
B. ______________	B. ______________

긍정적인 행동에 대한 보상 파악하기

아이가 긍정적인 행동을 했을 때 합리적인 방법으로 보상하거나 강화하는 것이 필요합니다. 이러한 행동이 더 많이 나타나기를 원한다면 이는 매우 중요합니다. 보상이 꼭 거창할 필요는 없다는 점을 기억하세요(보상 예시를 참조하세요). 이전 단계에서 설명한 바람직한 행동에 대한 보상을 최소 두 가지 이상 나열하세요.

보상의 예시

1. 그렇게 해 줘서 정말 고마워.
2. 청소를 정말 잘했어.

바람직한 행동: ______________________________

보상 1: ______________________________

보상 2: ______________________________

바람직한 행동: ______________________________

보상 1: ______________________________

보상 2: ______________________________

문제 행동에 대한 결과 확인하기

이제 각 문제 행동에 대해 두세 가지 부정적인 대가를 생각해 보세요. 대가는 논리적이고 행동/위반 행위와 최대한 밀접하게 연결될 때 가장 효과적이라는 점을 명심하세요. 또한 대가는 짧게 끝나는 것으로 설정하는 것이 가장 좋습니다.

대가의 예시

요청/과제가 완료될 때까지 아무 데도 가거나 누구도 초대할 수 없음.

문제 행동: ______________________________

결과 1: ______________________________

결과 2: ______________________________

문제 행동: ______________________________

결과 1: ______________________________

결과 2: ______________________________

보상이나 처벌은 성취 또는 잘못된 행동이 발생한 직후 가능한 한 신속하게 시행되어야 합니다. 이를 일관되게 수행하려면 주의와 집중이 필요합니다.

문제 방지를 위한 사전 계획

효율성을 높이려면 잘못된 행동을 예상하고 이에 대한 계획을 세우는 것이 도움이 됩니다. 이렇게 하면 원하는 방식으로 적시에 개입할 수 있도록 더 잘 준비할 수 있고 과잉 반응할 가능성이 줄어듭니다. 두 가지 문제 행동 각각에 대해 긍정적인 행동을 강화하고 문제 행동을 억제하기 위한 전략을 개발하세요.

예시

자녀에게 오늘 오후에 그들이 해야할 요청이나 과제가 있음을 미리 알린다.

1. ______________________________

____

____

2. ______________________________

____

____

17. 여성 성기능 장애

치료사를 위한 개요: 부정적인 성적 태도에 영향을 미치는 요인

연습의 목표

1. 성적 태도, 감정 및 행동에 영향을 준 경험을 파악합니다.
2. 어린 시절의 경험이 현재의 성적 태도에 미치는 영향을 인정합니다.
3. 성 태도에 영향을 미치는 현재의 관계 요인을 파악합니다.
4. 성에 대한 건강하지 않은 태도를 보다 적응적인 태도로 바꾸겠다는 약속을 말로 표현합니다.
5. 성행위에 대한 욕구와 즐거움을 증가시킵니다.

이 연습이 가장 유용할 수 있는 추가 문제

- 친밀한 관계에서의 갈등
- 남성 성기능 장애
- 성적 지향 혼란

내담자와 이 연습을 수행하기 위한 제안

내담자의 과제 자료를 검토할 때 개방성을 촉진할 수 있는 수용적이고 따뜻한 분위기를 조성합니다. 내담자의 현재 성행위에 대한 태도의 형성과 관련한 어린 시절의 고통스럽거나 충격적인 성적 경험에 대해 자세히 설명할 수 있는 질문을 합니다. 파트너와의 현재 관계를 탐색하여 성적 친밀감에 대한 거부감을 키우는 근본적인 분노나 상처의 감정이 있는지 평가하십시오.

연습 17-A

부정적인 성적 태도에 영향을 미치는 요인

인간의 성에 대한 성인의 태도는 여러 요인에 의해 형성되며, 그중 일부는 어린 시절까지 거슬러 올라갑니다. 성행위에 대한 두려움과 거부감은 어린 시절의 미묘하거나 충격적인 경험에 근거할 수 있습니다. 반면에 파트너와의 성행위에 대한 부정적인 태도는 관계 자체를 둘러싼 최근의 불만과 불행을 기반으로 할 수 있습니다. 이 연습은 성에 대한 자신의 태도와 그러한 태도를 취하게 된 원인을 탐색하는 데 도움이 되도록 만들어졌습니다.

1. 당신의 파트너와 함께하는 성행위에 대한 당신의 현재 감정과 생각을 설명하세요.

____
____
____
____
____

2. 어린 시절의 경험을 되돌아보면서, 성에 대한 거부적인 태도를 설명하세요.

____
____
____
____
____

3. 당신이 어렸을 때 성에 대한 부모의 태도는 어떠했습니까?

____
____

4. 어렸을 때 성에 대한 정보를 얻은 출처는 무엇이며 부모님은 성에 대해 무엇을 말씀해 주셨습니까?

5. 성에 대한 현재 감정에 영향을 주는 성적 학대(성폭력) 경험이 있다면 설명하세요.

6. 어렸을 때 받은 종교적 가르침이 성적인 태도에 미친 영향에 대해 설명하세요.

7. 청소년기는 성적 발달과 탐구의 시기입니다. 현재의 성에 대한 태도의 형성과 관련된 청소년기의 경험이 있나요?

8. 성관계와 관련된 초기 경험에 대한 당신의 반응과 만족도를 설명하세요.

9. 현재 파트너와의 첫 성적 경험에 대한 만족도와 즐거움의 정도에 대해 설명하세요.

10. 현재 성 파트너와의 관계에 대한 만족도를 어떻게 설명하시겠습니까?

11. 현재 성 파트너에 대한 근본적인 감정이 그 파트너와의 성관계에 대한 태도에 어떤 영향을 미칩니까?

12. 현재 성행위에 대한 부정적인 태도에 가장 큰 영향을 미쳤다고 생각하는 요인은 무엇입니까?

____

____

____

____

____

13. 성행위에 대한 욕구 부족을 극복하려는 동기의 정도를 평가하세요.

1	2	3	4	5	6	7
동기 없음						높은 동기

14. 파트너와의 정상적인 성행위에 대한 저항을 극복할 수 있는 능력에 대한 자신감의 정도를 평가하세요.

1	2	3	4	5	6	7
자신감 없음						높은 자신감

치료사를 위한 개요: 몸 연구하기: 옷을 입은 상태와 옷을 벗은 상태

연습의 목표

1. 몸 전체의 수용 정도를 높입니다.
2. 옷을 벗고 있을 때의 편안함의 정도를 높입니다.
3. 신체의 긍정적인 측면을 식별합니다.
4. 성적 억제력을 감소시키는 긍정적인 신체 이미지를 구축합니다.
5. 성관계 중 생리적 흥분 반응을 달성하고 유지합니다.

이 연습이 가장 유용할 수 있는 추가 문제

- 섭식장애 및 비만
- 낮은 자존감
- 성적 지향 혼란

내담자와 이 연습을 수행하기 위한 제안

이 과제는 내담자가 옷을 완전히 입은 것부터 시작하여 완전히 벗은 것까지 자신의 몸을 연구하도록 요구하는 섬세한 과제입니다. 이 과제를 통해 내담자는 자신의 신체의 긍정적인 측면을 파악하고 자신의 신체를 더 편안하게 받아들이고 수용하기 위해 노력해야 합니다. 이 연습을 시작하기 전에 무엇을 기대할 수 있는지에 대한 설명과 함께 소개해야 합니다. 예상되는 사항에 대한 설명과 함께 이 연습을 소개하고 질문에 답하거나 필요한 개인정보 보호 수준에 대해 안심시킵니다. 우리 문화는 자랑을 금기시하는 경향이 있지만 내담자가 자신의 긍정적인 신체적 특성에 집중할 수 있도록 해 주십시오.

연습 17-B

몸 연구하기: 옷을 입은 상태와 옷을 벗은 상태

긍정적인 신체 이미지는 많은 성적 억압을 극복하는 데 매우 중요합니다. 그러나 사람들은 자신의 신체에 대해 비판적이고 결점에 집중하는 것이 일반적입니다. 완벽한 몸매란 존재하지 않음에도 불구하고 많은 사람들이 자신을 다른 사람과 비교하며 부족하다고 느낍니다. 그러나 성 파트너는 파트너의 장점이나 흥분을 유발하는 측면에 초점을 맞추는 것이 일반적입니다. 따라서 여성은 자신의 신체에 대해 비판적일 수 있지만 연인은 훨씬 더 만족합니다. 이 연습의 목표는 옷을 입었을 때나 입지 않았을 때 모두 자신의 몸에 대해 더 큰 편안함을 느끼도록 돕는 것입니다. 부정적인 신체 이미지는 어떤 상황에서도 몸을 가리고자 하는 일관된 패턴으로 이어집니다. 건강한 성적 자유를 위해서는 자신의 노출에 대한 높은 수준의 편안함이 필요합니다. 자신과 자신의 모습에 편안함을 느낀다는 것은 자신의 모든 것을 좋아하거나 자신이 특별하다고 생각하는 것이 아니라, 있는 그대로의 자신을 받아들인다는 것을 의미합니다.

1. 5일 동안 매일 약 3분간 방해받지 않고 혼자 있을 수 있는 곳에 거울을 두세요. 시간을 기록할 수 있는 시계나 타이머를 준비하세요. 시간을 기록하고 거울 바로 앞에 정면을 응시한 후 정해진 시간 동안 거울을 똑바로 바라봅니다.

   1일차

   시간: 3분. 집중: 머리카락과 이마부터 시작하여 어깨까지 머리와 얼굴을 관찰합니다. 마음에 드는 부분, 생각한 내용, 느낀 감정을 기록하세요.

   ____

   ____

   ____

편안함 척도: 거울에 비추어진 당신의 머리와 얼굴을 바라볼 때 느끼는 편안함의 수준을 편안함 척도에 ×로 표시합니다.

1	2	3	4	5
편안하지 않음				매우 편안함

2일차

시간: 3분. 집중: 수영복을 입은 채로 온몸을 관찰하세요.

마음에 들었던 것, 생각했던 것, 느꼈던 감정을 기록하세요.

편안함 척도: 거울에 비추어진 당신의 몸을 바라볼 때 느끼는 편안함의 수준을 편안함 척도에 ×로 표시합니다.

1	2	3	4	5
편안하지 않음				매우 편안함

3일차

시간: 3분. 집중: 옷을 벗은 상태에서 허리 위의 몸을 관찰합니다.

어떤 부분이 마음에 들었는지, 어떤 생각이 들었는지, 어떤 감정을 느꼈는지 기록하세요.

편안함 척도: 거울에 비추어진 당신의 몸을 바라볼 때 느끼는 편안함의 수준을 편안함 척도에 ×로 표시합니다.

1	2	3	4	5
편안하지 않음				매우 편안함

연습 17-B

4일차

시간: 3분. 집중: 옷을 입은 상태에서 허리 아래부터 몸을 관찰하세요.

마음에 들었던 점, 생각했던 점, 느꼈던 감정을 기록하세요.

____

____

____

편안함 척도: 거울에 비친 당신의 몸을 바라볼 때 느끼는 편안함의 수준을 편안함 척도에 ×로 표시합니다.

1	2	3	4	5
편안하지 않음				매우 편안함

5일차

시간: 3분. 집중: 옷을 벗은 상태에서 전신을 관찰합니다.

마음에 드는 것, 생각한 것, 경험한 감정을 기록하세요.

____

____

____

편안함 척도: 거울에 비추어진 당신의 몸을 바라볼 때 느끼는 편안함의 수준을 편안함 척도에 ×로 표시합니다.

1	2	3	4	5
편안하지 않음				매우 편안함

2. 연습의 전반적인 경험이 당신에게 어떤 영향을 미쳤는지 설명하세요. ______________

____

____

____

____

이 경험을 통해 무엇을 얻었다고 생각합니까? ______________________

____

____

____

____

3. 지금 거울에 비친 자신의 모습을 볼 때, 자신의 몸에 대해 얼마나 편안하게 느끼십니까? 거울에 비추어진 당신의 몸을 바라볼 때 느끼는 편안함의 수준을 편안함 척도에 ×로 표시합니다.

1	2	3	4	5	6	7
중요하지 않음						매우 중요함

4. 성적 상호 작용을 즐기기 위해 자신의 몸에 편안함을 느끼는 것이 얼마나 중요합니까?

1	2	3	4	5	6	7
중요하지 않음						매우 중요함

5. 평가절하하거나 비판하지 않고 자신의 장점을 나열하세요. 대담하게 자랑하세요. ______

____

____

____

____

18. 재정적 스트레스

치료사를 위한 개요: 예산 계획

연습의 목표

1. 월별 수입과 지출, 월별 총액을 항목별로 분류하고 파악합니다.
2. 각 카테고리의 예상 비용(예산) 및 수입 금액과 실제 금액 간의 차이를 계산합니다.
3. 예산의 균형을 맞추고 재정적 스트레스를 줄이기 위해 예상 금액과 실제 금액의 차이를 줄이기 위한 계획을 세웁니다.
4. 예산의 균형을 맞추기 위해 지출을 줄이거나 수입을 늘리기 위한 계획을 세웁니다.
5. 청구서 납부를 충족할 수 있는 명확한 수입 및 지출 예산을 수립합니다.

이 연습이 가장 유용할 수 있는 추가 문제

- 가족 갈등
- 생애 발달과업의 문제

내담자와 이 연습을 수행하기 위한 제안

예산을 준비하고 실제 재무 데이터를 추적하는 데는 상당한 훈련이 필요하므로 치료사의 상당한 격려가 필요할 수 있습니다. 데이터 기록을 강화하기 위해 정기적으로 내담자의 수치를 검토합니다. 예산 금액이 실제 금액과 어떻게 다른지를 바탕으로 새로운 재정 계획에 대한 결정을 내립니다. 실행에 옮기기 전에 내담자의 예산이 합리적이고 완전한지 검토하고 실제 수치와 비교합니다.

연습 18-A

예산 계획

체계적인 예산 계획을 세우면 가계에서 들어오고 나가는 현금 흐름을 추적할 수 있습니다. 재정적 스트레스를 해결하려면 어디에 돈이 지출되고 있는지, 수입과 지출의 균형을 맞추기 위해 어떤 변화가 가능한지 명확하게 이해하는 것이 필수적입니다. 다음 기본 예산에서는 월별 예상 수입과 지출 금액을 입력한 다음 한 달 동안의 실제 수입과 지출 금액을 입력할 수 있습니다. 마지막 열에서는 수입과 지출에 대해 예상한 금액과 실제로 발생한 금액 사이의 차이를 계산할 수 있습니다. 금액을 입력하기 전에 워크시트를 여러 장 복사하여 몇 달 동안 지출을 추적할 수 있도록 하는 것이 좋습니다.

1. 먼저 각 항목에 대한 월별 예산 금액을 입력한 다음, 이를 철저히 검토한 후 한 달 동안 실제로 지출하거나 받은 금액을 입력하기 시작합니다.

구분	월별 예산 금액	월별 실제 금액	차이
소득			
임금			
상여금			
이자 소득			
양도소득			
배당금 소득			
기타 소득			
소득 소계			

연습 18-A

경비			
모기지 또는 임대			
난방			
전기			
상하수도			
쓰레기			
케이블 TV			
전화			
집 수리/유지보수			
자동차 할부금			
자동차 휘발유/기름			
자동차 수리			
기타 교통비			
육아			
자동차 보험			
주택 소유자/임대인 보험			
건강 보험			
컴퓨터 비용			
인터넷 서비스 이용 비용			
엔터테인먼트/레크리에이션			
식료품			
가정 용품들			
의류			
외식			
선물/기부			
의료/치과/안과/의약품			
취미			
휴가 자금			
비상금			
교육비			

퇴직금			
신용카드 결제			
잡지/신문			
세금			
애완동물			
기타			
비용 소계			
순소득 (수입에서 지출을 뺀 금액)			

2. 예산을 검토해 보니 줄일 수 없다고 생각되는 지출 분야는 어디인가요? 지출을 줄여야 할 부분은 어디인가요? ____________________

____

____

3. 예산의 균형을 맞추는 데 도움이 되는 수입을 늘릴 수 있는 방법을 생각할 수 있습니까?

____

____

4. 한 명 이상의 사람이 이 예산으로 생활하는 경우, 예산 준수에 대해 다른 당사자들과 어떤 합의가 이루어졌습니까? ____________________

____

____

5. 이제 새 입력 내용을 사용해 두 번째 달을 추적(기록)하세요. 개선 사항이나 새로운 과다 지출 영역에 주목하세요. ____________________

____

____

19. 미해결된 애도/상실

치료사를 위한 개요: 기념 콜라주 만들기

연습의 목표

1. 상실과 관련된 감정을 말로 표현하기 시작합니다.
2. 고인에 대한 생각과 감정을 표현합니다.
3. 이별한 사랑하는 사람과 관련된 갈등 문제를 해결합니다.
4. 상실의 고통과 균형을 맞출 수 있도록 이별한 사랑하는 사람에 대한 긍정적인 기억을 만듭니다.

이 연습이 가장 유용할 수 있는 추가 문제

- 우울증–단극성
- 친밀한 관계에서의 갈등

내담자와 이 연습을 수행하기 위한 제안

콜라주 작업과 그에 수반되는 질문은 느리고 성찰적인 방식으로 진행하는 것이 가장 좋습니다. 내담자로부터 더 많은 정보와 감정을 이끌어 내기 위해 콜라주에 대해 다양한 질문을 합니다. 상실한 사랑하는 사람과의 긍정적이고 따뜻한 관계를 반영하는 주제와 패턴을 확인시켜 주어 이러한 좋은 기억이 내담자의 고통스러운 슬픔의 감정과 균형을 이룰 수 있도록 지원할 수 있습니다. 이 과제는 죽음과 관련된 상실감이나 중요한 관계의 이별과 관련된 상실감에 사용할 수 있습니다.

연습 19-A

기념 콜라주 만들기

상실의 고통과 즐거운 추억의 균형을 맞추려면, 그 사람에 대한 따뜻하고 특별한 점을 발견하고 기억하기 시작하여 중요한 기억을 붙잡을 수 있어야 합니다. 콜라주를 완성함으로써 그 균형을 찾기 시작할 수 있습니다. 슬픔의 단계를 극복하는 데 도움이 되도록 다음 연습을 완료하세요.

1. ×를 사용하여 현재 애도 주기의 어느 단계에 있는지 표시합니다(×를 두 개 이상 사용할 수 있습니다).

충격/부인	죄책감/외로움	분노	우울	수용

2. 콜라주를 만듭니다.
   A. 24×36인치 포스터 보드를 준비합니다.
   B. 가족 사진을 신중하게 검색하고 당신에게 의미 있는 고인의 사진을 선택합니다.
   C. 다음으로 잡지/신문에서 고인에 대한 감정을 반영하는 단어, 문구, 기타 사진을 오려 냅니다.
   D. 그림과 단어나 문구를 배열하고 자신의 감정을 가장 잘 표현할 수 있는 방식으로 포스터 보드에 고정합니다.

연습 19-A

3. 콜라주를 완성했으면 다음 질문에 답하세요.

A. 선택한 그림과 자신에게 가장 큰 의미가 있는 두 장의 그림을 간략히 설명하세요.

B. 선택한 단어나 문구에 대한 이유를 설명합니다.

C. 당신이 만든 콜라주를 보면 그 사람과 당신의 감정에 대해 어떤 생각이 드나요?

D. 그림은 다음과 같은 느낌을 불러일으키나요? (해당되는 것에 동그라미를 치세요.)

분노	실망	기타:
상처	포기	기타:
죄책감	후회	
걱정	거부감	

설명:

E. 사진을 보면서 말하거나 행동했으면 좋았을 일이나 하지 않았으면 좋았을 일에 대한 후회스러운 생각이 떠오르나요? 그것들을 나열하세요.

F. 그림은 다음과 같은 느낌을 떠올리게 하나요? (해당되는 것에 동그라미를 치세요.)

기쁨	사랑	기타:
감사	힘이 생김	기타:
만족	멋짐	
평화	용서	

설명:

치료사를 위한 개요: ________ 에게: 고인에게 보내는 편지

연습의 목표

1. 사랑하는 사람을 잃은 것과 관련된 감정을 표현하세요.
2. 사랑하는 사람을 잃은 것과 관련된 생각, 감정, 경험을 명확히 합니다.
3. 고인이 살아 있을 때 표현하지 못했던 고인에 대한 생각과 감정을 표현합니다.
4. 소중한 사람을 잃은 것에 대한 건강한 애도 과정을 시작하세요.

이 연습이 가장 유용할 수 있는 추가 문제

- 우울증—단극성
- 친밀한 관계에서의 갈등
- 생애 발달과업의 문제
- 직업 스트레스

내담자와 이 연습을 수행하기 위한 제안

충격적인(외상적) 상실은 사랑하는 사람의 사망, 실직, 이혼, 중요한 관계의 이별, 친구와의 사별, 쇠약해지는 질병으로 인한 상실 등 다양한 형태로 나타날 수 있습니다. 이러한 상실에 따른 슬픔의 감정은 여러 측면에서 유사하므로 이 편지는 이러한 유형의 상실에 맞게 적절하게 작성하고 조정할 수 있습니다. 내담자는 먼저 이별한 사랑하는 사람에게 편지를 쓰기 전에 일련의 질문에 답하도록 요청받습니다. 이러한 질문은 생각을 정리하고 감정을 명확히 하는 데 도움이 되도록 고안되었습니다. 질문에 응답한 후 내담자는 실제 편지 쓰기를 시작할 수 있습니다. 내담자에게 다음 치료 세션에 편지를 가져오도록 지시합니다. 감정을 더 많이 표현할 수 있도록 내담자에게 편지를 읽어달라고 요청하는 것이 도움이 될 수 있습니다. 내담자가 편지에서 중요하고 해결되지 않은 슬픔 문제와 관련이 있다고 생각되는 부분에 대해 자세히 설명할 수 있도록 합니다.

연습 19-B

________ 에게: 고인에게 보내는 편지

편지를 쓰는 것은 자신의 생각과 감정을 파악하고 표현하는 데 도움이 되는 방법이 될 수 있습니다. 인생에서 중요한 사람을 잃은 상실감을 극복해야 할 때 특히 그렇습니다. 이 과제에서는 고인에게 편지를 써서 인생의 중요한 상실에 대한 자신의 감정을 파악하고 표현하는 데 도움이 되도록 하세요.

1. 먼저 편지를 쓸 수 있는 조용하거나 편안한 장소를 찾습니다. 이렇게 하면 방해받지 않고 생각과 느낌을 적는 것에 집중하는 데 도움이 됩니다. 집 안의 조용한 방이나 도서관, 공원이나 해변과 같이 좋아하는 야외 장소에서 편지를 쓸 수 있습니다.

2. 편지를 실제로 쓰기 시작하기 전에 생각과 감정을 정리하는 데 도움이 되도록 고안된 다음 질문에 답하세요. 다음 질문 중 일부는 자신에게 해당되지 않을 수 있으므로 해당 항목은 비워 두세요. 편지에 포함시키고 싶은 추가적인 생각이나 감정을 표현할 수 있는 공간도 마련되어 있습니다. 과제의 이 단계에서 떠오르는 모든 생각을 자유롭게 적으세요. 이러한 생각을 최종 편지에 포함할지 여부는 나중에 결정할 수 있습니다.

   A. 사랑하는 사람을 잃게 되었을 때 어떤 생각과 감정을 경험하셨나요?

   ____

   ____

   ____

   B. 사랑하는 사람을 그리워하는 것의 긍정적인 점에는 어떤 것이 있나요? ________

   ____

   ____

   ____

연습 19-B

C. 사랑하는 사람과의 관계에서 겪었던 상처, 문제 또는 실망은 무엇인가요? ___________

____

____

____

D. 관계가 끝나기 전에 상대방에게 말하거나 행동하지 않은 것에 대해 죄책감이나 후회를 경험하는 것은 드문 일이 아닙니다. 어떤 말이나 행동을 했더라면 하는 아쉬움이 있다면 무엇인가요? ___________

____

____

____

E. 사랑하는 사람을 잃은 것이 어떤 식으로든 당신의 잘못이라고 생각하나요? 그렇다면 책임감이 있다고 느끼는 이유를 설명하세요. ___________

____

____

____

F. 당신과 당신의 사랑하는 사람 사이에 일어난 일 중 일부에 대해 미안한가요? 설명해 주세요. ___________

____

____

____

G. 사랑하는 사람의 상실이 현재의 삶에 어떤 영향을 미쳤나요? ___________

____

____

____

H. 사랑하는 사람을 잃은 후 그 사람과 공유했으면 좋았을 중요한 사건에는 어떤 것이 있나요? ______________________

____

____

____

I. 사랑하는 사람과의 어떤 추억을 소중히 간직하고 있나요? ______________________

____

____

____

J. 오늘 사랑하는 사람에 대한 기분은 어떤가요? ______________________

____

____

____

K. 당신의 사랑하는 사람이 당신이 지금 당신의 삶을 어떻게 살기를 바랄까요?

____

____

____

L. 지금 당신의 삶에 대해 어떻게 생각하나요? 지금 당신의 삶의 좋은 점과 나쁜 점은?

____

____

____

M. 다음 공간을 사용하여 편지에 포함시키고 싶은 다른 생각이나 감정을 표현하세요.

____

____

____

연습 19-B

3. 이제 답변을 검토하고 편지를 작성합니다. 다음 공간을 사용하거나 별도의 종이에 작성합니다. 완성한 편지를 다음 치료 세션에 가져와 치료사와 논의합니다. 편지에 대해 논의한 후에는 편지를 어떻게 처리할 것인지(편지를 보관할 것인지 아니면 버릴 것인지) 생각해 보세요. 치료사가 이러한 질문에 답하는 데 도움을 줄 수 있습니다.

20. 충동 조절 장애

치료사를 위한 개요: 충동적 행동 일지

연습의 목표

1. 충동적인 행동에 대한 인식을 높입니다.
2. 충동적 행동의 선행 요인, 매개 요인 및 결과를 파악합니다.
3. 충동적인 행동의 결과로 자신과 타인에게 발생하는 부정적인 결과를 나열합니다.
4. 충동적인 행동이 자신과 타인에게 부정적인 결과를 초래한다는 것을 인정합니다.

이 연습이 가장 유용할 수 있는 추가 문제

- 주의력결핍 과잉행동 장애(ADHD) – 성인
- 양극성 장애–조증
- 경계성 성격 장애
- 재정적 스트레스
- 법적 분쟁
- 물질 사용
- A 유형 행동

내담자와 이 연습을 수행하기 위한 제안

내담자 과제를 더 잘 이해할 수 있도록 이 과제의 세부 사항을 검토해야 할 수도 있습니다. 내담자는 감정을 최소화하는 경향이 있거나 감정을 잘 느끼지 못할 수 있습니다. 완성된 일지 자료를 검토하여 충동적인 감정과 행동을 유발하는 비현실적이고 왜곡된 생각이 있는지 살펴봅니다. 인지 수정 기법을 사용하여 이러한 왜곡된 생각에 대응하고 보다 현실적인 인지로 대체합니다. 충동적 행동과 관련된 부정적인 결과에 대한 책임을 받아들이는 모든 언어적 표현을 강화합니다.

연습 20-A

충동적 행동 일지

때때로 우리 자신의 행동 패턴, 행동의 유발 요인, 그리고 그러한 행동의 결과를 인식하는 것은 어려운 일입니다. 우리는 자신의 행동 패턴과 그 결과에 대해 잘 알지 못하는 경향이 있습니다. 종종 다른 사람들이 우리의 행동과 그 행동으로 인한 고통스러운 결과에 맞서야 합니다. 우리는 부정적인 결과를 최소화하고 긍정적인 결과만 강조하는 경향이 있습니다. 이 연습은 충동적인 행동과 그것의 결과와 관련된 자신의 행동 패턴에 대한 인식을 높이기 위해 고안되었습니다. 자신의 생각과 감정에 귀를 기울이고 행동의 결과에 대해 경각심을 가져야 합니다.

1. 다음 페이지의 충동적 행동 일지 양식에 충동적으로 행동한 사건에 관한 정보를 입력하세요(충동적인 행동이 더 있다면 이 양식을 추가로 복사해 두세요). 과제를 시작하기 위해 다음 일주일 동안 하루에 한 가지 사건을 선택하세요. 각 사건에 대해 사건이 발생한 요일/날짜 및 시간을 입력합니다. 사건이 발생했을 때 어디에 있었는지 설명합니다(장소). 충동적인 행동을 하기 전에 주변에서 어떤 일이 있었는지 설명하세요(상황). 다음으로 무슨 생각을 하고 있었는지(생각), 어떤 감정이었는지(감정)를 설명하세요. 그런 다음 충분히 생각하지 않고 한 행동에 대해 설명하세요(충동적 행동). 마지막으로 그 행동의 결과로 어떤 일이 일어났는지(결과) 설명하세요. 향후 충동적인 행동이 발생할 경우 이 데이터 입력을 반복하세요.

충동적 행동 일지

No. ________ 요일/날짜 및 시간: __________ __________	장소	
	상황	
	생각	
	감정	
	충동적인 행동	
	결과	

No. ________ 요일/날짜 및 시간: __________ __________	장소	
	상황	
	생각	
	감정	
	충동적인 행동	
	결과	

연습 20-A

2. 충동적인 행동의 결과를 나열하세요(예: 기분이 나아졌다, 분노가 줄었다, 누군가에게 복수했다, 그 후 더 편안함을 느꼈다). ____________________

____

____

____

3. 충동적인 행동으로 인해 발생한 모든 부정적인 결과를 나열하세요(예: 금전적 손실, 자신 또는 타인에게 당혹감을 줌, 자신 또는 타인에게 해를 끼침, 약속을 어김, 우정을 잃음). ____________________

____

____

____

4. 충동적인 행동을 검토하면서 이러한 행동을 유발하게 되는 어떤 요인들이 있는지 생각해 보세요.(예: 생각이나 감정, 특정 상황, 사람이나 장소) ____________________

____

____

____

5. 충동적인 행동과 자신과 타인에게 초래되는 고통스러운 결과 사이에 어떤 연관성이 있다고 생각하시나요? ____________________

____

____

____

6. 이와 같은 고통스러운 결과를 피하기 위해 어떤 전략을 사용할 수 있나요? ____________________

____

____

____

21. 친밀한 관계에서의 갈등

치료사를 위한 개요: 서로의 필요와 욕구를 어떻게 충족시킬 수 있는가

연습의 목표

1. 파트너와 자신이 관계 내에서 충족되기를 기대하는 욕구를 파악합니다.
2. 서로의 필요와 욕구를 충족시킬 수 있는 수단을 파악합니다.
3. 자신의 필요에만 집중하기보다는 파트너의 필요와 욕구를 충족시키는 데 에너지를 집중합니다.
4. 서로 즐거운 활동에 참여하는 빈도를 늘립니다.
5. 효과적이고 개방적인 의사소통, 상호 만족스러운 성적 친밀감, 관계 내에서 즐겁게 함께 할 수 있는 시간을 위해 필요한 기술을 개발합니다.

이 연습이 가장 유용할 수 있는 추가 문제

- 의존성
- 여성 성기능 장애
- 남성 성기능 장애

내담자와 이 연습을 수행하기 위한 제안

이 과제는 관계를 맺은 각 파트너가 완료하도록 설계되었습니다. 각 파트너가 독립적으로 과제를 완료하고 그 결과를 다시 가져와서 공동 세션에서 공유하고 검토하는 것이 좋습니다. 이 기회를 통해 두 파트너에게 상호 만족스러운 관계를 위해서는 각 파트너가 때때로 자신의 필요와 욕구를 기꺼이 희생하고 상대방의 필요와 욕구를 충족시키기 위해 선택해야 한다는 핵심 개념을 가르칩니다. 또한 파트너에게 관계 밖의 욕구에 대한 만족을 찾기 위해 각자가 개인적인 책임을 져야 한다고 가르칩니다.

서로의 필요와 욕구를 어떻게 충족시킬 수 있는가

두 파트너를 위한 전반적인 안내 사항

성공적이고 건강한 친밀한 관계를 유지하려면 각 파트너가 상대방의 필요와 욕구를 충족시키기 위해 시간과 에너지를 투자해야 합니다. 관계적 욕구가 만족스럽게 충족되지 않으면 관계에 심각한 문제가 발생하고 결국 관계가 깨질 수 있습니다. 그러나 그 파트너가 나의 모든 욕구를 충족시킬 수는 없습니다. 관계와는 별개로 각자가 자신의 욕구 충족을 위해 어느 정도 책임감을 가져야 합니다. 이 연습은 파트너의 요구사항뿐만 아니라, 자신의 요구사항을 파악하고 명확히 하는 데 도움이 됩니다.

파트너 1

1. 관계를 통해 충족되기를 기대하는 당신의 필요와 욕구를 나열하세요.
   A. ______________________________
   B. ______________________________
   C. ______________________________
   D. ______________________________
   E. ______________________________

2. 당신의 파트너가 관계를 통해 충족되기를 기대하는 필요와 욕구(당신이 이해하는 대로)를 나열하십시오.
   A. ______________________________
   B. ______________________________
   C. ______________________________
   D. ______________________________

E. ______________________________

3. 파트너의 필요와 욕구를 충족시키기 위해 당신이 기꺼이 할 수 있는 일을 나열하세요.

A. ______________________________

B. ______________________________

C. ______________________________

D. ______________________________

E. ______________________________

4. 파트너가 당신의 필요와 욕구를 충족시키기 위해 무엇을 해 주기를 기대하는지 나열하세요.

A. ______________________________

B. ______________________________

C. ______________________________

D. ______________________________

E. ______________________________

5. 파트너의 필요와 욕구를 충족시키는 데 있어 당신은 파트너를 어떻게 실망시켰나요?

A. ______________________________

B. ______________________________

C. ______________________________

D. ______________________________

E. ______________________________

6. 당신의 파트너는 당신의 필요와 욕구를 충족시키는 데 있어 당신을 어떻게 실망시켰나요?

A. ______________________________

B. ______________________________

C. ______________________________

D. ______________________________

E. ______________________________

7. 관계 밖에서 혼자서 또는 다른 사람의 도움을 받아 필요를 충족시키기 위해 무엇을 할 수 있나요?

A. ______

B. ______

C. ______

D. ______

E. ______

8. 파트너의 필요와 욕구를 충족시키기 위해 자신의 필요와 욕구를 희생했다고 느꼈던 세 가지 사례를 설명하세요.

A. ______

B. ______

C. ______

9. 자신과 파트너가 서로의 사회적 접촉에 대한 욕구를 충족시키는 데 도움이 될 것 같은 즐겁고 보람 있는 활동을 최소 세 가지 나열하세요.

A. ______

B. ______

C. ______

파트너 2

1. 관계를 통해 충족되기를 기대하는 당신의 필요와 욕구를 나열하세요.

A. ______

B. ______

C. ______

D. ______

E. ______

2. 당신의 파트너가 관계를 통해 충족되기를 기대하는 필요와 욕구(당신이 이해하는 대로)를 나열하세요.

A. ______

B. ______

C. ______

D. ______

E. ______

3. 파트너의 필요와 욕구를 충족시키기 위해 당신이 기꺼이 할 수 있는 일을 나열하세요.

A. ______

B. ______

C. ______

D. ______

E. ______

4. 파트너가 당신의 필요와 욕구를 충족시키기 위해 무엇을 해주기를 기대하는지 나열하세요.

A. ______

B. ______

C. ______

D. ______

E. ______

5. 파트너의 필요와 욕구를 충족시키는 데 있어 당신은 파트너를 어떻게 실망시켰나요?

A. ______

B. ______

C. ______

D. ______

E. ______

연습 21-A

6. 당신의 파트너는 당신의 필요와 욕구를 충족시키는 데 있어 당신을 어떻게 실망시켰나요?

A. ______

B. ______

C. ______

D. ______

E. ______

7. 관계 밖에서 혼자서 또는 다른 사람의 도움을 받아 필요를 충족시키기 위해 무엇을 할 수 있나요?

A. ______

B. ______

C. ______

D. ______

E. ______

8. 파트너의 필요와 욕구를 충족시키기 위해 자신의 필요와 욕구를 희생했다고 느꼈던 세 가지 사례를 설명하세요.

A. ______

B. ______

C. ______

9. 자신과 파트너가 서로의 사회적 접촉에 대한 욕구를 충족시키는 데 도움이 될 것 같은 즐겁고 보람 있는 활동을 최소 세 가지 나열하세요.

A. ______

B. ______

C. ______

치료사를 위한 개요: 관계에 대한 긍정적 기여와 부정적 기여: 내가 기여하는 것과 파트너가 기여하는 것

연습의 목표

1. 각 파트너가 관계에 기여하는 긍정적인 점을 확인합니다.
2. 각 파트너는 관계를 개선하기 위해 각자가 해야 할 변화를 확인합니다.
3. 파트너의 부정적인 면에 집중하기보다는 관계에 대한 균형 잡힌 관점을 확립합니다.
4. 효과적인 열린 의사소통, 상호 만족스러운 성적 친밀감, 관계 내에서 즐거운 동반자 관계를 위해 필요한 기술을 개발합니다.

이 연습이 가장 유용할 수 있는 추가 문제

- 여성 성기능 장애
- 남성 성기능 장애

내담자와 이 연습을 수행하기 위한 제안

이 연습에는 관계에 있는 각 파트너가 작성해야 하는 별도의 페이지가 있습니다. 각 파트너에게 독립적으로 연습을 완료한 후에 다음 공동 세션에 가져오도록 요청합니다. 각 파트너의 목록을 검토하고 언어를 명확히 하고 변화하기를 원하는 것들을 긍정적인 용어로 표현하도록 노력합니다. 내담자는 일반적으로 원하는 것보다는 일어나지 않기를 바라는 것을 더 많이 표현합니다. 각 내담자에게 자신의 행동에서 요구되는 변화를 만들기 위해 노력하겠다는 약속을 요청합니다.

연습 21-B

관계에 대한 긍정적 기여와 부정적 기여: 내가 기여하는 것과 파트너가 기여하는 것

두 파트너를 위한 전반적인 안내 사항

관계에서 갈등이 우세할 때, 파트너의 부정적인 측면에 과장된 초점을 맞추게 됩니다. 방어기제는 갈등에 대한 자신의 기여도를 평가하지 못하게 하고, 파트너가 관계를 개선하기 위해 하는 긍정적인 일을 알아차리지 못하게 합니다. 우리는 부정적인 측면에 너무 집중하게 되고 주로 파트너를 관계 실패의 원인으로 간주하게 됩니다. 이 과제는 갈등에 대한 파트너의 기여도를 평가할 뿐만 아니라 각자 자신을 솔직하게 바라보도록 요청하여 상황을 객관적으로 바라보도록 합니다. 각 파트너가 관계에 가져다 준 긍정적인 점을 나열하도록 함으로써 추가적인 균형을 모색합니다.

관계 점검 목록

각 파트너는 다음 페이지에 있는 양식에 네 가지 목록을 작성합니다. 첫 번째 목록에는 관계에 긍정적으로 기여하는 자신의 행동을 항목별로 정리합니다. 두 번째 목록에는 파트너가 관계를 개선하기 위해 하는 일들을 항목별로 나열합니다. 셋째, 관계를 개선하고 더 돈독하게 만들기 위해 내가 해야 할 일들을 나열하세요. 마지막으로(항상 가장 쉬운 부분이지만), 관계를 개선하기 위해 파트너가 해야 한다고 생각하는 일들을 나열하세요.

관계 점검 목록 양식

1. 관계를 개선하기 위해 내가 하는 일은 무엇인가요?

A. ______________________________

B. ______________________________

C. ______________________________

D. ______________________________

E. ______________________________

2. 내 파트너는 관계를 향상시키기 위해 무엇을 합니까?

A. ______________________________

B. ______________________________

C. ______________________________

D. ______________________________

E. ______________________________

3. 관계 개선을 위해 내가 해야 할 일은 무엇인가요?

A. ______________________________

B. ______________________________

C. ______________________________

D. ______________________________

E. ______________________________

4. 내 파트너는 관계를 더 좋게 만들기 위해 무엇을 해야 합니까?

A. ______________________________

B. ______________________________

C. ______________________________

D. ______________________________

E. ______________________________

22. 법적 분쟁

치료사를 위한 개요: 불법 행위에 대한 책임 수용

연습의 목표

1. 현재 법적인 문제가 되는 행동에 대해 설명합니다.
2. 법적 처벌로 이어진 결정과 행동에 대한 책임을 받아들이고 행동을 통제하기 위해 더 높은 도덕적, 윤리적 기준을 개발합니다.
3. 결국 불법 행위로 이어진 일련의 결정과 행동에 대한 책임을 말로 표현하고 수용합니다.

이 연습이 가장 유용할 수 있는 추가 문제

- 분노 조절 문제
- 반사회적 행동
- 충동 조절 장애

내담자와 이 연습을 수행하기 위한 제안

불법 행위에 대한 책임을 다른 사람에게 전가하려는 내담자의 시도를 경계하십시오. 결국 불법 행위로 이어진 일련의 의사 결정 과정을 강조하고, 결정과 행동에 대한 모든 책임은 전적으로 본인에게 있음을 강조합니다.

연습 22-A

불법 행위에 대한 책임 수용

행동 패턴의 변화가 필요한 경우, 가장 먼저 취해야 할 단계는 이전에 취한 행동에 대한 책임을 인정하는 것입니다. 따라서 이 과제는 자신이 한 행동이 불법이고, 자신의 행동으로 인해 누가 상처를 받았는지 그리고 어떤 결정으로 인해 그러한 행동을 선택하게 됐는지를 정직하고 완전히 인정하는 것입니다.

1. 당신이 관여한 불법 행위에 대해 자세히 설명하세요. ______________________

____

____

____

____

____

____

2. 당신의 행동으로 인해 피해를 입은 사람과 그들이 어떻게 영향을 받았는지 기재하세요.

피해를 입은 사람	해로운 영향
______________	______________
______________	______________
______________	______________
______________	______________
______________	______________
______________	______________
______________	______________

연습 22-A

3. 불법 행위를 하게 된 일련의 과정(불법 행위를 생각한 시점, 누구와 논의했는지, 행위를 시작하기 전에 어떤 준비를 했는지)을 설명하세요. ______

4. 불법적인 행동을 한 것에 대해 어떻게 생각하는지 설명하세요. ______

5. 다른 사람을 탓하거나 변명하지 않고 자신의 불법 행위에 대해 전적으로 책임을 지는 것이 왜 중요한가요? ______

치료사를 위한 개요: 비뚤어진 행동으로 이어지는 비뚤어진 사고

연습의 목표

1. 반사회적 행동을 조장하는 인지 왜곡을 식별하고 대체합니다.
2. 친사회적 행동을 촉진하는 긍정적인 생각을 만들고 실행합니다.

이 연습이 가장 유용할 수 있는 추가 문제

- 분노 조절 문제
- 반사회적 행동

내담자와 이 연습을 수행하기 위한 제안

내담자는 이 과제를 수행하는 데 도움이 필요할 수 있습니다. 과거의 행동과 그 행동 이전의 사고 과정 또는 기본 신념을 검토하여 반사회적 행동을 조장하는 왜곡된 생각을 탐색합니다. 내담자가 적응적이고 합법적인 행동 선택을 촉진하는 친사회적 사고를 개발하도록 돕습니다.

연습 22-B

비뚤어진 행동으로 이어지는 비뚤어진 사고

사람들은 행동에 앞서 떠오르는 생각에 따라 행동을 취합니다. 이러한 생각은 사고 패턴이 왜곡되고 불합리한 신념에 근거한 경우 종종 불법적인 행동을 정당화하는 역할을 합니다. 이 과제를 통해 불법적인 행동에 가담하게 만드는 사고 패턴 또는 신념을 파악해 보세요.

1. 법 위반을 조장하는 왜곡되거나 비현실적인 생각을 체크하세요. 목록에 없는 경우 자신의 생각을 추가하세요.

_______ 나는 불법 여부와 상관없이 내가 원하는 것을 얻기 위해 내 손으로 직접 일을 처리해야 한다.

_______ 나는 내가 원하는 것을 가질 자격이 있기 때문에 내가 원하는 것을 가져간다.

_______ 다른 사람들은 법을 어기고도 빠져나가며, 나도 그렇게 할 수 있어야 한다.

_______ 경찰이 나를 잡으러 온 것일 뿐이다.

_______ 체포되지 않고 도망친다면 그 행동은 괜찮은 것이다.

_______ 나에게는 선택의 여지가 없다. 이 행동이 유일한 대안이다.

_______ 교통 체증에서 벗어나기 위해 이 행동을 해야만 했다.

_______ 술에 취하거나 약에 취하면 내가 책임질 수 없는 미친 짓을 한다.

_______ 인생은 나에게 공평하지 않기 때문에 살아가기 위해 법을 어겨야 한다.

_______ 법을 어기지 않으면 적응하지 못하거나 인정받지 못할 것이다.

_______ 세상은 잔인한 곳이기 때문에 가능한 모든 것을 잡아야 한다.

_______ 그들이(즉, 범죄 피해자가) 나를 화나게 했으니 그들은 마땅히 받아야 할 대가를 치른 것이다.

_______ 그들이 나를 도망치게 할 만큼 멍청하다면 그것은 그들 자신의 잘못이다.

_______ 나는 기회를 잡고 도망칠 수 있는지 확인하는 것을 좋아한다.

2. 과거의 불법적인 행동에 기여한 왜곡되거나 비현실적인 생각에는 어떤 것들이 있습니까? 예를 들어 주세요.

A.

B.

C.

3. 불법적인 행동을 유발하는 생각을 바꾸는 것은 어려운 일입니다. 촉발 요인이 되는 생각을 하는 자신을 포착한 다음 보다 긍정적이고 친사회적이며 현실적인 방식으로 스스로에게 이야기해야 합니다. 앞에서 발견한 촉발 사고 중 두 가지에 대해 왜곡된 생각을 대체할 수 있는 긍정적인 생각을 몇 가지 적어 보세요.

촉발 사고:

긍정적인 대체 생각:

촉발 사고:

긍정적인 대체 생각:

23. 외로움

치료사를 위한 개요: 내가 무엇을 가치 있게 여기는지 확인하기

연습의 목표

1. 가치 있는 삶의 영역을 파악합니다.
2. 가치에 따라 수행한 일과 수행하지 않은 일을 평가합니다.
3. 치료 세션에서 다뤄야 할 삶의 영역을 파악합니다.
4. 가치관에 부합하는 일상 활동을 최적화하기 위해 노력합니다.

이 연습이 가장 유용할 수 있는 추가 문제

다음을 포함하여, 내담자가 만족도를 높이고 자아 개념을 개선하기 위해 가치 중심 행동 활성화를 통해 도움을 받을 수 있는 장(chapter)은 다음과 같습니다.

- 양극성 장애-우울증
- 우울증-단극성
- 낮은 자존감
- 물질 사용

내담자와 이 연습을 수행하기 위한 제안

이 연습은 가치 중심 행동 활성화의 개념과 잠재적 이점, 연습을 완료해야 하는 근거를 설명한 후에 제안하는 것이 가장 좋습니다. 연습 자체는 내담자에게(삶에서 각 영역이 얼마나 중요한지, 이 가치를 반영하여 무엇을 하는지, 그리고 각 영역에서 원하는 변화가 있는지 등) 다양한 삶의 영역/분야를 평가하고 다음에 응답하도록 요청합니다.

구체적으로 내담자에게 각 영역과 그 중요성을 고려할 때 생각해 볼 수 있는 일련의 질문을 한 다음, 각 영역이 자신에게 얼마나 중요한지 1~10점 척도로 평가하도록 요청합니다. 더불어 삶의 영역이 얼마나 중요한지 평가합니다. 그런 다음 각 영역에서 자신이 얼마나 활동적인지 세 가지 옵션(활동적이지 않음, 활동 과다, 적절함) 중 하나를 선택하여 표시하도록 합니다. 그 결과를 통해 자신이 중요하게 생각하는 것은 무엇인지, 현재 활동에 대해 만족스러운 것은 무엇인지, 지속적으로 활성화해야 하는 것은 무엇인지에 대해 평가하고 논의할 수 있습니다. 중요하게 생각하지만 활동이 저조하다고 느끼는 영역은 더 활성화해야 할 대상이 될 수 있습니다.

활성화를 평가할 때는 내담자가 어떤 영역을 활성화하고 싶은지 평가하는 것뿐만 아니라 어떻게 행동하고 싶은지도 평가하는 것이 도움이 됩니다. 후자의 요점은 내담자가 구현하고자 하는 개인적 특성에 대한 가치관과 관련이 있으며, 이는 자존감 형성에 영향을 미칩니다. 또한 활성화가 목표인 일부 영역에서 내담자가 더 큰 효과를 거두기 위해 기술 훈련(예: 의사소통, 감정 조절, 갈등 해결)이 필요할 수 있다는 점을 염두에 두는 것도 도움이 됩니다.

연습 23-A

내가 무엇을 가치 있게 여기는지 확인하기

당신과 치료사가 논의했듯이 건강, 좋은 일, 소중한 관계 등 자신이 소중히 여기는 가치에 따라 삶을 살면 만족감과 기쁨을 느끼며, 삶의 질이 높아집니다. 가치 중심 활동을 평가하고 개선하기 위한 첫 번째 단계는 자신이 무엇을 중요하게 여기고 현재 얼마나 적극적으로 활동하고 있는지 파악하는 것입니다.

이 연습에서는 가족 관계, 직업, 영성 등 삶의 '영역'을 살펴봅니다. 각 영역에는 여러분이 생각하고 성찰할 수 있도록 고려해야 할 몇 가지 질문이 있습니다. 이러한 질문에 서면으로 답할 필요는 없습니다. 이러한 질문은 해당 영역을 정의하고 그 영역을 얼마나 중요하게 여기는지 생각해 보는 데 도움이 됩니다. 그런 다음 영역의 중요도를 평가하고 현재 영역 내에서 얼마나 활동적인지 표시합니다. 마지막으로 영역에 대한 생각과 영역이 당신에게 갖는 의미를 적을 수 있는 부분이 있습니다. 양식을 작성하는 구체적인 단계는 양식의 '지침' 부분을 참조하세요.

이 양식은 각 영역에 대해 생각해 보도록 요청하므로 한 번에 작성할 필요는 없습니다. 또한 각 영역에서 치료사와 함께 더 탐구하고 싶은 영역이 있는지 찾아봅니다. 만약 있다면 각 영역의 '메모' 부분에 다른 생각과 함께 해당 내용을 적어 두는 것이 도움이 될 수 있습니다.

가치 평가 양식

지침

이 양식에는 다양한 삶의 영역 목록이 나와 있습니다. 각 항목에는 영역을 정의하는 데 도움이 되는 몇 가지 질문이 나와 있습니다. 이 질문들을 읽어보면서 그것들이 당신에게 중요한지 아닌지 생각해 보세요. 그 다음, '중요도'로 이동해 이 영역이 인생에서 얼마나 중요한지 0~10점 척도로 평가하세요(10점이 가장 중요함). 다음으로, '활동 수준'으로 이동하여 '활동 부족', '활동 과다' 또는 '적절함'을 선택하여 현재 생활에서 이 영역을 얼마나 적극적으로 관리하고 있는지 밑줄을 긋거나 동그라미를 치세요. 마지막으로 '메모'로 이동합니다. 여기는 해당 영역과 평가에 대해 스스로 메모할 수 있는 공간으로, 치료사와 논의할 때 해당 영역에 대해 어떤 생각이 들었는지 떠올리는 데 도움이 됩니다.

이는 당신의 가치관이 '옳다' 또는 '그르다'를 평가하는 것이 아니라는 점을 명심하세요. 어떠한 판단도 개입되지 않습니다. 당신의 목표는 자신에게 중요하다고 생각하는 것과 그 이유에 대해 솔직하게 답변하는 것입니다. 중요하지 않다고 생각하는 영역이 있을 수 있으며, 원한다면 건너뛸 수 있습니다. 영역 간에 자연스럽게 겹치는 부분도 있을 수 있으며, 치료사와 연습에 대해 논의할 때 이를 명확히 할 수 있습니다. 예를 들어, 가족 관계를 소중히 여기고 유대감을 형성하는 것을 좋아하기 때문에 요리에 참여할 수 있습니다. 한편으로는 식사 시간뿐만 아니라 건강을 소중히 여기고 식습관을 통해 건강을 증진하기 때문에 요리에 참여할 수도 있습니다.

가치 평가 양식

(0: 중요하지 않음 ~ 10: 매우 중요)

신체적 웰빙

당신은 건강하신가요? 당신은 건강을 소중하게 생각합니까? 이 가치를 반영하여 무엇을 하나요? (예: 운동, 식단 관리, 수면 관리) 건강에 해로운 습관이나 관행이 있나요? 이 영역에서 변화하고 싶은 사항이 있나요?

중요도(0~10): ______ 활동 수준: 활동 부족 | 활동 과다 | 적절함

메모:

정서적 웰빙

당신의 정서적 웰빙이 좋다고 느끼십니까? 당신은 당신의 정서적 건강을 소중하게 생각합니까? 당신은 이 가치를 반영하여 무엇을 하나요?(예: 스트레스 관리, 시간 관리, 일과 삶의 균형, 만족스러운 인간관계, 상담/심리치료 받기) 이 영역에서 변화하고 싶은 사항이 있나요?

중요도(0~10): ______ 활동 수준: 활동 부족 | 활동 과다 | 적절함

메모:

연습 23-A

(0: 중요하지 않음 ~ 10: 매우 중요)

영성

영성은 당신에 의해 정의되며 개인적일 수도 있고 조직화된 종교에 참여하는 것과 관련될 수도 있습니다. 당신은 영적인가요? 영성을 중요하게 생각하시나요? 이 가치를 반영하는 일을 하고 있나요? (예: 시간, 노력, 돈을 투자하는 일 등) 이 영역에서 변화하고 싶은 사항이 있나요?

중요도(0~10): ____________ 활동 수준: 활동 부족 — 활동 과다 — 적절함

메모:

친밀한 관계

친밀한 관계가 있나요? 그 관계를 소중하게 생각하시나요? 당신은 그것을 유지/육성/성장시키기 위해 무엇을 하나요? 이 영역에서 변화하고 싶은 사항이 있나요?

중요도(0~10): ____________ 활동 수준: 활동 부족 — 활동 과다 — 적절함

메모:

육아

당신은 부모이신가요? 이 역할을 중요하게 생각하시나요? 자녀와의 좋은 관계를 중요하게 생각하시나요? 부모로서의 역할에 대해 자부심을 느끼나요? 이러한 가치를 반영하여 어떤 일을 하나요? 이 영역에서 변화하고 싶은 사항이 있나요?

중요도(0~10): ____________ 활동 수준: 활동 부족 — 활동 과다 — 적절함

메모:

가족 관계

당신은 아들/딸, 형제/자매, 삼촌/이모 등입니까? 당신은 이것을/이 역할들을 가치 있게 생각합니까? 이러한 가치를 반영하여 어떤 일을 하나요? (예: 소통, 방문, 도움 제공) 이 영역에서 변화하고 싶은 사항이 있나요?

중요도(0~10): ____________ 활동 수준: 활동 부족 — 활동 과다 — 적절함

메모:

(0: 중요하지 않음 ~ 10: 매우 중요)

우정

친구가 있습니까? 이 역할을 중요하게 생각하나요? 이 가치를 반영하여 어떤 일을 하나요? (예: 소통, 방문, 도움, 활동 공유) 이 영역에서 변화하고 싶은 사항이 있나요?

중요도(0~10): ________ 활동 수준: 활동 부족 | 활동 과다 | 적절함

메모:

취업/경력

취업했습니까/경력이 있습니까? 당신은 이 역할에 가치를 두나요? 이 가치를 반영하여 어떤 일을 하나요? 이 영역에서 변화하고 싶은 사항이 있나요?

중요도(0~10): ________ 활동 수준: 활동 부족 | 활동 과다 | 적절함

메모:

시민의식

시민으로서 참여하고 있나요? 이 역할을 중요하게 생각하나요? 이 가치를 반영하여 어떤 일을 하나요? (예: 투표, 자원봉사, 기부, 참여?) 이 영역에서 변화하고 싶은 사항이 있나요?

중요도(0~10): ________ 활동 수준: 활동 부족 | 활동 과다 | 적절함

메모:

기타 다른 영역

당신의 삶에서 중요하다고 생각하는 또 다른 측면이나 영역이 있나요? 이 가치를 반영하여 어떤 일을 하나요? 이 영역에서 변화하고 싶은 사항이 있나요?

중요도(0~10): ________ 활동 수준: 활동 부족 | 활동 과다 | 적절함

메모:

치료사를 위한 개요: 마음챙김 훈련

연습의 목표

1. 마음챙김이 무엇인지 알아봅니다.
2. 매일 마음챙김 훈련을 배우고 연습합니다.
3. 일상 생활에서 마음챙김을 실천하기 시작합니다.

이 연습이 가장 유용할 수 있는 추가 문제

다음을 포함하여, 내담자가 부적응적인 생각과 감정에 휘둘리지 않고 일상적인 활동에서 마음챙김을 강화하는 방법을 배우면 도움이 될 수 있는 장(chapter)은 다음과 같습니다.

- 불안
- 양극성 장애–우울증
- 만성 통증
- 우울증–단극성

내담자와 이 연습을 수행하기 위한 제안

이 두 가지 연습은 내담자에게 마음챙김의 잠재적 유용성, 마음챙김을 먼저 훈련(운동)으로 연습한 다음 일상 생활에 적용하는 근거를 설명한 후에 제안하는 것이 가장 좋습니다. 첫 번째 연습은 마음챙김 호흡에 초점을 맞추며 먼저 수행해야 합니다. 두 번째 연습은 불편한 생각에 주의를 기울이는 데 초점을 맞추는 것으로 이는 더 어렵기 때문에 내담자가 마음챙김 호흡에 어느 정도 숙달된 후에 수행해야 합니다. 이 두 번째 연습은 무작위적인 생각, 지나가거나 불편한 감정 및/또는 신체 감각에 주의를 기울이는 등 내담자와 관련된 다른 목표에 초점을 맞추도록 수정할 수 있습니다. 불편한 생각과 감정에 마음챙김을 적용하는 것은 내담자가 이에 대한 내성을 높이고 효과적이고 적응적으로 대처할 수 있는 자세를 갖도록 돕기 위해 수행됩니다. 인지적 해소 기법은 종종 마음챙김과 함께 가르쳐지고 사용됩니다(이 장의 '도움이 되지 않는 생각 버리기' 연습 참조).

두 가지 연습 중 하나를 먼저 세션에서 가르치고, 진행하면서 모델링한 다음, 세션 사이에 매일 훈련으로 처방합니다. 내담자에게 호흡(첫 번째 연습)이나 불편한 생각/감정(두 번째 연습)에 온전히 주의를 집중하도록 지시합니다. 내담자가 판단 없이 단순히 자신의 호흡이나 또는 생각/감정을 관찰하고, 집중하는 것을 바꾸거나 통제하지 않도록 합니다. 처음에 이 연습은 일반적으로 기술을 시연하기 위해 몇 분 정도 짧게 진행됩니다. 이 연습이 처방되면 일반적으로 짧은 시간(예: 5분)으로 시작하여 내담자가 더 잘할 수 있게 되면 점점 더 긴 세션(예: 10분, 20분, 30분)으로 단계적으로 늘려 갑니다.

두 가지 연습을 하기 전에 내담자에게 연습과 시행착오가 필요하다는 사실을 알려 주는 것이 중요합니다. 또한 산만한 생각이 떠오를 수 있으며 이는 정상적인 현상이라고 알려 줍니다. 주의가 산만해지면 다시 집중해야 할 대상으로 부드럽게 주의를 돌리도록 안내합니다. "고개를 잠시 돌렸다가 다시 앞으로 부드럽게 가져오는 것이라고 생각하세요."와 같은 직유나 은유가 도움이 될 수 있습니다.

연습 23-B

마음챙김 훈련

마음챙김은 현재 경험하는 것을 판단하거나, 통제하거나, 피하거나, 바꾸려는 시도 없이 즉각적인 경험에 집중하는 과정입니다. 일반적으로 훈련을 충분히 한 다음 일상 생활에 적용합니다.

마음챙김을 일상 생활에 적용하면 불필요한 고통이나 도움이 되지 않는 행동으로 이어질 수 있는 즉각적인 경험에서 벗어나 생각의 패턴을 깨는 데 사용할 수 있습니다. 예를 들면, 비생산적인 걱정, 우울한 생각 또는 생각이 부정적인 방향으로 바뀔 때 등이 있습니다. 즉, 마음챙김은 일반적으로 어떤 형태의 회피로 이어질 수 있는 경험을 견디는 능력을 향상시키는 데에도 사용할 수 있습니다. 예를 들면, 지속되는 고통, 불편한 감정이나 생각 등이 있습니다. 과잉 반응, 회피, 멈추려는 시도 없이 이러한 것들을 마음챙김으로 경험하면 보다 효과적이고 적응적인 방식으로 견디고 대응할 수 있습니다. 이 훈련은 또한 이완의 한 형태이며, 일상 생활에 적용하면 스트레스를 줄이고 삶의 질을 높이는 데 도움이 되는 더 차분하고 편안한 접근 방식이 됩니다.

시작하려면 훈련 양식의 지침을 따르기만 하면 됩니다. 목표는 적어도 매일 한 번씩 연습하고, 훈련에 익숙해지면 훈련 시간을 늘린 다음 치료사와 협력하여 일상 생활에 적용하는 것입니다. 행운을 빕니다!

마음챙김 호흡 훈련 지침

- 방해받지 않는 조용한 장소를 찾아 훈련을 합니다. 필요하거나 원하는 경우 백색 소음과 같은 낮은 수준의 소리를 사용하여 외부 소음을 차단할 수 있습니다.
- 등을 곧게 편 자세로 편안하게 앉습니다. 베개나 쿠션이 있는 바닥에 앉거나 의자에 앉을 수 있습니다.
- 눈을 뜨거나 감을 수 있습니다. 눈을 뜬다면 바닥의 한 지점과 같은 초점을 선택하세요.

- 이제 모든 주의를 호흡에 집중하세요. 숨을 쉴 때 호흡과 관련된 신체 감각에만 집중하세요.
- 숨을 쉴 때마다 1부터 시작하여 10까지 세고, 다시 1까지 아래로 세어봅니다. 훈련이 끝날 때까지 이 패턴을 계속 반복합니다.
- 현재 경험하는 감각을 바꾸거나 통제하거나 다른 방식으로 수정하려고 시도하지 마세요. 그냥 정상적으로 호흡하고 아무 생각이나 판단 없이 그저 관찰하세요.
- 마음챙김을 처음 접하는 경우, 잡념이 마음속에 들어와 마음챙김에 집중하는 데 방해가 될 수 있음을 알아차릴 수 있습니다. 때때로 호흡을 세는 것을 잊어버리기 때문에 이를 알아차릴 수도 있습니다. 이는 마음챙김을 배우는 과정의 정상적인 부분이므로 예상하고 대응하는 방법을 알고 있어야 합니다. 이런 일이 발생하면 침착하고 부드럽게 다시 호흡에 주의를 집중하고 다시 1부터 카운트를 시작하세요. 그리고 훈련을 재개합니다.
- 이 훈련을 연습하다 보면 방해 요소가 줄어들고 더 오랜 시간 동안 집중하는 능력이 향상되는 것을 느낄 수 있습니다.
- 치료사와 상의하여 처음에 이 훈련을 얼마나 오래 할 것인지, 언제 세션을 더 길게 할 것인지 결정하세요.
- 이 기술을 효과적으로 사용하기 위한 핵심은 일상적인 연습입니다. 매일 훈련할 수 있는지 확인하면 조만간 그 효과를 경험할 수 있을 것입니다.

마음챙김 생각 훈련 지침

- 방해받지 않는 조용한 장소를 찾아 운동하세요. 낮은 수준의 백색 소음과 같은 소리를 사용하여 필요하거나 원하는 경우 외부 소음을 차단할 수 있습니다.
- 등을 곧게 편 자세로 편안하게 앉습니다. 베개나 쿠션이 있는 바닥에 앉거나 의자에 앉을 수 있습니다.
- 이 훈련은 눈을 감고 하는 것이 더 쉽습니다.
- 마음챙김 생각 훈련을 시작하기 전에 몇 분간 마음챙김 호흡을 합니다. 긴장을 풀고 차분하고 집중할 수 있는 상태가 되도록 합니다.
- 이제 이 연습을 위해 여러분과 치료사가 선택한 생각을 떠올리고, 치료사와 상의한 대로 상상해 보세요. 문장이 될 수도 있고 장면 또는 이미지가 될 수도 있습니다.

연습 23-B

- 목표는 구름이 천천히 지나가는 것을 보듯이 판단하지 않고 마음의 눈으로 단순히 관찰하는 것입니다.
- 현재 경험하고 있는 것을 바꾸거나 통제하거나 다른 방식으로 수정하려고 시도하지 마세요.
- 다른 생각이나 감정이 여러분의 경험에 들어와서 잠재적으로 마음챙김의 집중을 방해한다면, 침착하고 부드럽게 다시 주의를 집중하세요. 주의를 다시 집중하고 긴장을 풀고 다시 단순 관찰로 돌아옵니다.
- 집중을 멈추거나 방향을 바꾸고 싶은 충동을 피하세요. 이 연습의 목표는 과거에는 불편했던 것에도 집중할 수 있도록 차분하게 관찰하는 능력을 기르는 것입니다.
- 이 연습을 하다 보면 방해 요소가 줄어들고, 이를 견디는 능력이 향상되며, 더 오랜 시간 집중할 수 있는 능력이 향상되는 것을 느낄 수 있을 것입니다.
- 치료사와 상의하여 처음에 얼마나 오래 훈련할지, 언제 훈련할지 결정합니다. 마음챙김 세션을 늘리려고 노력하세요.
- 이 새로운 기술을 일상 생활에 적용하는 방법에 대해 치료사와 상담하세요.

치료사를 위한 개요: 도움이 되지 않는 생각을 버리기

연습의 목표

1. 인지적 융합과 탈융합의 의미에 대해 알아봅니다.
2. 선택된 부적응적 사고에 인지적 융합(탈융합)을 배우고 적용합니다.
3. 일상생활에서 생각으로 인해 가치 중심 행동에서 멀어질 위험이 있을 때 인지적 융합(탈융합)을 사용합니다.

이 연습이 가장 유용할 수 있는 추가 문제

- 화(분노)
- 모든 불안 장애 관련 장(chapter)
- 양극성 장애–우울증
- 우울증–단극성

내담자와 이 연습을 수행하기 위한 제안

이 연습은 (자기대화에 반영된) 인지적 평가가 어떻게 감정적 반응과 잠재적으로 부적응적인 행동을 유발하는지에 대한, 그리고 선택된 생각에서 벗어나는 것이 어떻게 내담자가 목표 중심의 가치 기반 행동에서 멀어지지 않도록 하는 방법의 하나인지에 대한 심리교육을 지원할 수 있습니다. 인지적 탈융합이란 수용 전념 치료(ACT)에서 사용되는 잠재적으로 부적응적인 사고에 대한 접근 방식입니다. 내담자가 생각의 편견을 분석하고, 대안을 생성하고, 합리적으로 이의를 제기하고, 그 자체의 타당성을 테스트하도록 안내하지 않는다는 점에서 인지 재구조화와는 다릅니다. 오히려 내담자는 생각을 식별하고 그 생각에 '융합'하지 않고, 사실이나 진실로 취급하지 않고, 특히 그 생각이나 감정에 따라 행동하지 않는 법을 배우는 것입니다. 다시 말해, 잠재적으로 부적응적인 생각 자체가 문제가 아니라 그 생각과 융합(또는 합리적이거나 정확한 것이라 간주하며 생각을 붙잡고 있거나 묶여 있는 것)하는 것이 잠재적으로 부적응을 만드는 것입니다.

이 연습을 적용할 때 치료사는 먼저 그 이론적 근거와 융합 및 탈융합이란 무엇인지 설명한 다음 내담자에게 연습을 완료하도록 요청해야 합니다. 이 연습에서는 내담자가 시도해보고 싶은 인지적 탈융합 기법 목록에서 선택하도록 요청합니다. 그런 다음 치료사는 내담자가 인지적 탈융합을 일상생활에 효과적으로 통합하도록 돕기 위한 핵심 생각으로 그 정보들을 사용할 수 있습니다.

인지적 탈융합 기법은 종종 목표 중심의 가치 기반 행동 활성화와 함께 사용되며, 이는 내담자가 잠재적으로 부적응적인 사고로 인해 목표 중심의 행동에 대한 전념에서 멀어지지 않도록 돕기 위한 수단으로 사용됩니다.

마지막으로, 모든 내담자가 모든 탈융합 기법을 좋아하는 것은 아닙니다. 따라서 어떤 기법은 적합하고 어떤 기법은 적합하지 않을 수 있음을 인정하고 실험하는 정신이 필요합니다.

연습 23-C

도움이 되지 않는 생각을 버리기

당신과 치료사가 논의했듯이 인지적 융합은 우리가 생각하는 것을 놓지 않고 '붙잡아 두는' 과정을 설명하는 용어입니다. 이렇게 융합할 때 우리는 생각의 감정적 결과를 느끼기 쉽고 그에 따라 행동하기 쉽습니다. 그 생각이 도움이 되고 적응력이 있다면 그 생각과 융합해도 해가 거의 없을 수 있지만, 그 생각이 우리를 방해하는 감정으로 이어지고 이러한 생각과 감정에 따라 행동하면 우리에게 도움이 되지 않는 일을 할 수 있습니다. 예를 들어, 잘못된 생각으로 인해 매우 화가 나게 되는 경우를 들 수 있습니다. 그 생각이 확실치 않을 수 있음에도 불구하고 그 생각과 융합하면 계속 화가 나게 되고 언어적 또는 신체적으로 공격적인 행동을 하게 되어 원치 않은 부정적인 결과를 초래할 수 있습니다.

인지적 탈융합이란 융합과 반대되는 개념입니다. 인지적 탈융합이란 생각에서 한 발짝 물러나 '분리'하거나 거리를 두는 것을 말합니다. 이렇게 하면 생각에 휘둘리지 않게 됩니다. 오히려 생각에 대응하는 방법에 대해 보다 이성적인 결정을 내리고 더 도움이 되고 효과적이며 우리의 가치에 부합하는 행동을 취할 수 있습니다. 쉽게 말하자면, 문제적인 생각 자체가 문제가 아니라 그 생각과 융합하는 것이 문제라는 생각에 기반을 두고 있습니다. 그러나 융합은 자연스러운 현상입니다. 우리는 우리가 생각하는 것, 우리가 사물을 '보는' 방식이 정확하다고 믿고 그것을 그대로 실행하는 경향이 있습니다. 하지만 우리가 생각하는 모든 것이 정확하거나 더 큰 그림을 포착하거나 도움이 되는 것은 아닙니다. 바로 이 지점에서 탈융합이 유용하게 사용됩니다.

이 연습에서는 인지적 탈융합 기법 목록을 검토하고 어떤 기법을 시도해보고 싶은지 표시한 다음 치료사와 협력하여 일상 생활에 적용하도록 합니다. 이 목록이 완전한 것은 아니라는 점을 명심하세요. 온라인에서 '인지적 탈융합 기법'과 같은 용어로 검색하면 다른 사례도 찾을 수 있으니 관심이 있다면 찾아보세요.

마지막으로, 인지적 탈융합의 목표는 어떤 생각에 도전하거나, 바꾸거나, 없애는 것이 아닙니다. 생각과 거리를 두고, 관찰하고, 궁극적으로 그 생각에서 벗어나 더 중요하고 가치 있는 일에 집중할 수 있는 방식으로 생각과 관계를 맺는 것입니다. 이 개인적인 기술은 자신의 생각에 새로운 것을 기꺼이 시도하고, 일정 기간 동안 정직하게 시도해 보고, 그 이점을 직접 확인하려는 의지가 필요합니다. 이 기술의 목적은 마음에 떠오르지만 도움이 되지 않을 수 있는 생각 대신 노력과 에너지를 어디에 쏟을지 결정할 수 있도록 하는 것입니다.

인지적 탈융합 기술

지침

다음은 인지적 탈융합 옵션 목록입니다. 목록을 읽고 시도해 보고 싶은 옵션에 체크 표시를 하세요. 작성한 양식에 대해 치료사와 상의하세요.

_____ 1. 그 생각을 제안을 해 준 당신의 마음에는 감사하지만 제안을 거절하세요. "고맙지만 사양할게(No thanks)."

_____ 2. 당신이 의미를 부여하지 않으면 그 생각은 아무 의미도 없는 단어의 나열에 불과하다는 것을 상기하세요.

_____ 3. 머릿속을 스쳐 지나가는 모든 생각을 살(buy) 필요는 없다는 것을 상기하세요. 이 생각은 무시하세요.

_____ 4. 정확하지 않거나 전체적인 맥락을 고려하지 않았음에도 확신하게 만드는 당신의 생각을 거짓말쟁이처럼 취급하세요. 그 시도를 무시하세요 [추가 옵션: "거짓말쟁이, 거짓말쟁이 바지에 불이 붙었어."라고 반복해서 말합니다. 거짓말쟁이, 거짓말하면 바지에 불붙는데요. (역자 주: 미국에서 거짓말쟁이에게 놀릴 때 하는 말)]

_____ 5. 그 생각을 그냥 생각으로 취급하고 다른 일을 합니다(나는 생각을 생각할 수 있고 그 생각이 내가 해야 한다고 말하는 것과 다른 것을 할 수 있습니다).

_____ 6. 생각을 문장으로 쓰면 어떤 느낌일지 상상해 보고 다음 중 하나를 선택해서 해 보세요. 지우기, 단어를 바꿔서 말하기, 완전히 다른 연상(association)의 노래(예: 생일 축하해요)에 맞춰 부르기, 재미있는 목소리로 말하기(예: 도널드 덕) , 깃털처럼 날아간다고 상상하기, 자신만의 아이디어 내 보기

_____ 7. 당신의 생각을 버스의 승객으로, 당신 자신은 운전사라고 생각하세요. 당신이 가고 싶은 곳으로 버스를 운전하는 동안 다른 생각들은 배경이 되도록 하세요.

______ 8. “이것이 나에게 어떻게 도움이 될까요?”라고 당신의 생각에게 물어보세요. 도움이 되지 않거나 정확하지 않을 수도 있다는 가능성을 열어 두세요.

______ 9. 생각에 ‘하지만’ 또는 ‘그렇지만’이 들어간 경우, ‘그리고’로 바꾸세요. 두 가지가 모두 존재할 수 있는지 살펴보세요.

______ 10. 만약 당신의 생각이 과거에 관한 것이라면, 그것이 사라지고 먼지가 되어 날아가 버릴 것처럼 취급하세요.

______ 11. 생각을 계속 들고 다닐 필요가 없는 매우 무겁고 큰 짐처럼 취급하세요.

______ 12. 지루해질 때까지 빠르고 무의식적으로 생각을 반복하고 반복합니다.

______ 13. 작은 카드에 생각을 적고 쓰레기통에 버리거나, 찢거나, 태우거나(안전하게), 이리저리 던지거나, 위의 방법 중 하나를 하거나, 자신만의 무시하는 행동을 생각해 냅니다.

______ 14. 방을 둘러보고 그 안에 있는 모든 것은 마음만 먹으면 부정적으로 판단할 수 있다는 것을 깨닫습니다. 자신이나 다른 사람에 대해 부정적으로 판단하는 생각을 하지 않기로 결심하고 실천하세요.

______ 15. 자신의 생각을 마치 다른 사람이 말을 하는 것처럼 내 외부에 있는 외부 사건으로 생각하세요.

______ 16. “지금 나는 ……에 대한 생각을 하고 있어.”라고 말함으로써 생각을 그냥 생각으로 만듭니다(생각에서 벗어나세요).

______ 17. 생각을 외부의 사건으로 생각하고 그것이 나를 괴롭히려고 하는 것처럼 취급하세요. 말하세요. 원한다면 다채로운 언어를 사용하세요.

24. 낮은 자존감

치료사를 위한 개요: 나의 강점 인정하기

연습의 목표

1. 개인의 성취, 특성 및 기술을 파악합니다.
2. 자존감을 높이기 위해 긍정적인 자기대화 메시지를 사용합니다.
3. 부정적인 자기 설명의 빈도를 줄이고 긍정적인 자기 설명의 빈도를 높입니다.
4. 자존감을 높입니다.

이 연습이 가장 유용할 수 있는 추가 문제

- 양극성 장애–조증
- 우울증–단극성
- 사회 불안
- 자살 사고

내담자와 이 연습을 수행하기 위한 제안

자존감이 낮은 내담자는 종종 자신의 성취, 긍정적인 특성 및 기술을 경시하거나 최소화합니다. 이 과제를 완료할 때 이 모든 것을 포함하도록 격려하세요. 성취의 개념은 중요한 성취만 고려하는 것이 아니라 매일 잘하는 모든 일을 포함하도록 내담자의 범위를 확장해야 합니다. 과제의 거울 연습 부분에서 내담자가 자신에 대해 좋은 점을 말하는 것에 대한 저항을 극복하도록 격려합니다. 내담자와 함께 과제 결과를 검토하는 동안 내담자가 긍정적인 성취, 특성 및 기술을 자아의 개념에 통합하고 있다는 것을 나타내는 모든 징후를 강화해 줍니다.

연습 24-A

나의 강점 인정하기

자신을 사랑스럽고, 가치 있고, 유능한 사람으로 여긴다는 것은 자존감을 높여 주는 우리 자신의 핵심 요소를 인정하는 것입니다. 다음 연습을 완료하면 자신의 성취, 긍정적인 개인적 특성 및 기술을 인식하는 데 도움이 됩니다.

1. 다음 일주일 동안 매일 성취한 긍정적인 일 세 가지를 찾아보세요(예: 맛있는 식사를 요리했다, 일자리를 찾았다, 친구를 격려했다).

1일차

A. ______________________

B. ______________________

C. ______________________

2일차

A. ______________________

B. ______________________

C. ______________________

3일차

A. ______________________

B. ______________________

C. ______________________

4일차

A. ______________________

B. ______________________

C. ______________________

5일차

A. ______________________

B. ______________________

C. ______________________

6일차

A. ______________________

B. ______________________

C. ______________________

7일차

A. ______________________

B. ______________________

C. ______________________

연습 24-A

2. 당신에 대해 중요하게 생각하는 개인적인 특성 다섯 가지를 나열하세요(예: 친절함, 신뢰감, 수용성). 그런 다음 친구, 가족, 다른 사람들에게 다섯 가지를 더 물어봅니다.

나의 목록	다른 사람들의 목록
A. ______	A. ______
B. ______	B. ______
C. ______	C. ______
D. ______	D. ______
E. ______	E. ______

3. 이제 당신이 가지고 있다고 생각하는 기술 다섯 가지를 나열하세요(예: 피아노 연주, 물건을 잘 고침, 집안일 잘함).

A: ______

B: ______

C: ______

D: ______

E: ______

4. 성취, 특성, 기술의 세 가지 영역을 검토하면서 당신의 가장 가치 있는 자산은 무엇이라고 생각하는지 적으세요. ______

______

______

______

5. 열다섯 가지 긍정적인 기술과 특성을 3×5 카드에 각각 적어 집안 곳곳에 붙여 정기적으로 상기할 수 있도록 합니다.

6. 긍정적인 기술이나 특성이 적힌 카드 세 장을 들고 거울 앞에 서세요.

"나는 ___________" (자신의 긍정적인 특성 중 하나를 기입하세요.)라는 문장을 반복하면서 자신의 눈을 바라봅니다. 이 거울 연습을 일주일 동안 매일 2분씩 반복하세요. 자신에 대해 좋은 말을 하는 것이 얼마나 편했는지 평가해 보세요.

1	2	3	4	5	6	7
매우 불편함						매우 편함

7. 이 과제를 1주일 동안 완료한 후 자존감이 어떻게 성장했는지 평가하세요.

성장 없음						매우 성장

치료사를 위한 개요: 두려움을 긍정적인 메시지로 바꾸기

연습의 목표

1. 낮은 자존감을 조장하는 두려운 생각을 파악합니다.
2. 두려움이 행동에 미치는 영향에 저항할 수 있는 대처 기술을 파악합니다.
3. 긍정적인 자기대화 메시지를 사용합니다.
4. 일관되고 긍정적인 자아상을 개발합니다.

이 연습이 가장 유용할 수 있는 추가 문제

- 불안
- 의존성
- 우울증—단극성
- 공황/광장 공포증
- 성폭력 피해자
- 사회 불안
- 자살 사고

내담자와 이 연습을 수행하기 위한 제안

연습에 제시된 대처 기법 목록을 검토하는 것이 도움이 될 수 있습니다. 이러한 기법 중 몇 가지에 대해 자세히 설명하고 발생할 수 있는 질문에 답할 수 있습니다. 연습이 완료되면 내담자가 언급하거나 선택한 불안 감소 대처 기법 중 일부의 세부 사항을 가르치는 데 집중할 수 있습니다. 또한 내담자가 긍정적인 확인 진술(긍정적인 확언, positive affirmation statements)을 염두에 둘 수 있는 방법을 개발하는 데 도움을 줄 수도 있습니다. 내담자가 낮은 자존감 사고 패턴으로 들어가는 것에 대응할 수 있도록 이러한 긍정적인 진술의 사용을 계속 강화하십시오.

연습 24-B

두려움을 긍정적인 메시지로 바꾸기

자신에 대해 좋은 감정을 느끼기 시작한 후에는 이러한 태도를 유지하기 위해 노력하는 것이 매우 중요합니다. 그러기 위해서는 자신을 좌절시킬 수 있는 부정적이고 두려운 생각을 떨쳐 버릴 준비가 되어 있어야 하며, 동시에 자신을 지지하는 생각을 마음속의 맨 앞에 두어야 합니다. 다음 연습은 이러한 요인을 해결하고 자존감을 유지하는 방법을 개발하는 데 도움이 될 것입니다.

1. 부정적이고 두려운 생각은 사람들이 일을 하는 데 방해가 되어 자존감을 떨어뜨릴 수 있습니다.

A. 당신이 가지고 있는 두려운 생각에 동그라미를 치세요.

실수하는 것	소외되거나 뒤처지는 것
무언가에 실패하는 것	다른 사람들이 나에게 화를 내는 것
비판을 받는 것	다른 사람들이 나를 좋아하지 않는 것
미쳐 버리는 것(going crazy)	다른 사람들이 패닉 상태인 나를 보게 되는 것
멍청한 말이나 행동을 하는 것	다른 사람들이 나를 매력적이지 않다고 보는 것
다른 사람들이 나를 나쁘다고 생각하는 것	다른 사람들이 내 감정을 상하게 하는 것
심장마비를 일으킬지도 모르는 것	직장에서 해고당하는 것

목록에 자신의 두려운 생각을 추가하세요. ______________________________

B. 이제 동그라미 표시한 두려운 생각 중에서 가장 자주 하는 생각 두 가지를 선택하세요. 그리고 이어지는 다음의 질문에 답하세요.

① 첫 번째 두려운 생각: ______________________________

____

____

연습 24-B

우려했던 사건이 실제로 발생하면 어떤 최악의 상황이 발생할 수 있을까요?

____

____

____

다음 대처 기법 목록을 검토하고 두려움을 극복하는 데 도움이 될 것으로 생각되는 두 가지 옆에 ×표시를 하세요.

______ 스스로 혹은 다른 사람과 그 생각이 현실적인 것인지를 점검한다.

______ 두려운 생각을 긍정적이고 현실적인 생각으로 바꾼다.

______ 다른 사람들과 두려움을 공유하여 안도감을 얻는다.

______ 긍정적인 자기대화를 통해 자신의 대처 능력을 확인한다.

______ 즐거운 활동으로 주의를 분산시킨다.

______ 이완 운동을 통해 긴장을 줄인다.

______ 두려움을 받아들이고 행동으로 앞서 나간다.

______ 유산소 운동을 한다.

______ 두려운 과제를 성공적으로 완수하는 자신의 모습을 상상한다.

______ 두려운 상황에서 잠시 물러났다가 다시 그 상황으로 돌아간다.

______ 공포가 극복될 때까지 서서히 두려운 상황에 직면한다.

______ 두려운 상황을 해결하기 위해 문제 해결 기술을 사용한다.

______ 두려운 상황을 해결하기 위해 자기주장 기술을 실행한다.

______ 두려운 상황에 직면한 것에 대해 스스로 보상한다.

위에서 선택한 두 가지 기법이 자신에게 도움이 될 것이라고 생각하는 이유와 그 기법들을 어떻게 삶에 적용할 것인지 설명하세요.

기법 1: ____________________________________

____

기법 2: ____________________________________

____

② 두 번째 두려운 생각: ____________________________

____

우려했던 사건이 실제로 발생하면 어떤 최악의 상황이 발생할 수 있을까요?

____

____

____

대처 기술 목록을 다시 검토하고 이 두 번째 두려움을 극복하는 데 도움이 될 수 있다고 생각되는 두 가지 옆에 ×표시를 합니다. 선택한 두 가지 기법이 도움이 될 것이라고 생각하는 이유와 그 기법을 생활에 어떻게 적용할 것인지 설명하세요.

기법 1: ____________________________________

____

기법 2: ____________________________________

____

2. 자존감을 유지하기 위해서는 다음과 같은 몇 가지 사항을 명심하는 것이 중요합니다.

A. 가장 기억해야 할 긍정의 말(확언)에 동그라미를 치세요.

신은 쓰레기(쓸모없는 것)를 만들지 않는다.
나는 나 자신을 좋아한다.
실수는 배움의 기회이다.
나는 할 수 있다는 것을 안다.
나는 사랑스럽다.
나는 좋은 결정을 내릴 수 있다.
완벽한 사람은 없다
나는 누군가의 친구가 될 수 있다.
나는 두려움을 다룰 수 있다.
나는 성장하고 변화할 수 있다.
신과 함께라면 모든 것이 가능하다.
신과 함께라면 무엇이든 직면할 수 있다.
나는 다른 사람을 용서할 수 있다.
다른 사람들은 나를 좋아한다.

나는 좋은 일이 생길 것을 기대한다.
나는 좋은 사람이다.
나는 자원이 있다.
나는 나 자신을 믿을 수 있다.
나는 나에 대해 기분이 좋다.
나는 나 자신을 소중히 여긴다.
나는 거절할 수 있다.
나는 완벽할 필요가 없다.
나는 내가 믿는 신의 자녀이다.
내 가족은 나를 사랑한다.
신과 함께라면 두려움을 버릴 수 있다.
신의 영(성령) 안에서 힘을 찾을 수 있다.
신과 함께라면 나는 결코 혼자가 아니다.

연습 24-B

B. 이제 이 생각들을 마음속에 간직할 수 있는 세 가지 방법을 개발하세요(예: 메모 카드에 두세 가지 생각을 적고, 카드를 휴대하고 다니면서 하루 동안 네 번 읽기).

1. ______________________________

2. ______________________________

3. ______________________________

3. 다음 2주 동안 이 세 방법 각각에서 진행 상황을 평가하세요.

A. 두려운 생각을 멈추기

1주차(동그라미): 매우 잘함 | 잘함 | 보통 | 부족함

의견: ______________________________

2주차(동그라미): 매우 잘함 | 잘함 | 보통 | 부족함

의견: ______________________________

B. 매일의 확언

1주차(동그라미): 매우 잘함 | 잘함 | 보통 | 부족함

의견: ______________________________

2주차(동그라미): 매우 잘함 | 잘함 | 보통 | 부족함

의견: ______________________________

25. 남성 성기능 장애

치료사를 위한 개요: 비요구적 성적 쾌감[1)]에 대한 반응 일지 작성(감각 집중법)

연습의 목표

1. 비요구적 성적 쾌감을 위한 행위에 참여합니다.
2. 성적 쾌락 행위를 통해 떠오르는 생각과 느낌을 기록합니다.
3. 성적 쾌락의 각 단계와 관련된 생각과 느낌을 공유하고 처리합니다.
4. 억제와 수행 불안이 감소하고 성적 흥분과 성적 쾌감이 증가하는 것을 경험합니다.
5. 성행위에 대한 욕구와 즐거움이 증가합니다.

이 연습이 가장 유용할 수 있는 추가 문제

- 여성 성기능 장애

내담자와 이 연습을 수행하기 위한 제안

이 과제를 수행하려면 성욕 저하 또는 성행위와 관련된 높은 불안과 같은 문제를 치료하는 데 표준이 되는 성적 쾌락을 위한 행위에 대한 자료를 찾는 데 있어 내담자에게 어느 정도 지침을 제공해야 합니다. 회기 내에서 성적 쾌락에 대한 지침을 제공하거나 내담자에게 요구가 없는 성적 쾌락에 대한 설명이 포함된 자료를 읽도록 지시할 수 있습니다. 내담자를 위한 지침에는 두 권의 책이 언급되어 있지만, 다른 책을 추천할 수도 있습니다. 파트너가 성적 상호 작용에 대한 생각과 감정을 공유하는 법을 배우면 성적 쾌락 행위의 힘이 극적으로 증가합니다. 이 연습은 파트너

1) 역자 주: 성교 시 상대방을 만족시켜야 한다는 부담감이나 긴장감에서 벗어나 편안한 상태에서 자신의 성적 감각에 집중하며 느낄 수 있는 쾌감

가 자신의 생각과 느낌을 설명한 다음 공동 세션으로 돌아가 이 정보를 처리할 수 있도록 하기 위한 체계를 제공합니다. 감각적 집중을 경험하는 동안 파트너가 생각과 느낌을 자유롭게 공유하도록 격려할 수도 있습니다. 일지 양식은 복사하여 반드시 각 파트너가 각자의 양식을 작성할 수 있도록 합니다.

연습 25-A

비요구적 성적 쾌감에 대한 반응 일지 작성(감각 집중법)

이 연습은 흔히 '감각적 쾌락'이라고 불리는 비요구적 성적 쾌락 활동에 참여하는 것과 관련된 자신의 생각과 느낌을 설명하는 데 도움이 되도록 고안되었습니다. 요구가 없는 성적 쾌락 행위의 모든 측면을 설명하기보다는 억제력을 줄이고, 성적 혐오감을 완화하고, 각성을 높이고, 성적 쾌락을 향상시키기 위해 고안된 성적 상호 작용에 대한 표준 접근 방식을 설명하는 인간의 성에 관한 책을 참조하시기 바랍니다. 인간의 성에 관한 많은 책에는 이러한 유형의 성 행위에 대한 설명이 포함되어 있습니다[예: Rekindling Desire: A Step-by-Step Program to Help Low-Sex and No-Sex Marriages by McCarthy and McCarthy (Brunner-Routledge, 2019) 또는 Resurrecting Sex: Resolving Sexual Problems and Rejuvenating Your Relationship by Schnarch (HarperCollins, 2003)]. 당신의 치료사는 요구가 없는 성적 쾌락 행위의 구체적인 정보를 얻기 위해 참고할 수 있는 특정 도서를 제안할 수 있습니다.

요구가 없는 성적 쾌락 행위에 참여하는 데 있어 가장 중요한 측면 중 하나는 행위로 인해 발생하는 감정을 처리하고 파트너와 이를 공개적으로 공유하는 것입니다. 성적 쾌락 행위를 실행하는 방법에 동의하고 일정을 정한 후, 이 양식의 질문 1에 함께 수행할 단계를 기록하세요. 연습의 각 단계를 실행할 때 각 파트너는 독립적으로 질문을 작성하고 양식을 공동 상담 세션에 가져와 검토 과정을 거칩니다.

1. '감각 집중'이라고도 하는 무의식적 성적 쾌락 행위에서 실행할 네 가지 단계를 개략적으로 설명합니다(파트너가 함께 이 연습을 작성합니다).

   A. ______________________________

   ____

   B. ______________________________

   ____

C. ______________________________

____

D. ______________________________

____

생각과 감정 일지

1단계: 시행 날짜: ______________________________

1. 행위를 시작하기 전의 생각과 느낌을 기술하세요.

   행위를 향한: ______________________________

   파트너를 향한: ______________________________

2. 행위를 하는 동안의 생각과 느낌을 기술하세요.

   행위를 향한: ______________________________

   파트너를 향한: ______________________________

3. 행위의 가장 좋은 점은 무엇이었나요? ______________________________

   ____

   ____

   ____

4. 행위 경험을 더 좋게 만들 수 있었던 점은 무엇인가요? ______________________________

   ____

   ____

   ____

5. 이 단계의 즐거운 행위에서 어떤 이점을 얻었나요? ______________________________

   ____

   ____

   ____

6. 이 행위를 하는 동안 성적 흥분 정도를 평가하세요.

1	2	3	4	5	6	7
없음						매우 높음

7. 즐거운 순서의 다음 단계로 넘어갈 준비가 되어 있나요?

1	2	3	4	5	6	7
준비 안 됨						매우 준비됨

2단계: 시행 날짜: ____________________

1. 행위를 시작하기 전의 생각과 느낌을 기술하세요.

   행위를 향한: ____________________

   파트너를 향한: ____________________

2. 행위를 하는 동안의 생각과 느낌을 기술하세요.

   행위를 향한: ____________________

   파트너를 향한: ____________________

3. 행위의 가장 좋은 점은 무엇이었나요? ____________________

4. 행위 경험을 더 좋게 만들 수 있었던 점은 무엇인가요? ____________________

5. 이 단계의 즐거운 행위에서 어떤 이점을 얻었나요? ____________________

____

____

6. 이 행위를 하는 동안 성적 흥분 정도를 평가하세요.

1	2	3	4	5	6	7
없음						매우 높음

7. 즐거운 순서의 다음 단계로 넘어갈 준비가 되어 있나요?

1	2	3	4	5	6	7
준비 안 됨						매우 준비됨

3단계: 시행 날짜: ____________________

1. 행위를 시작하기 전의 생각과 느낌을 기술하세요.
   행위를 향한: ____________________
   파트너를 향한: ____________________
2. 행위를 하는 동안의 생각과 느낌을 기술하세요.
   행위를 향한: ____________________
   파트너를 향한: ____________________
3. 행위의 가장 좋은 점은 무엇이었나요? ____________________

____

____

____

4. 행위 경험을 더 좋게 만들 수 있었던 점은 무엇인가요? ____________________

____

____

____

5. 이 단계의 즐거운 행위에서 어떤 이점을 얻었나요? ______________________________

____

____

____

6. 이 행위를 하는 동안 성적 흥분 정도를 평가하세요.

1	2	3	4	5	6	7
없음						매우 높음

7. 즐거운 순서의 다음 단계로 넘어갈 준비가 되어 있나요?

1	2	3	4	5	6	7
준비 안 됨						매우 준비됨

4단계: 시행 날짜: ______________________________

1. 행위를 시작하기 전의 생각과 느낌을 기술하세요.

   행위를 향한: ______________________________

   파트너를 향한: ______________________________

2. 행위를 하는 동안의 생각과 느낌을 기술하세요.

   행위를 향한: ______________________________

   파트너를 향한: ______________________________

3. 행위의 가장 좋은 점은 무엇이었나요? ______________________________

____

____

____

4. 행위 경험을 더 좋게 만들 수 있었던 점은 무엇인가요? ______________________________

____

연습 25-A

____

____

5. 이 단계의 즐거운 행위에서 어떤 이점을 얻었나요? ____________________

____

____

____

6. 이 행위를 하는 동안 성적 흥분 정도를 평가하세요.

1	2	3	4	5	6	7
없음						매우 높음

7. 즐거운 순서의 다음 단계로 넘어갈 준비가 되어 있나요?

1	2	3	4	5	6	7
준비 안 됨						매우 준비됨

26. 의료 문제

치료사를 위한 개요: 의학적 치료에 대한 나의 생각

연습의 목표

1. 중증 또는 만성 질환으로 치료를 받아야 하는 것에 대한 생각과 감정을 말로 표현합니다.
2. 치료를 받는 것에 저항하는 이유를 탐색하고 파악합니다.
3. 수동-공격적 또는 적극적 저항 없이 치료 요법에 협조합니다.
4. 의학적 상태의 현실과 치료의 필요성을 말로 표현합니다.

이 연습이 가장 유용할 수 있는 추가 문제

- 정신증

내담자와 이 연습을 수행하기 위한 제안

이 연습은 내담자에게 의학적 치료 요법에 대한 생각과 감정을 공개적으로 표현할 기회를 제공할 뿐만 아니라 의학적 치료 요법을 따르는 데 저항하는 이유를 밝혀 내는 데에도 사용할 수 있습니다. 의료 개입을 준수하는 것에 대한 감정 표현과 저항의 이유를 다룹니다. 또한 의료 개입에 대한 내담자의 반응을 의사와 공유하여(필요한 자료를 확보한 후) 의사가 내담자의 생각과 감정을 파악할 수 있도록 도울 수 있습니다. 의사는 또한 내담자의 저항을 해결하고 내담자가 현재 의학적 치료 요법을 받는 것에 대한 이유를 설명할 수 있습니다.

연습 26-A

의학적 치료에 대한 나의 생각

잠시 시간을 내어 다음 질문에 답해 주세요. 답변은 치료사가 정기적인 치료를 받아야 하는 것에 대한 당신의 생각과 감정을 더 잘 이해하는 데 도움이 됩니다.

1. 현재 질병으로 어떤 약을 복용하고 계신가요? 복용량과 빈도를 알려 주세요.

약물 이름	복용량	빈도

2. (약물 복용 외에) 질병에 대해 어떤 다른 유형의 치료를 받고 있나요? 입원을 하나요? 얼마나 자주 받나요? ______________________________

3. 치료를 받으면서 어떤 점이 마음에 들지 않나요? ______________________________

4. 권장되는 치료 요법에 협조하지 않으면 어떤 결과가 발생하나요? ______________

____

____

____

5. 치료 요법에 협조하지 않을 경우 가족은 어떻게 반응하나요? ______________

____

____

____

6. 치료에 대해 의사에게 어떤 이야기를 하고 싶나요? ______________

____

____

____

7. 현재 치료에서 얼마나 많은 발언권이나 통제권을 가지고 있다고 생각하나요? 자신의 느낌을 가장 잘 설명하는 칸 위에 ×를 표시해 주세요.

없음	아주 조금	약간	적당히	많이

8. 치료를 받은 기분에 대해 친구나 가족에게 어떤 이야기를 하고 싶나요? ______________

____

____

____

____

9. 치료에 협조하는 것에 대해 스스로에게 어떤 조언을 하고 싶나요? ______________

____

____

____

____

치료사를 위한 개요: 내 질병의 영향

연습의 목표

1. 의학적 상태의 정서적, 신체적, 관계적 영향을 파악합니다.
2. 의학적 상태와 관련된 감정을 파악합니다.
3. 질병이 있을 때 정서적 도움과 지원을 위해 기대거나 의지할 수 있는 사람을 파악합니다.
4. 질병과 관련된 두려움, 불안, 걱정을 줄입니다.

이 연습이 가장 유용할 수 있는 추가 문제

- 양극성 장애-조증
- 정신증

내담자와 이 연습을 수행하기 위한 제안

이 연습의 목적은 내담자가 질병이 자신의 삶에 미치는 영향을 파악하도록 돕고 심각한 질병이나 만성 질병에 대한 감정을 표현하도록 장려하는 것입니다. 내담자가 치료 세션과 다른 가족 구성원 또는 신뢰할 수 있는 사람에게 이러한 감정을 표현하도록 권장해야 합니다. 이 연습은 내담자가 정서적 지원과 도움을 요청할 수 있는 주요 사람들을 확인합니다. 마지막으로, 내담자는 질병의 증상이나 영향에 대처하거나 관리하는 데 도움이 되는 대처 전략이나 활동을 파악하도록 합니다.

연습 26-B

내 질병의 영향

심각하거나 장기적인 질병을 치료할 때는 질병을 앓고 있는 사람이 자신의 감정을 표현하는 것이 매우 중요합니다. 이 연습은 치료사, 가족 및 기타 중요한 사람들이 질병에 대한 당신의 감정을 더 잘 이해하는 데 도움이 됩니다. 다음 질문 또는 항목에 응답해 주세요.

1. 어떤 질병이 있으신가요? ____

____

____

2. 이 병을 앓은 지 얼마나 되었나요? ____

____

____

3. 당신의 질병을 설명할 수 있는 형용사 세 개를 나열하세요.

____

____

4. 자신의 질병에 대해 어떤 느낌이 드나요? 자신의 감정을 설명하는 단어 앞에 체크 표시를 하세요. 빈 공간에 다른 감정을 추가하세요.

_____ 두려운	_____ 슬픈	_____ 화나는
_____ 긴장된	_____ 무력한	_____ 분노
_____ 걱정되는	_____ 절망적인	_____ 궁지에 몰린 듯한
_____ 혼란스러운	_____ 좌절된	_____ 죄책감을 느끼는
_____ 불확실한	_____ 이상한	_____ 외로운
_____ 열등한	_____ 부끄러운	_____ 냉담한 ('상관없다')

연습 26-B

_____ 침착한　　　　_____ 감수하는　　　　_____ 염려하는

_____ ______________________________

5. 당신의 질병에 대한 가장 큰 우려 또는 걱정은 무엇입니까? ______________________________

____

____

6. 당신의 감정과 스트레스는 당신의 질병에 어떤 영향을 미칩니까? ______________________________

____

____

7. 당신의 질병에 대한 당신의 감정을 이해하는 사람은 누구입니까? (예: 부모, 배우자, 형제자매, 의사, 친구) ______________________________

____

____

8. 당신의 배우자나 가족들은 당신의 질병에 대해 어떻게 생각합니까? 당신의 질병이 그들과의 관계에 어떤 영향을 미칩니까? ______________________________

____

____

9. 친구들이 당신과 당신의 질병을 어떻게 바라본다고 생각합니까? 당신의 질병은 그들과의 관계에 어떤 영향을 미치나요? ______________________________

____

____

10. 질병을 치료할 때 정서적인 도움과 지원을 받기 위해 누구에게 의지할 수 있습니까? ______

____

____

11. 당신의 질병으로 인해 어떤 제한이 있습니까? ______________________________

____

____

12. 이러한 제한 사항에 대해 어떻게 생각하십니까? ______________________________

____

____

13. 당신의 질병에도 불구하고 지속되는 당신의 강점, 관심사 및 능력을 기술하세요. ______

____

____

14. 질병에 대처하는 법을 배우거나 질병에 대한 감정을 관리하는 데 도움이 되는 대처 전략이나 활동에는 어떤 것이 있습니까(예: 글쓰기, 말하기, 주의 분산 활동, 기도, 명상)? ______

____

____

27. 강박 장애(OCD)

치료사를 위한 개요: 강박 사고/강박 행동 중단하기

연습의 목표

1. 현재의 강박 패턴 중단을 위한 매일의 의식을 개발하고 실행합니다.
2. 강박 사고와 강박 행동으로 인한 장해나 관련 시간을 줄입니다.
3. 강박 사고와 강박 행동으로부터의 장해를 최소화한 수준에서 일상생활을 지속적으로 합니다.

이 연습이 가장 유용할 수 있는 추가 문제

- 불안
- 우울증—단극성

내담자와 이 연습을 수행하기 위한 제안

이 개입은 불쾌한 일이나 과제를 수행하게 함으로써 내담자의 강박 사고나 강박 행동을 중단시키려는 것입니다. 과제는 세 부분으로 구성됩니다. 먼저 강박적 사고나 강박 행동이 나타날 때 수행할 수 있는 불쾌한 일이나 작업의 목록을 3~5개 작성하도록 요청합니다. 내담자와 함께 브레인스토밍하여 다양한 환경(예: 집, 학교, 직장)에서 수행할 수 있는 여러 가지 불쾌한 일의 목록을 작성합니다. 내담자가 이 색다른 개입을 따르는 것에 대해 거부감을 표현하는 경우 개입의 목적을 설명합니다. 과제의 두 번째 부분에서는 최소 1~2주가 지난 후 개입의 효과를 평가하도록 내담자에게 요청합니다. 마지막으로, 내담자는 개입에 적용할 수 있는 수정 사항을 파악하도록 합니다. 내담자는 가능한 수정 사항에 대해 치료사와 상담하도록 권장됩니다.

연습 27-A

강박 사고/강박 행동 중단하기

이 개입의 목적은 불쾌한 일이나 과제를 수행하게 함으로써 강박 사고나 강박 행동의 빈도와 강도를 줄이는 것입니다. 대부분의 사람들이 불쾌한 작업을 수행하고자 하는 열의나 동기가 높지 않기 때문에 이러한 접근 방식이 이례적으로 보일 수 있습니다. 하지만 정기적으로 다양한 불쾌한 작업을 수행함으로써 강박 사고나 강박 행동(시간이 지남에 따라 더 불쾌하거나 불안을 유발할 수 있음)의 빈도가 감소하는 것을 경험함으로써 보상을 받을 수 있을 것으로 기대합니다.

이 과제는 실제 세 가지 부분으로 구성되어 있습니다. 첫 번째 파트에서는 집, 직장 또는 학교 환경(대학생인 경우)에서 수행할 수 있는 불쾌한 작업의 목록을 작성하도록 요청합니다. 두 번째 부분에서는 개입의 성공 여부를 평가하고, 세 번째 부분에서는 개입에 수정이 필요한 사항을 파악합니다.

불쾌한 일 또는 작업 파악

강박증이 나타날 때 할 수 있는 불쾌한 일이나 업무에 대해 생각해 보는 시간을 가져보세요. 치료사, 배우자, 가족, 친구 또는 직장 동료와 함께 수행할 수 있는 다양한 작업에 대해 자유롭게 이야기하세요. 시간이 오래 걸릴 필요는 없지만, 강박사고나 행동을 방해할 수 있을 정도로는 불쾌해야 합니다. 불쾌한 작업의 예로는 차고 청소, 잡초 제거, 변기 닦기, 또는 화장실의 다른 부분 청소하기, 방의 벽지 제거(시간이 지남에 따라 수행 가능), 성가신 직장 동료나 같은 대학의 학생에게 친절하게 행동하기, 성가신 사람과 짧은 시간 동안 잡담 나누기 등이 있습니다.

다른 환경에서는 항상 같은 작업을 수행할 수 없기 때문에 3~5가지의 불쾌한 작업 목록을 작성하는 것이 필요합니다. 예를 들어, 직장에서 화장실을 청소하는 것은 어려울 수 있습니다. 모든 일이나 작업이 모든 환경이나 상황에 적합한 것은 아닙니다. 어떤 날은 다른 날보다 더 나아질 수 있다는 점을 명심하세요. 또 어떤 날에는 당신이(이전의 상태로) 퇴행해서 강박 사고/강박 행동의 빈도가 증가하더라도 낙심하지 마세요.

연습 27-A

1. 강박 사고/강박 행동을 멈추기 위해 할 수 있는 불쾌한 작업 3~5가지는 무엇인가요? (원하신다면 이 페이지 뒷면에 일이나 작업을 자유롭게 추가하세요.)

   A. ____________________

   B. ____________________

   C. ____________________

   D. ____________________

   E. ____________________

2. 목록을 검토해 보니, 집에서 어떤 일이나 작업이 가장 효과적이라고 생각하십니까?

   ____

   ____

   ____

   학교나 직장에서? ____________________

   ____

   공공장소에서? ____________________

   ____

개입의 효과성 평가

약 1~2주 정도 불쾌한 일이나 작업을 수행한 후 다음 질문에 답해 주세요.

1. 강박 사고/강박 행동을 경험하기 시작했을 때 불쾌한 일이나 업무를 수행한 시간은 몇 퍼센트였나요? 불쾌한 일이나 작업을 수행한 시간의 비율은 다음과 같습니다.

   ___ 0~20% ___ 20~40% ___ 40~60% ___60~80% ___80~100%

2. 불쾌한 일 또는 작업을 지속적으로 수행할 수 없었다면(60% 미만), 불쾌한 일 또는 작업을 수행하는 데 방해가 된 스트레스 요인이나 이유는 무엇입니까? ____________________

   ____

   ____

3. 전반적으로 강박 사고/강박 행동을 방해하거나 관리하는 데 있어 불쾌한 일이나 작업이 얼마나 성공적이었나요?

1	2	3	4	5	6	7
성공적이지 않음			변화 없음			매우 성공적

4. 강박 사고/강박 행동을 없애는 데 도움이 되었던 불쾌한 일이나 작업은 무엇인가요?

____

____

____

5. 강박 사고/강박 행동을 차단하는 데 효과적이지 않았던 불쾌한 일이나 작업은 무엇인가요?

____

____

____

6. 이러한 개입의 효과를 방해하고 증상의 빈도를 증가하게 만든 스트레스 사건은 무엇인가요? (선택사항)

____

____

____

____

개입의 수정

1. 진행 상황을 평가하고 난 후, 이 개입에 대해 변경이나 수정할 사항이 있으면 적으세요.

A. ______________________________

B. ______________________________

C. ______________________________

D. ______________________________

E. ______________________________

연습 27-A

2. 강박사고/강박 행동의 빈도를 줄이기 위해 할 수 있는 다른 불쾌한 일이나 작업은 무엇인가요? 3~5개의 다른 일을 나열하세요(다시 한번 치료사, 가족 또는 친구와 자유롭게 상의하세요).

A. ______________________________

B. ______________________________

C. ______________________________

D. ______________________________

E. ______________________________

치료사를 위한 개요: 생각 멈추기 기법 사용하기

연습의 목표

1. 불안을 유발하고 정상적인 기능을 방해하는 강박적인 생각을 식별합니다.
2. 강박 사고의 빈도를 줄이기 위해 생각 멈추기 기법을 실행합니다.
3. 강박 사고와 수반되는 불안을 줄이는 데 성공한 정도를 평가합니다.
4. 강박 사고의 빈도, 강도, 지속 시간을 줄입니다.

이 연습이 가장 유용할 수 있는 추가 문제

- 불안
- 섭식 장애 및 비만

내담자와 이 연습을 수행하기 위한 제안

생각 멈추기는 강박적 반추의 영향을 줄이기 위한 간단하지만 효과적인 기법입니다. 이 과제를 내주기 전에 내담자와 함께 생각 멈추기 기법의 필수 요소를 검토하고 상담실에서 어떻게 하는지(실행법)에 대해 연습하는 것이 좋습니다. 1주일 후에 내담자의 실행을 검토하고 필요에 따라 기법을 조정하여 효과를 높입니다. 'STOP'을 외칠 때 손목에 고무줄을 차게 하는 것과 같은 요소를 추가할 수 있습니다.

연습 27-B

생각 멈추기 기법 사용하기

강박적인 생각이 빈번하고 규칙적으로 반복되면 매우 답답하고 정상적인 기능을 방해할 수 있습니다. 이러한 생각에 사로잡혀 다른 문제에 집중할 수 없게 될 수도 있습니다. 반복적인 생각은 또한 상당한 불안을 유발할 수 있으며, 종종 해롭거나 당황스러운 사건이 일어날 것이라는 걱정과 연결되기도 합니다. 강박적인 생각에 대처하고 불안을 유발하는 것을 줄이는 간단하지만 효과적인 기법은 '생각 멈추기' 기법입니다. 이 연습에서는 이 기법을 실행하는 방법을 안내하고 그 효과를 평가합니다.

1. 규칙적으로 반복되어 정상적인 기능을 방해하는 강박적인 생각을 나열하세요.

____

____

____

2. 강박적인 생각이 정상적인 일상을 방해하는 정도를 평가하세요.

1	2	3	4	5
매우 강하고 빈번하게 방해됨				방해되지 않음

3. 강박적인 생각을 대체할 수 있는 긍정적이고 차분한 장면 세 가지를 마음속에 떠올려 보세요(예: 따뜻한 해변에서 혼자 일광욕을 즐기거나 해가 지는 조용한 호수에서 낚시를 하는 모습).

장면 1: ____

____

____

장면 2: ____

____

____

장면 3: ____

____

____

4. 앞으로 일주일 동안 강박적인 생각이 떠오를 때마다 아무 소리 없이 머릿속으로 '멈춰!'라고 외쳐 보세요. 커다란 빨간 교통 표지판을 상상한 다음, 심호흡을 하고 근육의 긴장을 이완하면서 이전 질문의 차분한 장면 중 하나를 떠올리기 시작합니다. 강박적인 생각을 멈추고 다른 생각으로 대체하기 위해 이 기법을 실행하는 데 얼마나 성공했는지 매일 평가하세요.

1일차:

1	2	3	4	5
성공적이지 않음				매우 성공적

2일차:

1	2	3	4	5
성공적이지 않음				매우 성공적

3일차:

1	2	3	4	5
성공적이지 않음				매우 성공적

4일차:

1	2	3	4	5
성공적이지 않음				매우 성공적

5일차:

1	2	3	4	5
성공적이지 않음				매우 성공적

6일차:

1	2	3	4	5
성공적이지 않음				매우 성공적

7일차:

1	2	3	4	5
성공적이지 않음				매우 성공적

5. 이 기법을 일주일 동안 실행한 후 강박적인 생각이 일상 생활에 얼마나 방해가 되는지 다시 평가해 보세요.

1	2	3	4	5
매우 강하고 빈번하게 방해됨				방해되지 않음

6. 평온한 장면을 상상하고 근육의 긴장을 풀어주는 방법으로 이 과제를 수행한 결과 불안이 얼마나 감소했는지 설명하세요. 그런 다음 경험한 불안감의 감소 정도를 평가하세요.

1	2	3	4	5
불안감 감소 없음				현저한 불안감 감소

치료사를 위한 개요: 강박 행동의 강도 줄이기

연습의 목표

1. 강박 행동과 그 비합리적인 근거를 파악합니다.
2. 강박 행동의 빈도를 줄이기 위해 현실적인 자기대화 기술을 개발하고 실행합니다.
3. 현재의 강박 행동 패턴을 중단할 수 있도록 하는 일상 의식을 개발하고 실행합니다.
4. 강박 행동 의식에 대한 통제력을 키우고 그 빈도를 줄입니다.

이 연습이 가장 유용할 수 있는 추가 문제

- 섭식 장애 및 비만
- 물질 사용

내담자와 이 연습을 수행하기 위한 제안

강박 장애(OCD)를 앓고 있는 대부분의 내담자는 자신의 행동 패턴이나 사고 패턴을 통제할 수 없다고 믿는 상태에서 치료를 시작합니다. 이 연습은 통제력을 높이고 강박 행동의 빈도를 줄이기 위해 고안되었습니다. 과제를 내주기 전에 이 과제의 주요 요소를 내담자와 함께 검토하여 내담자가 긍정적인 자기대화와 행동 중단 원칙을 이해하도록 돕는 것이 좋습니다. 내담자의 실행 성공 여부를 검토하고 필요에 따라 치료 기법을 조정합니다.

연습 27-C

강박 행동의 강도 줄이기

강박 행동은 강박적인 생각이나 기이한 규칙에 따라 반복적이고 의도적으로 행하게 되는 행동입니다. 강박 행동은 종종 불편함이나 미래의 두려운 상황을 완화하거나 예방하기 위해 수행됩니다. 그러나 이러한 강박적인 행동 의식은 그 행동을 통해 완화하거나 예방하려고 하는 것들과 실제로는 어떠한 방식으로든 연결되어 있지 않습니다. 이 과제는 강박 행동 의식을 살펴보는 데 도움이 되며, 강박 행동에 대한 통제력을 높이고 발생 빈도를 줄일 수 있는 두 가지 강력한 기술을 제공합니다.

1. 당신이 자주 그리고 반복적으로 행하는 강박적인 행동을 나열하세요.

____

____

____

2. 이러한 강박 행동을 어느 정도 통제할 수 있다고 생각하는지 평가하세요.

1	2	3	4	5
전혀 통제 불가능				완전 통제 가능

3. 이러한 반복적인 행동을 하는 것이 자신에게 도움이 된다고 생각하는 이유를 설명하세요 (예: 긴장이 풀린다, 불안이나 걱정이 줄어든다, 생각이 멈춘다).

____

____

____

4. 자신의 강박 행동이 얼마나 합리적이라고 생각하는지 평가하세요(예: 합리적입니까? 당신을 안심시키는 데 정말 효과적입니까? 의미가 있습니까?).

1	2	3	4	5
비합리적이고 비이성적인				매우 합리적인

5. 긍정적이고 현실적인 자기대화는 강박적인 행동에 대한 충동을 억제하는 데 효과적일 수 있습니다. 다음 자기대화 메시지를 검토하고 효과적이라고 생각되는 메시지를 추가로 작성해 보세요.

A. 이러한 행동은 합리적이지 않으므로 하지 않겠다.

B. 나는 이 충동을 참을 수 있으며 언젠가는 사라질 것이다.

C. 나는 이 충동에 대해 이성적으로 생각하고 행동할 수 있다.

D. 이 행동을 하고 나면 불안한 감정이 다시 돌아올 것이므로, 나는 그 행동을 하지 않을 것이다.

E. 이완 기술을 실행하면 안정될 것이다.

F. 나는 이 충동이 사라질 때까지 쾌적하고 차분한 장면을 떠올리겠다.

G. 충동이 사라지도록 다른 일에 주의를 집중할 것이다.

H. ____________________

I. ____________________

6. 목록에서 가장 효과적이라고 생각되는 두세 개의 메시지를 선택합니다. 여기에 내용을 작성하세요.

____________________ ____________________ ____________________

7. 강박 행동의 현재 패턴을 중단할 수 있는 의식을 개발하고 실행하는 것이 효과적인 경우가 많습니다. 이 행동은 강박 행동을 대체할 수 있지만, 자신이 더 직접적으로 통제할 수 있는 행동입니다. 강박 행동을 하고 싶은 충동이 강해질 때 할 수 있는 행동 두세 가지를 설명하세요(예: 집 안 청소기 돌리기, 산책 또는 다른 운동하기, 친구에게 전화하기, 일기 쓰기).

A. ____________________

B. ______________________________

C. ______________________________

8. 다음 주 동안 긍정적인 자기대화와 의식적인 행동 중단을 실행하여 강박 행동을 하는 빈도를 줄이세요. 이러한 기법을 실행하는 데 어느 정도 성공했는지 평가하세요.

1일차

1	2	3	4	5
성공적이지 않음				매우 성공적

2일차

1	2	3	4	5
성공적이지 않음				매우 성공적

3일차

1	2	3	4	5
성공적이지 않음				매우 성공적

4일차

1	2	3	4	5
성공적이지 않음				매우 성공적

5일차

1	2	3	4	5
성공적이지 않음				매우 성공적

6일차

1 2 3 4 5
성공적이지 않음 매우 성공적

7일차

1 2 3 4 5
성공적이지 않음 매우 성공적

9. 지금까지 인지 및 행동 제어 기술을 실행한 결과 이제 강박적인 행동을 어느 정도 통제할 수 있다고 생각하는지 평가하세요.

1 2 3 4 5
전혀 통제 불가능 완전 통제 가능

28. 아편유사제(OPIOID) 사용 장애

치료사를 위한 개요: 생각과 감정 파악하기

연습의 목표

1. 치료의 대상이 되는 감정을 구별하고 분류하는 방법을 배웁니다.
2. 감정과 관련된 생각을 확인합니다.
3. 감정을 경험하는 이유를 더 잘 이해합니다.
4. 생각과 감정을 치료적으로 다루는 방법을 알아봅니다.

이 연습이 가장 유용할 수 있는 추가 문제

다음을 포함하여 감정 확인 및 조절이 목표인 모든 장(chapter)이 포함됩니다.

- 분노
- 양극성 장애–우울증
- 모든 불안 장애 관련 장(chapter)
- 우울증–단극성

내담자와 이 연습을 수행하기 위한 제안

이 연습에서는 (자기대화에 반영된) 인지 평가가 어떻게 감정적 반응을 일으키는지에 대한 심리 교육을 제공할 수 있습니다. 이러한 심리 교육을 하는 것이 종종 인지 재구조화의 첫 번째 단계입니다. 치료사는 이 연습 결과를 사용하여 인지 재구조화의 대상이 될 평가에 반영된 인지적 편향을 내담자가 식별할 수 있도록 안내합니다. 치료에서 흔히 나타날 수 있는 다음과 같은 일반적인 감정을 동반하는 자기대화에서의 일반적인 '주제'와 '편견'을 찾는 것이 도움이 될 것입니다.

감정: 불안

주제: "나쁘고 끔찍한 일이 일어날 수 있고, 나는 그것을 미리 알거나 대처하거나 관리할 수 없을 것이다."

일어날 수 있는 편견: '나쁜 일'의 가능성 및 심각성을 과대평가하고 상황의 현실적인 요구나 결과에 대한 자신의 관리/대처 능력을 과소평가함.

감정: 슬픔

주제: "나/그들/그것들은 절망적이다/무가치하다/불가능하다/무의미하다."

일어날 수 있는 편견: 자신, 타인, 과거 또는 미래에 대한 지나치게 일반적이고 부정적인 관점.

감정: 분노

주제: "나는 X에 대한 기대가 있었는데, 그것이 충족되지 않고 있다."

일어날 수 있는 편견: 기대의 대상과 일치하지 않거나 수용하기 어려운 까다롭고 융통성 없는 기대치.

감정: 죄책감

주제: "나는 나 자신에 대해 충족하지 못하는 기준을 가지고 있다."

일어날 수 있는 편견: 도달할 수 없고, 융통성이 없으며, 지나치게 까다로운 자기 기준.

이 연습에 이어 이러한 생각이 타당한지의 여부를 발견하도록 안내하고, 이를 뒷받침하는 근본적인 가정 및 신념을 검토하고, 명백한 편견을 수정하는 대안적 자기대화와 신념을 생성하고, 행동 실험을 통해 편향된 예측과 대안적 예측을 테스트하는 것이 일반적인 과정입니다.

연습 28-A

생각과 감정 파악하기

감정적 반응성을 더 잘 이해하고 궁극적으로 관리하기 위한 첫 번째 단계 중 하나는 우리가 상황을 '지각'하는 방식에 따라 감정이 어떻게 강하게 영향을 받는지 이해하는 것입니다. 이 연습은 당신과 치료사가 생각과 감정 사이의 연결이 당신의 경험에서 어떻게 작용하고 있는지 이해하는 데 도움이 될 것이며, 이는 감정 관리 방법을 배우는 단계가 될 것입니다. 이 연습에서는 당신과 치료사가 목표로 삼고 있는 감정을 눈에 띄게 경험한 서너 가지 사례를 생각과 감정 기록 양식에 기록하도록 합니다. 감정을 알아차린 후 가능한 한 빨리 양식을 작성해야 하므로, 종이와 펜, 휴대폰 등 어떤 방식으로든 양식을 휴대하는 것이 좋습니다.

양식에는 기록해야 할 네 가지 범주의 정보가 다음과 같은 순서로 표시됩니다.

첫 번째 칸은 '감정'이라고 표시되어 있습니다. 이곳에 감정을 설명하는 한 단어로 분류하여 써넣으세요. 예를 들면 불안/긴장/공포, 슬픔, 짜증/좌절/분노, 죄책감 등이 있습니다. 양식의 예시에서는 이 사람이 분노를 경험했음을 알 수 있습니다.

두 번째 칸은 감정의 '강도'를 1~10점 척도(10점이 가장 강함)로 평가합니다. 예시에서 이 사람은 7단계의 분노를 경험했습니다.

세 번째 칸은 '상황'이라고 표시되어 있습니다. 여기에 감정적으로 반응한 내용을 기록합니다. 사람, 사건 또는 상황이 될 수 있습니다. 예시에서는 이 사람이 운전 중에 꼬리물기를 당했을 때 반응했습니다.

마지막으로, '자기대화'라는 항목 아래에 자신의 생각을 기록하세요. 이 작업을 수행하는 방법은 다음과 같습니다. 그 상황을 자신이 보고 있는 영화라고 상상합니다. 영화의 한 장면을 떠올려 보세요. 이 경험의 필름을 감정을 알아차리기 직전의 장면까지 한 장면씩 마음속으로 되감습니다. 이제 그 감정이 떠오른 장면으로 필름을 돌려 "그 감정이 떠오르기 직전에 나는 어떤 혼잣말을 하였는가(자기대화)?"라고 스스로에게 물어봅니다. 감정이 떠오르기 시작한 바로 그 순간에 만화 속 말풍선을 채우는 것처럼 생각하세요. 그 순간의 말풍선 안에 무엇이 들어 있었는지 있는 그대로, 검열 없이 기록하는 것입니다. 다음 예시에서 이 사람은 백미러를 통해 뒷차 운전자를 발견하고 그 순간 '내 범퍼에서 떨어져, 멍청아!'라고 생각하면서 감정을 경험한 것을 볼 수 있습니다.

지금부터 다음 치료 세션까지, 문제가 되는 감정을 눈에 띄게 경험한 서너 가지 사례를 포착하고 네 가지 범주(감정, 강도, 상황, 자기대화) 각각에 경험을 기록할 수 있는지 다시 한번 살펴보세요. 그런 다음 작성된 양식을 다음 치료 세션에 가져와 치료사와 논의하세요.

생각과 감정 기록

예시

감정 ________ 강도 (1~10) ________(1: 가장 약함~10: 가장 강함)

상황(내가 반응을 하게 된 상황) 집 근처 도로를 운전하는 동안 어떤 남자가 저를 뒤쫓기 시작했습니다.

자기대화(감정을 경험하기 직전의 상황에 대해 어떤 혼잣말을 하였나요?)

"내 범퍼에서 떨어져 멍청아!"

사례 1

감정 ________ 강도 (1~10) ________

상황(내가 반응을 하게 된 상황)

자기대화(감정을 경험하기 직전의 상황에 대해 어떤 혼잣말을 하였나요?)

사례 2

감정 ________ 강도 (1~10) ________

상황(내가 반응을 하게 된 상황)

자기대화(감정을 경험하기 직전의 상황에 대해 어떤 혼잣말을 하였나요?)

연습 28-A

사례 3

감정 ______________ 강도 (1~10) ________

상황(내가 반응을 하게 된 상황)

자기대화(감정을 경험하기 직전의 상황에 대해 어떤 혼잣말을 하였나요?)

사례 4

감정 ______________ 강도 (1~10) ________

상황(내가 반응을 하게 된 상황)

자기대화(감정을 경험하기 직전의 상황에 대해 어떤 혼잣말을 하였나요?)

치료사를 위한 개요: 변화에 대한 나의 동기 탐색

연습의 목표

1. 치료에서 확인된 변화에 대한 현재 준비 상태의 질문에 정직하게 대답합니다.
2. 변화의 이점과 기회 비용을 나열합니다.
3. 이 연습의 결과를 치료사와 상의합니다.

이 연습이 가장 유용할 수 있는 추가 문제

내담자가 치료적 변화의 도전에 직면하여 변화에 대한 준비가 되어 있는지 의심스러운 모든 장(chapter)이 해당됩니다.

- 분노 조절 문제
- 불안
- 양극성 장애–우울증
- 우울증–단극성
- 물질 사용

내담자와 이 연습을 수행하기 위한 제안

이 연습은 변화 동기에 영향을 미치는 요인에 대한 초기 평가이며, 동기 강화 면담에서 일반적으로 평가하고 전략적 목표로 삼는 요인입니다. 이 연습의 결과를 통해 내담자의 현재 변화 단계, 변화 대화에 잠재적으로 도움이 될 수 있는 영역, 변화 가능성, 변화의 잠재적 장애물 등을 파악할 수 있습니다. 이 양식은 중요성, 자신감, 준비성 차원을 평가하기 위해 1~10의 '척도 질문법'을 사용하며, 내담자에게 이러한 차원에 대한 현재 자기 평가를 나타내는 숫자를 눈금자에서 선택하도록 요청합니다. 치료사는 평가가 더 낮지 않은 이유를 묻는 것으로 시작하여 동기 강화 면담 접근 방식에 따라 내담자가 잠재적인 변화 이야기를 표현하도록 유도하는 것이 좋습니다. 또한 이 양식은 '결정적 균형'을 평가하는 데 사용되는 변화의 기회 비용과 이득이 무엇이라고 내담자가 느끼는지도 파악합니다. 그런 다음 이 정보를 탐색하여 내담자가 이러한 요소를 어떻게 평가하고 있는지, 그리고 현재 결정적 균형이 어디에 있는지 평가할 수 있습니다. 이는 연습을 완료한 후 수행할 수 있는 동기 강화 면담을 지원하기 위한 것입니다.

연습 28-B

변화하려는 나의 동기 탐색

치료를 받으러 오는 내담자 중 일부는 어떤 이유로든 현재 상황을 바꾸기 위해 무언가 변화해야 한다는 것을 알고 있습니다. 어떤 사람들은 이러한 변화를 시도하려는 동기가 있습니다. 그러나 어떤 사람들은 변화에 대해 생각해 본 적이 없거나, 변화에 대해 양가감정이 있거나, 긴장하거나, 동기 부여 자체에 어려움을 겪을 수 있습니다. 이 연습에서는 치료법을 변경할 준비가 되었는지에 대한 질문을 작성하도록 합니다. 당신과 치료사에게 가장 도움이 될 수 있도록 가능한 한 정직하고 완전하게 질문에 답해 주시기 바랍니다. 양식을 작성하고 나면 다음 치료 세션에 가져와서 치료사와 함께 논의하세요.

나의 변화 준비도 설문지 지침

치료가 성공적으로 이루어지기 위해 필요하다고 생각되는 변화를 적어 보세요.

이 양식의 맨 위에서 시작하여 한 질문씩 아래로 내려가면서 작성하세요.

각 칸에 제시된 질문을 읽고 답하세요.

내가 만들어야 할 변화:

작성한 설문지를 치료실에 가져와 치료사와 상의하세요.

중요도 측정

이러한 변화가 당신에게 얼마나 중요한가요?

0 ----- 1 ----- 2 ----- 3 ----- 4 ----- 5 ----- 6 ----- 7 ----- 8 ----- 9 ----- 10

중요하지 않음 　　　　　　　　　　　　　　　　　　 매우 중요함

자신감 측정

이러한 변화를 위한 초기 단계를 시작할 수 있다고 얼마나 확신하시나요?

0 ----- 1 ----- 2 ----- 3 ----- 4 ----- 5 ----- 6 ----- 7 ----- 8 ----- 9 ----- 10

자신 없음 　　　　　　　　　　　　　　　　　　 매우 자신 있음

의사결정의 균형을 위한 탐색

이 변화의 이점을 나열하세요.	이 변화에 따른 기회 비용을 나열하세요.

준비상태 측정

지금 당신은 이 변화를 위한 초기 단계를 시작할 준비가 얼마나 되어 있습니까?

0 ----- 1 ----- 2 ----- 3 ----- 4 ----- 5 ----- 6 ----- 7 ----- 8 ----- 9 ----- 10

준비되지 않음 　　　　　　 불확실함 　　　　　　 준비됨

원하신다면 이 설문지를 작성하면서 느낀 점이나 소감을 적어 주세요.

치료사를 위한 개요: 만성 통증과 함께 잘 지내기

연습의 목표

1. 현재 하고 있는 행동과 하지 않는 행동 중 좋든 나쁘든 만성 통증에 영향을 줄 수 있는 행동이 무엇인지 알아봅니다.
2. 만성 통증 관리와 삶의 질을 개선하기 위해 취할 수 있는 현재 조치 및 가능한 새로운 조치를 확인합니다.
3. 만성 통증 관리 계획에 포함시킬 수 있는 새로운 행동을 찾아봅니다.
4. 새롭게 확인된 잠재적으로 유익한 행동을 일상 생활에 적용하기 시작합니다.

이 연습이 가장 유용할 수 있는 추가 문제

건강, 웰빙 및 생활 방식을 개선하는 행동이 삶의 질을 떨어뜨리는 질환을 관리하는 데 도움이 될 수 있는 모든 장(chapter)이 해당됩니다.

- 의학적 문제
- 물질 사용
- A 유형 행동
- 직업 스트레스

내담자와 이 연습을 수행하기 위한 제안

이 연습은 만성 통증의 경험과 관리에 영향을 미치는 인지적, 정서적, 행동적, 신체 및 사회적 요인뿐만 아니라 이러한 영역 내에서 효과적인 조치를 취하는 것이 어떻게 통증 관리를 개선하고 삶의 질을 향상시킬 수 있는지에 대한 심리 교육을 제공할 수 있습니다. 이 연습은 또한 내담자의 전반적인 만성 통증 관리 계획에 포함될 수 있는 현재 및 가능한 새로운 조치에 대한 평가이기도 합니다. 이 연습에서는 내담자가 현재 취하고 있는 조치, 도움이 될 수 있지만 현재 취하고 있지 않은 새로운 조치, 만성 통증에 대한 접근 방식을 개선하기 위해 기꺼이 취할 수 있는 조치를 구별하도록 합니다. 이 평가의 결과는 또한 필요한 기술 훈련(예: 이완 훈련 배우기, 의사소통 기법 실행)을 확인하고 목표를 설정하는 데 사용할 수 있습니다. 내담자의 만성 통증 관리 계획의 가장 중요한 목표는 보다 만족스럽고 보람 있는 행동 활성화에 더 많은 주의와 노력, 에너지를 집중하고 통증과 그로 인한 부정적인 결과에는 관심과 에너지를 줄이는 것입니다. 이 연습의 일부 제안에 유쾌하고 가치 중심적인 행동 활동을 추가하면 전체 관리 계획을 완성하는 데 도움이 될 수 있습니다.

연습 28-C

만성 통증과 함께 잘 지내기

만성 통증을 이해하고 관리하여 부정적인 영향을 최소화하고 삶의 질을 높이려면 통증에 부정적 또는 긍정적 영향을 미칠 수 있는 일상 생활의 다양한 영역에서 조치를 취해야 합니다. 이러한 영역에는 신체적 건강, 정서적 관리, 주의를 집중하기, 통증 관리에 대한 접근 방식, 일상 활동, 사회적 관계에 속한 사람들과의 상호 작용이 포함됩니다. 이 연습에서는 이러한 영역에서 현재 무엇을 하고 있는지 살펴보고 만성 통증 관리를 개선하고 삶의 질을 향상하기 위해 시도해 볼 수 있는 새로운 행동을 찾아보도록 합니다.

이 연습에서는 통증 관리 활동 양식을 작성하도록 하며 다음 세 단계가 포함됩니다.

첫째, 각 영역에서 제안하는 작업을 읽고 현재 이 작업을 수행하고 있는지 스스로에게 물어보세요. 그리고 현재 하고 있는 항목에 체크 표시를 하세요. 이 목록은 완성된 목록이 아니므로 영역 내에 적합하다고 생각되는 작업을 자유롭게 추가할 수 있습니다.

둘째, 치료사와 함께 살펴보고 싶은 항목(체크하거나 체크하지 않은 항목) 옆에 문자 'W'를 입력합니다.

셋째, 연습 결과를 다음 세션에 가져가서 치료사와 상의하세요.

이러한 행동의 가장 중요한 목표는 일상 생활에서 더 만족스럽고 보람 있는 활동에 참여하고 즐기는 데 더 많은 주의와 노력과 에너지를 집중하고, 고통에 대한 주의 및 에너지와 시간은 줄이는 것입니다. 이것은 쉽지 않고 부자연스러워 보일 수 있습니다. 일정 기간 동안 이 접근법을 실험해 보고 일상 생활에서 경험하는 즐거움과 만족감, 통증이 삶에 미치는 부정적인 영향을 줄이는 능력, 전반적인 삶의 질이 향상되는지 확인해 보시기 바랍니다.

통증 관리 활동 양식 지침

- 현재 잘하고 있다고 생각되는 항목에 체크(V)해 주세요.
- 전체 통증 관리 계획의 일환으로 고려하거나 시도해 보고 싶은 모든 항목(체크하거나 체크하지 않은 항목) 옆에 'W'를 표시하세요.
- 작성한 양식을 다음 치료 세션에 지참하여 치료사와 상의하세요.

영역	(V W) 통증 관리 및 삶의 질 개선을 위한 조치
행동	___ ___ 나는 의사의 처방(예: 약물, 물리 치료)을 준수합니다. ___ ___ 나는 수면 주기가 잘 잡혀 있습니다. ___ ___ 나는 균형 잡힌 식단으로 식사합니다. ___ ___ 나는 일상적으로 즐겁거나 보람 있는 활동에 참여합니다.
인지	___ ___ 나는 (내부적으로) 통증에 집중하는 것을 피합니다. ___ ___ 나는 (외부적으로) 즐거운 작업, 활동, 상황에 자주 집중합니다. ___ ___ 나는 통증과 그 결과에 대해 부정적으로 생각하지 않습니다. ___ ___ 나는 힘과 회복력을 향상시키는 방식으로 긍정적으로 생각합니다. ___ ___ 나는 고통에 대해 현실적이고 유연하며 수용적인 기대치를 가지고 있습니다.
정서	___ ___ 나는 긴장을 푸는 데 도움이 되는 운동을 연습합니다. ___ ___ 나는 일상 생활에 좀 더 여유롭게 접근합니다. ___ ___ 나는 활동 및 사람들과의 관계에 참여하고 시간을 즐깁니다.
사회	___ ___ 나는 내 인생에서 중요한 관계를 만들어 갑니다. ___ ___ 나는 내 인생의 중요한 관계에 충분한 시간을 할애합니다. ___ ___ 나는 인생에서 스트레스가 많은 인간관계를 잘 관리합니다.
신체	___ ___ 나는 정기적으로 실천 가능한 신체 활동을 합니다. ___ ___ 나는 규칙적으로 할 수 있는 운동을 합니다. ___ ___ 나는 정기적인 진료 예약과 지정된 물리 치료를 잘 지키고 있습니다.

29. 공황/광장공포증

치료사를 위한 개요: 대처 카드

연습의 목표

1. 분노가 어떻게 공격적으로 표현되는지에 대한 자각을 증진시킵니다.
2. 분노 폭발의 횟수, 강도 및 지속 시간을 줄이면서 분노 관리를 위한 새로운 기술의 사용을 늘립니다.
3. 일상 기능을 향상시키는 건설적인 방법으로 분노 감정을 다룰 수 있게 됩니다.

이 연습이 가장 유용할 수 있는 추가 문제

- 불안
- 강박 장애(OCD)
- 공포증
- 사회 불안

내담자와 이 연습을 수행하기 위한 제안

이 과제에서는 공황 발작의 빈도, 강도 및 지속 시간을 줄이는 데 사용할 수 있는 다양한 전략을 식별하는 '대처 카드'를 사용합니다. 내담자에게 대처 전략 목록을 작성하여 대처 카드에 적도록 지시합니다. 공황 증상이 나타나기 시작할 때 바로 목록을 검토할 수 있도록 내담자가 쉽게 볼 수 있는 곳에 대처 카드를 비치합니다. 내담자가 공황 발작을 관리하는 데 도움이 될 수 있게 긍정적인 자기대화를 하거나 진정 또는 이완 활동에 참여하도록 권장해야 합니다. 치료사는 내담자에게 다양한 불안 완화 기법(예: 심호흡, 점진적 근육 이완, 재초점화, 부정적이고 왜곡된 자기대화를 현실에 기반한 긍정적 자기대화로 대체하기 등)을 사용하도록 훈련시켜야 합니다.

연습 29-A

대처 카드

공황 발작은 특히 강도가 심하고 '갑자기' 찾아오는 경우 매우 두려운 증상이 될 수 있습니다. 당신과 같은 수백만 명의 사람들이 공황 발작을 경험했지만, 다행히도 심호흡, 점진적 근육 이완, 재초점화, 전신 둔감화, 부정적이고 왜곡된 자기대화를 현실 기반의 긍정적 자기대화로 대체하기 등 다양한 불안 감소 기법을 통해 효과적으로 관리하거나 치료할 수 있다는 것은 다행스러운 사실입니다. 이러한 전략이나 기법 중 일부에 대한 사용법은 이미 교육을 받은 적이 있을 것입니다. 이 과제에서는 공황 발작을 관리하기 위해 '대처 카드'를 사용하게 됩니다. 공황 증상이 나타나기 시작할 때 사용할 수 있는 다양한 대처 전략을 기억하기 위해 대처 카드에 여러 가지 대처 전략을 적으세요. 대처 카드를 쉽게 볼 수 있는 장소(예: 핸드백이나 지갑 안, 냉장고나 게시판 등)에 보관하여 극심한 불안이나 스트레스를 느끼기 시작할 때 목록을 검토할 수 있도록 합니다. 각기 다른 시기에 사용할 수 있는 대처 전략을 5개 이상 기록해 두는 것이 좋습니다. 한 가지 대처 전략만으로는 항상 모든 상황에서 성공할 수 없으므로 여러 가지 전략을 적어 두는 것이 좋습니다. 대처 카드에 나열한 전략이 많을수록 특정 스트레스 사건이나 상황에 적합한 전략을 사용할 수 있는 확률이 높아집니다. 사람마다 각기 다른 전략이 각기 다른 시기에 효과가 있다는 점을 기억하세요.

다음은 대처 카드에 기록할 수 있는 다양한 전략 목록입니다. 자신의 상황이나 성격 스타일에 가장 적합한 전략이 무엇인지 치료사와 상의하세요.

불안에 맞서 싸우지 마세요

불안에 맞서 싸우지 말고 불안과 함께 하라고 스스로에게 말하세요. 근육이 긴장되고, 움직임이 더욱 경직되며, "왜 나에게 이런 일이 일어나지?"와 같은 표현을 하는 것은 공황 발작과 싸우고 있다는 것입니다. 이렇게 불안과 싸우면 공황 발작의 강도가 더 심해지는 경우가 많다는 사실을 기억하세요.

연습 29-A

왜곡되고 부정적인 자기대화를 대체할 수 있도록 현실에 기반한 긍정적인 자기대화를 사용하세요

공황 증상이 나타나기 시작하면 긍정적인 자기대화를 하는 것이 도움이 됩니다. 다음은 공황 발작이 일어났을 때 스스로에게 할 수 있는 긍정적인 자기대화의 몇 가지 예입니다.

- "호흡을 가다듬고 몸을 천천히 움직이자."
- "이 공황 발작은 관리할 수 있어."
- "이 공황 발작은 영원히 지속되지는 않을 거야." 또는 "사라질 거야."
- "전에도 공황 발작이 있었지만 살아남았잖아."
- "하던 일을 멈추고 잠시 휴식을 취하자."

공황 발작을 관리하기 위해 사용할 수 있는 구체적인 자기 대화에 대해 치료사와 상담하는 것이 좋습니다.

재초점화

불안을 줄이는 데 도움이 되는 진정 활동으로 주의를 전환하여 집중하는 것이 도움이 될 때가 많습니다. 이러한 진정 활동을 하는 동안에는 긴장을 푸는 것이 좋습니다. 진정 또는 이완 활동의 예는 다음과 같습니다.

- 산책하기
- 기타, 피아노 등의 악기 연주
- 원예
- 뜨개질 또는 코바늘뜨기
- 비디오 게임 플레이
- 좋아하는 노래 부르기
- 댄스

심호흡과 점진적인 이완

심호흡이나 점진적 근육 이완을 통해 몸의 속도를 늦추고 스트레스를 줄이는 데 도움이 되는 방법을 사용할 것을 적극 권장합니다. 이러한 기법에 익숙하지 않은 경우 치료사에게 사용법을 교육해 달라고 요청하세요.

'대처 카드'에 전략 기록하기

다양한 전략 목록을 검토하고 치료사와 상담한 후, 대처 카드에 최소 다섯 가지 이상의 전략을 기록 하세요(4×6 색인 카드 또는 다음 양식에 기록할 수 있습니다).

대처 카드

다음은 공황 발작을 관리하기 위해 사용할 수 있는 전략 목록입니다.

1. ______________________________

____

2. ______________________________

____

3. ______________________________

____

4. ______________________________

____

5. ______________________________

____

6. ______________________________

____

7. ______________________________

____

치료사를 위한 개요: 나의 공황 발작 경험 모니터링

연습의 목표

1. 공황 발작의 심각도 변화를 파악합니다.
2. 공황 발작을 유발하는 생각이나 경험을 파악합니다.
3. 공황 발작 경험에 대한 다른 사람들의 강화 반응에 주목합니다.
4. 공황 발작 대처 전략의 효과를 평가합니다.
5. 공황 발작의 빈도, 강도, 지속 시간을 줄입니다.

이 연습이 가장 유용할 수 있는 추가 문제

- 불안
- 공포증
- 사회 불안

내담자와 이 연습을 수행하기 위한 제안

이 평가 양식은 대처 전략을 충분히 검토하고 교육한 후에 내담자에게 사용할 수 있습니다. 내담자가 이완, 심호흡, 긍정적인 자기대화, 주의 전환, 행동 대체, 인지 재구성 등의 대처 전략에 익숙해진 후에는 이 양식을 사용하여 공황 증상의 심각성을 줄이는 데 이러한 기법을 실행하고 성공했는지 여부를 추적할 수 있습니다. 내담자에게 양식 일곱 부를 제공하고 매일 한 부씩 작성하여 공황 경험 및 재활 진행 상황을 평가할 수 있도록 합니다. 또한 공황을 유발하는 내부 및 외부 자극을 모니터링해야 할 필요성을 알려 주어야 합니다.

연습 29-B

나의 공황 발작 경험 모니터링

이 양식을 복사하여 각 공황 발작 경험에 대한 질문에 답하세요.

불안 척도

0	10	20	30	40	50	60	70	80	90	100
없음		낮음			보통		높음			매우 높음

1. 0에서 100까지의 척도를 사용하여 공황 발작 동안의 전반적인 불안 수준을 평가한다면 몇 점에 해당합니까? ____________________

2. 어떤 공황 증상을 경험했나요? ____________________

____

____

3. 공황 발작이 대략 얼마나 오래 지속되었나요? ____________________

____

4. 공황 발작 직전에 어떤 문제나 스트레스를 받은 사건이 있었나요?

____

____

____

____

연습 29-B

5. 공황 발작 직전에 어떤 불안하거나 부정적인 생각이 들었나요?

6. 공황 발작 중과 발작 후에 가족, 친구 또는 다른 사람들이 어떻게 반응했나요?

7. 불안감을 극복하기 위해 어떤 전략을 사용했나요?

8. 이 전략이 불안을 관리하는 데 어떻게 도움이 되었나요?

9. 앞으로 공황 발작이 다시 발생한다면 어떻게 다르게 대처하시겠습니까?

30. 편집증적 사고

치료사를 위한 개요: 의심을 실제와 대조하여 확인하기

연습의 목표

1. 두려움이나 의심이 커지면 비이성적으로 될 수 있음을 이해하도록 말로 설명합니다.
2. 과거 이력, 타인의 인식, 논리에 대한 의혹을 검토합니다.
3. 일부 개인적인 두려움/의심은 불합리하다는 것을 인정합니다.
4. 타인에 대한 경계심과 의심이 줄어들고 더 편안하고 신뢰하며 개방적인 상호작용을 할 수 있게 되었다고 보고합니다.

이 연습이 가장 유용할 수 있는 추가 문제

- 친밀한 관계에서의 갈등
- 정신증
- 수면 장애
- 사회 불안

내담자와 이 연습을 수행하기 위한 제안

내담자의 편집증이 심하고 자신의 믿음에 이의를 제기하는 데 개방적이지 않은 경우, 내담자가 이 연습을 완료하도록 돕는 데 매우 적극적으로 참여해야 합니다. 과제의 각 단계를 검토하여 내담자가 과거 이력, 타인의 인식 및 논리의 모순된 증거에 직면하여 비합리적인 믿음을 포기할 수 있도록 도와주십시오.

연습 30-A

의심을 실제와 대조하여 확인하기

두려움과 의심은 현실과 비교하여 확인하지 않으면 그 강도와 범위가 점점 더 커질 수 있습니다. 두려움에 대해 혼자 고민하다 보면 비이성적이고 비합리적이고 비논리적으로 변할 위험이 있습니다. 걱정거리가 머릿속에 가득할 때 어둡고 조용하며 외로운 한밤중에 더 불안감을 느끼는 것이 일반적입니다. 날이 밝아오고 다른 사람들과 걱정을 공유할 수 있으면 부담이 줄어드는 것 같습니다. 그리고 현실적인 관점을 되찾게 됩니다.

이 연습을 통해 당신을 괴롭히고 신뢰, 평화, 행복감을 방해하는 두려움과 의심이 무엇인지 살펴보세요. 다른 관점에서 바라본 현실에 대한 당신의 의심스러운 믿음을 확인해 보세요.

1. 의심스러운 사람/기관이 당신을 어떻게 대했는지를 떠올려 보면서 당신의 두려움/의심을 점검합니다. 당신은 대부분 공정하고, 합리적이고, 정중하고, 친절하게 대우받았다고 생각합니까?

2. 의심스러운 사람/기관이 다른 사람들을 어떻게 대했는지를 적어 보면서 당신의 두려움/의심을 점검합니다. 대부분의 경우 다른 사람들은 공정하고, 합리적이고, 정중하고, 친절하게 대우받았다고 생각합니까?

3. 의심되는 사람이나 기관을 다른 사람들이 어떻게 인식하는지에 대해 적어 봄으로써 두려움/의심을 확인합니다. 다른 사람들에게 당신이 생각하는 것에 동의하는지 물어보고 그들의 응답을 기록하세요.

4. 두려움이 논리적인지, 이성적인지, 합리적인지 생각해 보면서 두려움/의심을 점검하세요. 자신의 의심이 비합리적이므로 무시하고 수정해야 한다는 것을 인정할 수 있습니까?

31. 육아

치료사를 위한 개요: 팀으로서 부모가 되는 법 배우기

연습의 목표

1. 부모는 각자 자신의 양육 강점과 약점을 파악합니다.
2. 부모는 각자 배우자의 양육 강점과 약점을 파악합니다.
3. 육아에 취약한 부분을 인정하고 해당 부분에 대한 도움을 요청합니다.
4. 부모는 각자 육아 과정에서 배우자를 지원할 수 있는 방법을 찾습니다.
5. 가족 간의 유대감과 화합을 높이기 위해 가족 활동 목록을 계획하여 실행합니다.
6. 유능하고 효과적인 부모가 되도록 합니다.

이 연습이 가장 유용할 수 있는 추가 문제

- 가족 갈등

내담자와 이 연습을 수행하기 위한 제안

부모가 이 연습의 첫 번째 단계를 독립적으로 수행한 후 그 결과를 토론 형식으로 서로 공유하도록 권장하십시오. 부모가 육아를 개선하기 위해 필요한 구체적인 도움을 요청할 수 있도록 격려하십시오. 육아 팀의 일원으로서 서로를 지원하려는 시도를 강화하십시오. 가족 간의 유대감을 증진할 수 있는 가족 활동을 찾는 데 자녀를 참여시키도록 장려하십시오.

연습 31-A

팀으로서 부모가 되는 법 배우기

육아는 부모 간의 원활한 의사소통은 물론 협력과 일관성이 필요한 어려운 작업입니다. 우리 모두는 각자의 강점과 약점을 가지고 있는 독특한 인간으로서 육아라는 과업에 임합니다. 한 팀이 되어 효과적으로 육아를 하려면 부모는 서로의 취약한 부분을 도와주어야 합니다. 또한 각자의 강점 영역에서 서로를 지원해야 합니다. 이 연습은 자신의 강점과 약점을 파악하고 더 강력한 육아 팀이 되기 위해 서로를 지원할 수 있는 방법을 설명하는 데 도움이 됩니다. 또한 이 연습은 가족 구성원 간의 유대감을 증진하고 가족의 리더로서 부모 간의 화합을 도모하기 위해 더 많은 가족 활동을 실행할 것을 요구합니다.

1. 부모 각자 자신의 양육 강점(아이들과 놀아주는 것, 숙제시키는 것)과 약점(예: 규칙을 강요하지 않는 것, 아이들과 대화하는 것, 육아에서 배우자를 돕는 것)을 3~5개씩 나열합니다. 그런 다음 배우자의 강점과 약점을 3~5개씩 나열하세요. 배우자와 상의하지 않고 목록을 작성하세요. 모든 목록이 작성되면 이 페이지에 자료를 정리합니다.

어머니의 목록

어머니 자신의

강점	약점
______________________	______________________
______________________	______________________
______________________	______________________
______________________	______________________

배우자의

강점	약점

아버지의 목록

아버지 자신의

강점	약점

배우자의

강점	약점

2. 서로 목록을 공유한 후, 한 팀으로 육아를 더 잘하기 위해 치료사에게 어떤 도움을 받을 수 있을지 논의하고 설명하세요. ______________________

3. 상대 배우자가 부모로서 자신을 지원해 주기를 바라는 세 가지 방법을 각각 나열하세요 (예: 훈육할 때 함께 해 주기, 화가 났을 때 진정시켜 주기, 좌절했을 때 내 말을 들어주기).

어머니의 소망

A. ______

B. ______

C. ______

아버지의 소망

A. ______

B. ______

C. ______

4. 가족 회의에서 가족 구성원이 함께 즐길 수 있는 활동 목록을 작성합니다. 어떤 아이디어도 거부하지 않는 브레인스토밍 기법을 사용하여 최소 여덟 개 이상의 가능한 활동 목록을 작성하세요.

______ ______

______ ______

______ ______

______ ______

5. 앞으로 2주 동안 매주 실행할 활동을 두 가지씩 선택합니다. 모두가 참여할 수 있는 날짜와 시간으로 일정을 잡습니다.

1주차 활동 1: ______

날짜/시간: ______

활동 2: ______

날짜/시간: ______

연습 31-A

2주차 활동 1: ______________________________

날짜/시간: ______________________________

활동 2: ______________________________

날짜/시간: ______________________________

6. 가족 활동 일정에 대한 자신과 다른 가족 구성원의 반응을 설명하세요.

____

____

____

____

____

치료사를 위한 개요: 육아의 양면성: 부모 경험의 두 가지 측면 (내가 경험한 나의 부모와 내가 부모가 되는 것)

연습의 목표

1. 더 유능하고 효과적인 육아를 할 수 있게 됩니다.
2. 부모 양육 방식과 관련된 생각과 감정에 대한 내담자의 인식을 개발합니다.
3. 내담자가 양육된 방식과 관련된 어린 시절의 문제를 파악하고 해결합니다.

이 연습이 가장 유용할 수 있는 추가 문제

- 분노 조절 문제
- 아동기 외상
- 외상 후 스트레스 장애(PTSD)
- 물질 사용

내담자와 이 연습을 수행하기 위한 제안

이 연습을 진행하는 동안 명심해야 할 두 가지 주요 사항은 심리 교육적인 면입니다. 첫 번째는 자녀에 대한 부모의 사랑과 그 반대의 사랑은 당연한 것이며, 우리는 내담자가 어떻게 양육되었는지, 그리고 그 경험과 관련된 감정과 관점을 살펴보고 있다는 것을 내담자에게 인식시키는 것입니다. 우리 대부분은 분명히 나쁜 경험이 아닌 한 이러한 경험을 점검하지 않으므로 핵심 정보와 통찰력을 놓치고 간과합니다. 둘째, 다른 연습 과제들과 마찬가지로 이 연습은 바로 다음 주에 검토해야 합니다. 왜냐하면 이러한 영역을 개방하게 되면 내담자가 더 많은 것을 회상하게 되고, 후속 조치를 취하지 않으면 많은 경우 이를 놓칠 수 있기 때문입니다.

연습 31-B

육아의 양면성: 부모 경험의 두 가지 측면
(내가 경험한 나의 부모와 내가 부모가 되는 것)

부모가 된다는 것은 중요한 사건이며, 대부분의 경우 부모로서 어떻게 살아야 할지 고민하고 자신이 어떻게 부모가 되었는지 되돌아보는 계기가 됩니다. 이 연습은 내가 경험한 나의 부모와 내가 부모가 되는 것에 대한 통찰력을 넓히기 위한 것이지, 특정 문제를 찾기 위한 것이 아닙니다. 이 연습은 자녀에 대한 부모의 사랑 그 너머, 그 이상을 바라보려는 것입니다. 부모 각자는 이 연습을 개별적으로 완료해야 합니다.

내가 경험한 나의 부모

1. 나는 일반적으로 나의 어린 시절을 다음과 같이 생각합니다(하나에 동그라미).

행복/평온한	괜찮은	다른 사람보다 나은	보통
불행한	괴로운	불쾌한	끔찍한

간단한 설명: ______________________________

____

2. 우리 부모님은 그랬습니다(어머니는 2개 세모, 아버지는 2개 동그라미).

엄격한	느긋한	수동적인	관여하지 않는
무관심한	심술궂은	부정적인	걱정하는
공정한	통제하는	근엄한	사랑이 많은(어떤 잘못도 하지 않음)

간단한 설명: ______________________________

____

3. 내가 어렸을 때 우리 집을 주도적으로 이끈 부모님은:

아버지　　　어머니　　　계부모

간단한 설명: ______________________

____

4. 그들 각자가 어떻게 양육되었는지에 대해 무엇을 알고 있나요?

아버지: ______________________

____

어머니: ______________________

____

5. 훈육 또는 교정은 어떻게 이루어졌나요?

어렸을 때: ______________________

____

10대 시절: ______________________

____

6. 기본적인 집/가족 규칙은 무엇인가요? ______________________

____

____

7. 부모님 각자의 '민감한 주제(hot buttons)'는 무엇인가요?

어머니: ______________________

아버지: ______________________

8. 부모님의 육아 방식 중 마음에 들었던 점은 무엇인가요? ______________________

____

____

9. 부모님이 다르게 했으면 좋았을 한 가지가 있다면 무엇인가요? ______________________

____

____

10. 어머니나 아버지가 당신이 한 일에 대해 얼마나 자주 칭찬하거나 인정해 주셨나요?

자주 정기적으로 가끔 드물게 전혀 안함

부모가 되기

1. 부모가 된 것에 대한 생각과 느낌은 어떠셨나요? ______________________

____

____

2. 우려, 걱정 또는 두려움은 무엇이었나요? ______________________

____

____

3. 지금 부모가 된 기분이 어떤가요? ______________________

____

____

4. 내가 부모로서 잘하고 있다고 생각하는 것은 무엇인가요? ______________________

____

____

5. 육아에서 더 잘하고 싶은 것은 무엇인가요? ______________________

____

____

6. 부모님을 닮은 양육 방식 한 가지를 설명하세요. ______________________

____

____

7. 부모로서 의식적으로 하지 않는 한 가지를 설명하세요. ______________________

____

____

8. 자녀를 훈육하거나 교정할 때 어떤 방법을 사용하나요? 얼마나 자주 이 방법으로 하나요?

____

____

____

9. 자녀가 한 일에 대해 얼마나 자주 칭찬하거나 인정합니까?

자주 정기적으로 가끔 드물게 전혀 안함

10. 다음 문장을 완성하세요.

내가 부모가 되면, 나는 절대 ______________________________

____

____

____

____

____

____

____

치료사를 위한 개요: 육아에 강화 원리 활용하기

연습의 목표

1. 부모는 행동 수정을 위한 몇 가지 기본 방법을 배웁니다.
2. 부모는 명확하고 구체적인 행동을 표현하는 긍정적인 방향의 규칙을 작성하는 방법을 배웁니다.
3. 부모는 규칙을 지키는 행동에 더 집중하고 자녀를 위한 긍정적인 강화 목록들을 개발합니다.
4. 부모는 침착하고, 통제되고, 합리적이며, 행동에 초점을 맞추고 존중하는 태도로 규칙 위반에 대처하는 방법을 배우고, 잠재적으로 발생 가능한 결과의 목록을 작성합니다.
5. 자녀의 도전적인 문제 행동을 효과적으로 관리합니다.

이 연습이 가장 유용할 수 있는 추가 문제

- 분노 조절 문제
- 가족 갈등
- 친밀한 관계에서의 갈등

내담자와 이 연습을 수행하기 위한 제안

부모는 행동에 대한 기대치를 구체적인 언어로 표현하는 데 어려움을 느끼며, 치료사도 마찬가지입니다. 우리는 인내심을 가지고 부모가 만들어 가는 규칙을 처리하면서 부모의 행동을 형성하려고 노력해야 합니다. 또한 목록에는 없지만 실제로는 가정의 화합에 매우 중요한 무언의 규칙을 드러내도록 주의를 기울여야 합니다. 상담 세션을 통해 목록을 검토하고 규칙을 지키는 행동에 대한 긍정적인 강화를 모델링하거나 역할극을 진행하십시오. '범죄와 관련'되지 않지만 너무 오래 지속되는 규칙 위반에 대한 부정적인 결과에 주의하십시오.

연습 31-C

육아에 강화 원리 활용하기

규칙은 가능한 한 적게 정하고, 명확하고 긍정적인 방향으로 명시하며, 순종은 보상으로 인정하고, 순종하지 않는 것은 무시하거나(경미한 위반인 경우) 신속하고, 짧고, 가혹하지 않으며, 자녀가 아닌 위반 행동에 초점을 맞추고, 위반한 규칙과 어떤 식으로든 관련이 있는 처벌을 내릴 때 가장 잘 지켜질 수 있습니다. 이 연습은 자녀를 위한 규칙이 무엇인지, 순종과 순종하지 않는 것에 대한 결과가 무엇인지 생각해 보는 데 도움이 됩니다.

자녀에게 가장 중요한 가정 내 규칙 네 가지를 생각해 보고 의논한 다음 작성하세요. 자녀에게 기대하는 바가 무엇인지 오해가 없도록 간결하고 명확하게 작성하세요. 또한 관찰 가능한 용어로 긍정적인 방향으로 작성하세요. 예를 들면 다음과 같습니다.

예제 A

좋지 않은 규칙: 영수는 누나에게 너무 많은 문제를 일으키지 말아야 한다.

더 나은 규칙: 영수는 누나에게 손을 대지 않고 부드럽고 정중하게 말을 걸며 누나가 TV 프로그램을 다 볼 때까지 기다렸다가 자신이 원하는 채널로 변경해 달라고 요청해야 한다.

예제 B

좋지 않은 규칙: 영수는 학교 공부를 더 진지하게 하고 숙제에 대해 더 성실하게 임해야 한다.

더 나은 규칙: 영수는 모든 수업에 늦지 않게 규칙적으로 출석하고, 각 과제를 제시간에 완료하여 제출하고, 교실 규칙을 지키며, 매일 밤 최소 1시간은 조용히 공부할 수 있는 시간을 확보하고, C-(70점) 이하의 성적을 받지 않아야 한다.

연습 31-C

예제 C

좋지 않은 규칙: 영수는 어떤 활동을 해서는 안 된다는 말을 듣거나 하고 있는 활동을 중단해야 한다는 말을 들을 때마다 분노를 폭발해서는 안된다.

더 나은 규칙: 영수는 무엇을 해도 되는지 또는 하지 말아야 하는지를 들었을 때 부모님이나 선생님의 제한 사항을 침착하고 정중하게 받아들여야 하며, 30초 이내에 요청을 수행해야 한다.

가장 중요한 네 가지 규칙

1. ______________________________

____

2. ______________________________

____

3. ______________________________

____

4. ______________________________

____

규칙을 지키거나 합리적으로 순종하는 경우, 이러한 행동을 당연하게 여기고 인정하지 않기 쉽습니다. 하지만 자존감을 높이고, 규정을 준수하며, 권위자와의 갈등을 줄이는 것이 목표라면 순종이나 규정 준수에 긍정적인 관심을 집중하는 것이 좋습니다. 언제 어디서나 순종적인 행동에 대해 보상할 수 있는 방법을 찾아보세요. 보상은 정교하거나 비용이 많이 들거나 구체적일 필요는 없습니다. "고마워, 정말 고마워."라고 말하거나 다정하게 등을 두드리는 것만으로도 충분히 보상이 될 수 있습니다. 때로는 규칙이 지켜지고, 서로 존중하며, 갈등이 최소화될 때 모두에게 얼마나 즐거운지 잠시 멈춰서 이야기하는 것이 적절할 수도 있습니다. 마지막으로 작은 선물, 좋아하는 식사, 특별한 외출, 특권 부여, 자녀의 베개에 감사 메모 남기기 등 보다 구체적인 보상을 제공할 수도 있습니다.

이제 규칙을 지킨 자녀에게 긍정적인 인정을 보여 줄 수 있는 다섯 가지 방법을 나열해 보세요.

1. ______________________________

____

2. ______________________________

____

3. ______________________________

____

4. ______________________________

____

5. ______________________________

____

물론 모든 아이가 규칙을 100% 지키지는 않을 것입니다. 부모에게 어려운 일은 순종하지 않는 것에 가장 효과적이고 합리적으로 대응하는 방법을 결정하는 것입니다. 처벌에 대한 두 가지 기본 규칙이 있습니다. 첫째, 분노가 잘 조절되지 않을 때는 반응하지 말고, 행동을 미루되 그렇게 하고 있다는 사실을 알려 주세요. 둘째, 아이의 도를 벗어난 행동에 초점을 맞추고 아이를 비난하거나, 이름을 부르거나, 욕하거나, 비하하지 말고 존중하는 태도로 벌을 주어야 합니다.

처벌은 불복종 후 가능한 한 빨리 합리적으로 내려야 하며, 처벌이 오래 지연되면 효과가 크게 감소합니다. 가능하면 처벌은 짧고 위반 행동과 연관성이 있는 것이어야 합니다. 길고 긴 처벌은 분노를 불러일으키고, 처벌을 집행하는 사람을 힘들게 하며, 더 단호하고 짧은 처벌보다 덜 효과적입니다. 마지막으로 부모가 함께 노력해야 하므로 일관성 있는 결과를 제공해야 합니다. 잘못된 행동을 한 번 눈감아주었다가 다음번에는 바로잡으려 하거나, 한 부모는 눈감아주고 다른 부모는 처벌하는 식으로 해서는 안 됩니다.

이제 앞에서 나열한 네 가지 가장 중요한 규칙을 어길 경우 발생할 수 있는 결과를 각각 두 가지 나열하세요.

1a. ______________________________

____

1b. ______________________________

____

연습 31-C

2a. ______________________________

____

2b. ______________________________

____

3a. ______________________________

____

3b. ______________________________

____

4a. ______________________________

____

4b. ______________________________

____

32. 생애 발달과업의 문제

치료사를 위한 개요: 내 삶에서 무엇이 바뀌어야 하는가

연습의 목표

1. 스트레스, 불만 또는 좌절의 원인을 파악합니다.
2. 부담스러운 것으로 인식되는 책임을 파악합니다.
3. 간과했던 잠재적 자원을 파악하여 스트레스를 줄이고 공동의 책임을 높입니다.
4. 갈등 감정을 해소하고 새로운 생활 환경에 적응합니다.

이 연습이 가장 유용할 수 있는 추가 문제

- 우울증—단극성
- 자살 사고

내담자와 이 연습을 수행하기 위한 제안

삶의 단계 문제를 가진 내담자를 돕는 치료사의 핵심적인 역할은 문제를 명확히 하고 삶의 불만족을 줄이는 데 도움이 되는 자원을 파악하도록 조력하는 것입니다. 이 과제는 상담의 초기 단계에서 가장 잘 사용됩니다. 상담 시간에 내담자와 함께 과제를 완료하는 것도 좋지만 내담자가 상당한 강점을 가지고 있다면 세션 사이에 이 과제를 수행하도록 하고 그 결과를 함께 검토하는 것이 도움이 될 수 있습니다. 잠재적 자원 목록이 완전하지 않은 경우 7번 항목에 있는 문제에 집중하여 내담자가 이 문제에 대해 생각을 확장하도록 도울 수 있습니다.

연습 32-A

내 삶에서 무엇이 바뀌어야 하는가

달라졌으면 하는 상황으로 인해 삶이 혼란스러울 수 있습니다. 또는 내 삶에 존재했으면 하는 일련의 상황이 존재하지 않을 수도 있습니다. 또한 직면한 문제를 해결하는 데 도움을 줄 수 있는 자원을 찾고 있을 수도 있습니다. 이 과제는 이러한 문제를 명확히 파악하고 삶을 개선하기 위한 변화에 더 가까이 다가갈 수 있도록 돕기 위한 것입니다.

1. 불만, 스트레스 또는 좌절감을 유발하는 생활 속 상황을 나열하세요.

2. 나열된 각 상황이 불만족으로 이어지는 이유를 설명하세요.

3. 자신의 삶에 있었으면 좋겠다고 생각하거나 성취감을 높일 수 있을 것 같은 상황을 나열하세요.

4. 자신이 참여하고 싶고 삶의 질을 높일 수 있다고 생각되는 활동을 나열하세요.

____

____

____

____

5. 스트레스를 덜 받고 더 행복해지기 위해 어떤 변화가 일어나기를 원하시나요?

____

____

____

____

6. 부담을 줄이기 위해 다른 사람들과 나누고 싶은 책임이 있다면 어떤 것이 있나요?

____

____

____

____

7. 이제 여러분의 삶에서 간과했을 수 있는 가능성을 브레인스토밍할 차례입니다. 이러한 가능성에는 여러분이 직면한 위기를 해결하는 데 도움이 될 수 있는 자원이 포함됩니다. 다음 칸에 나열된 다양한 범주에 속하는 사람, 조직 또는 활동 중 도움을 받을 수 있는 곳의 이름을 적으세요.

가족 구성원: ______________________________

친구: ______________________________

이웃: ______________________________

자조 그룹 구성원: ______________________________

상담사: ______________________________

동료: ______________________________

성직자: ______________________________

봉사 단체: ______________________________

교회의 교인 또는 그룹: ______

교육 수업: ______

기타 자원: ______

8. 목록에서 세 가지 자원을 선택하고 이 자원이 자신에게 어떻게 도움이 될 수 있는지, 그리고 일상 생활에 어떻게 포함시킬 수 있는지 설명하세요.

자원 1: ______

자원 2: ______

자원 3: ______

치료사를 위한 개요: 나와 내 삶의 좋은 점은 무엇인가

연습의 목표

1. 현재 생활 상황의 장점을 파악합니다.
2. 개인의 강점과 긍정적인 특성 또는 재능을 파악합니다.
3. 삶에 의미와 만족을 주는 활동을 늘리기 위한 실행 계획을 수립합니다.
4. 타인에 대한 배려와 자신의 관심사에 대한 개발 사이에서 생활 활동의 균형을 유지합니다.

이 연습이 가장 유용할 수 있는 추가 문제

- 만성 통증
- 의존성
- 우울증-단극성
- 자살 사고

내담자와 이 연습을 수행하기 위한 제안

이 과제는 문제가 명확해지고 내담자가 자신의 삶에 대한 균형 잡힌 관점을 확립할 가능성이 있는 상담의 중기 단계에 제공하는 것이 가장 좋습니다. 내담자가 정보 요청을 모두 완료하지 않고 과제를 갖고 오는 경우, 항목을 검토해 보고 포함할 수 있는 추가 데이터를 브레인스토밍합니다. 일부 내담자는 자신의 삶의 상황이나 개인적인 강점에 대해 긍정적인 면을 찾는 것을 매우 어려워합니다. 또한 내담자는 과제의 마지막 항목에서 요구하는 실행 계획을 개발하는 데 도움이 필요할 수도 있습니다.

연습 32-B

나와 내 삶의 좋은 점은 무엇인가

많은 사람이 자신이나 자신의 삶의 환경에 대한 부정적인 인식에 갇혀 삶의 긍정적인 측면을 포함하는 균형 잡힌 시각을 잃습니다. 이 과제는 당신이 자신의 강점에 집중하고 이를 활용해 삶의 만족도를 높일 수 있는 방법을 찾는 데 도움이 되기 위한 것입니다. 당신은 자신의 삶의 환경이 압도적으로 부정적이라는 믿음을 극복하기 위해 노력해야 합니다.

1. 현재 생활 환경의 장점 네 가지 이상을 설명하세요(예: 스스로 결정할 수 있는 기회, 파트너와의 친밀감 및 공유 기회, 개인적인 관심사를 개발할 수 있는 시간, 중요한 사람의 필요를 충족시킬 수 있는 기회).

   A. ______________________________

   B. ______________________________

   C. ______________________________

   D. ______________________________

2. 자신의 삶과 타인의 삶을 풍요롭게 하는 데 사용할 수 있는 자신의 강점, 긍정적인 특성 또는 재능을 네 가지 이상 나열하세요.

   A. ______________________________

   B. ______________________________

   C. ______________________________

   D. ______________________________

3. 삶의 균형을 회복하기 위해 어떤 변화를 시도할 수 있다고 생각하시나요?

4. 만족도를 높이려면 필요하다고 생각하는 변화를 시작하기 위해 자신의 강점, 관심사, 재능을 활용하여 어떤 것을 해 볼 수 있을까요? 행동을 설명하고 목표 날짜를 설정하세요.

행동	날짜

33. 공포증

치료사를 위한 개요: 두려움을 줄이는 네 가지 방법

연습의 목표

1. 두려움을 해소하기 위한 구체적인 전략을 파악하고 개발합니다.
2. 공포의 영향을 최소화할 수 있는 구체적인 전략을 일관성 있게 실행합니다.
3. 두려움에 대처하는 자신감과 효율성을 높입니다.
4. 이전에 공포 불안을 유발했던 특정 자극 대상이나 상황에 대한 두려움을 줄입니다.

이 연습이 가장 유용할 수 있는 추가 문제

- 불안
- 공황/광장 공포증
- 사회 불안

내담자와 이 연습을 수행하기 위한 제안

이 연습을 진행할 때는 내담자가 각 해결 전략을 충분히 개발하도록 돕고 두려움을 줄이기 위한 전략을 충분히 실행할 수 있도록 돕는 데 중점을 두어야 합니다. 전략을 실행하는 과정에서 필요에 따라 격려, 피드백, 방향을 제시합니다. 내담자가 최선의 노력을 기울였음에도 불구하고 처음 선택한 전략이 효과적이지 않은 것 같으면 다른 옵션을 선택하여 실행해야 합니다.

연습 33-A

두려움을 줄이는 네 가지 방법

이 연습은 두려움을 최소화하는 네 가지 방법을 개발하는 데 도움이 됩니다. 네 가지 방법을 개발한 후 자신에게 가장 적합하다고 생각되는 방법을 선택하여 다음 주 동안 두려움에 직면했을 때 시도해 보세요.

1. 두려움을 해소하기 위해 다음 각 방법을 충분히 개발하세요.

A. 과장하기: 두려움을 구분하는 것부터 시작하여 그 두려움을 크고, 무섭고, 추한 것으로 상상하세요. 가능한 한 부정적인 묘사 단어를 많이 사용하여 공포를 최악의 방식으로 가장 끔찍한 결과로 묘사하세요.

____

____

____

적용: 최악의 상황에서 일어날 수 있는 최악의 상황을 상상하면 내가 직면한 일들이 그렇게 크거나 끔찍하게 느껴지지 않습니다.

B. 사고의 재구성: 두려움을 증가시키는 가장 흔한 생각 세 가지를 기록하세요(예: '나는 바보가 될 거야.' '모두가 나를 쳐다보고 있어.'). 이 작업을 완료한 후에는 치료사에게 두려움을 유발하는 생각을 보다 현실적이고 긍정적인 생각(예: '나는 최선을 다할 것이고 사람들은 그 노력에 대해 나를 존중할 것이다.')으로 재구성할 수 있도록 도움을 요청하세요.

생각 1: ______________________________

____

재구성: ______________________________

____

생각 2: ____________________

____

재구성: ____________________

____

생각 3: ____________________

____

재구성: ____________________

____

생각 4: ____________________

____

재구성: ____________________

____

적용: 우리가 어떤 것에 대해 어떻게 생각하는지는 우리의 감정에 영향을 미칩니다. 생각과 인식을 바꾸면 감정도 바뀝니다.

C. 주머니 속의 치료사: 치료사에게 공포증을 겪을 때 안심할 수 있는 세 가지 멘트를 알려달라고 요청하세요. 이를 녹음한 다음 기억해 두거나 카드에 적어 주머니에 항상 가지고 다니세요.

1. ____________________
2. ____________________
3. ____________________

적용: 우리가 존경하고 신뢰하는 사람들의 안심과 격려의 말은 어렵거나 두려운 상황에 대처하는 데 도움이 될 수 있습니다.

D. 마음이 편해질 수 있도록 주의 분산시키기: 두려운 상황에 직면하거나 두려운 생각이 들 때 주의를 돌리는 데 사용할 수 있는 편안함을 주는 백일몽(상상)을 만들어 보세요. 그러고 나서 필요한 때에 주의를 분산시키는 데 사용할 수 있는 편안한 활동(예: 해변에서 일광욕하기)을 선택합니다.

백일몽: ______________________________

____

활동(예: 조용히 노래 부르기, 이완 호흡): ______________________________

____

적용: 주의를 분산시키면 걱정, 두려움, 고민을 잊어버리게 됩니다.

2. 두려움에 대한 접근 방식을 선택하세요.

A. 네 가지 접근법(예: A, B, C, D) 중 두려움을 해결하는 데 가장 효과적이라고 생각되는 것은 무엇인지 파악하세요.

____

____

____

B. 선택한 사항과 그 선택이 효과적이라고 생각하는 이유를 간략하게 설명하세요.

____

____

____

C. 해당 접근 방식이 자신에게 효과가 있다고 생각하는 정도를 표시하세요.

매우 그렇다	그렇다	다소 그렇다	약간 그렇다	전혀 그렇지 않다

3. 앞으로 일주일 동안 두려움에 직면할 때마다 선택한 접근법을 사용하기로 약속하고, 그 접근법을 사용할 때마다 두려움에 대처하는 데 얼마나 효과적이었는지 평가해 보세요.

A. ______________________________

B. ______________________________

C. ______________________________

D. ______________________________

치료사를 위한 개요: 공포증에 대한 두려움을 점차적으로 줄이기

연습의 목표

1. 두려운 대상이나 상황이 무엇인지 정확하게 파악합니다.
2. 두려운 대상이나 상황이 정서적, 생리적, 행동적으로 미친 영향을 설명합니다.
3. 두려워하거나 회피하는 공포 대상이나 상황에 반복적으로 노출됩니다.
4. 이전에 공포 불안을 유발했던 특정 자극 대상이나 상황에 대한 두려움을 줄입니다.

이 연습이 가장 유용할 수 있는 추가 문제

- 아동기 외상
- 외상 후 스트레스 장애(PTSD)
- 사회 불안

내담자와 이 연습을 수행하기 위한 제안

공포 대상이나 상황에 대한 체계적인 둔감화는 공포 반응을 소멸시키는 데 매우 성공적인 접근 방식임이 입증되었습니다. 이 과제는 내담자가 공포 자극과 그 자극이 삶에 미치는 영향에 집중하도록 합니다. 내담자에게 두려운 자극에 노출되는 단계의 점진적인 위계를 개발하도록 지시합니다. 내담자와 함께 이 위계를 구성하는 데 직접 참여해야 할 수도 있습니다. 두려운 자극에 대한 생체 내 노출을 시작하기 위한 준비 단계로 심호흡, 점진적 이완, 긍정적 이미지, 자신감을 키우는 자기대화 등 몇 가지 행동 및 인지적 불안 감소 기법을 내담자에게 가르치는 것이 좋습니다. 노출 프로그램이 진행됨에 따라 내담자가 이러한 기술을 잘 실행하는지 모니터링하고 강화합니다. 현재 단계에서 불안이 줄어들면 내담자가 노출을 늘릴 수 있도록 격려하십시오.

연습 33-B

공포증에 대한 두려움을 점차적으로 줄이기

우리의 행동을 통제하는 두려움은 너무 강해서 직면하고 극복해야 합니다. 이 연습은 바로 그렇게 하는 데 도움이 됩니다. 두려움이 무엇인지 파악하고, 두려움이 자신에게 어떤 영향을 미치는지 설명하고, 체계적으로 두려움에 맞서기 위한 계획을 세우고, 마지막으로 실제로 두려움을 극복하고 이기기 위한 조치를 취합니다.

1. 자신이 두려워하는 것이 무엇이고 그것이 감정적으로(예: 마음이 초조하고 긴장한), 행동적으로(예: 접촉을 피하거나 두려운 자극에 대해 말하지 않음), 신체적으로(예: 가슴 두근거림, 이마 및 손바닥에 땀이 남, 복통, 메스꺼움) 어떤 영향을 미치는지 명확하게 파악하는 것이 중요합니다. 두려운 대상이나 상황이 무엇인지 설명한 다음 그것이 자신에게 어떤 영향을 미치는지 이야기하세요.

두려운 대상 또는 상황

____

____

____

____

____

____

____

____

____

두려운 대상 또는 상황에 대한 반응

감정적 반응: ______________________________

____

____

행동적 반응: ______________________________

____

____

신체적 반응: ______________________________

____

____

연습 33-B

두려움을 극복하려면 점진적이지만 체계적인 방식으로 두려움에 맞서야 합니다. 우리는 이를 노출이라고 부릅니다. 적절한 방법으로 노출을 연습하면 두려움이 행동을 통제하거나 신체에 영향을 미치지 않을 때까지 꾸준히 감소합니다. 이 과정의 핵심은 두려운 대상이나 상황에 대한 노출을 점진적으로 늘리기 위한 계획을 세우는 것입니다. 계획이 수립되면 한 번에 한 단계씩 두려운 대상이나 상황에 자신을 노출시킵니다. 현재 노출 수준에 상당히 익숙해질 때까지 점진적 노출 계획의 다음 단계로 넘어가지 않습니다. 예를 들어, 교통 체증이 심한 고속도로에서 혼자 운전하는 것이 두려운 경우 다음과 같이 계획을 세울 수 있습니다.

1단계: 교통량이 적은 시간대에 5분간 안심할 수 있도록 지지하는 사람과 동승하여 고속도로에서 운전하기
2단계: 교통량이 적은 시간대에 혼자 5분간 고속도로에서 운전하기
3단계: 교통량이 적은 시간대에 혼자 10분간 고속도로에서 운전하기
4단계: 교통량이 적은 시간대에 혼자 15분간 고속도로에서 운전하기
5단계: 교통이 혼잡한 시간대에 혼자 5분간 고속도로에서 운전하기
6단계: 교통이 혼잡한 시간대에 혼자 15분간 고속도로에서 혼자 운전하기

각 다음 단계는 현재 단계에서 두려움이 낮아지거나 사라진 후에만 수행합니다.

2. 이제 두려운 대상이나 상황을 극복하기 위한 점진적 노출 프로그램을 만들어 보세요. 이 단계에서는 두려운 대상이나 상황에 노출되는 시간을 늘리거나, 대상에 대한 친밀감을 높이거나, 대상의 크기를 늘리거나, 또는 이러한 것들을 조합하여 사용할 수 있습니다. 필요한 만큼 단계를 사용하세요. 필요한 경우 치료사가 이 계획을 세우는 데 도움을 드릴 수 있습니다.

1단계: ______________________________

____

____

2단계: ____

____

____

3단계: ____

____

____

4단계: ____

____

____

5단계: ____

____

____

6단계: ____

____

____

이제 두려운 대상이나 상황에 점진적이지만 꾸준히 노출할 시간입니다. 긴장을 푸세요. 치료사는 긴장을 풀기 위해 사용할 수 있는 심호흡, 근육 이완, 긍정적인 자기대화 기법을 알려 줄 수 있습니다. 노출을 시도할 때마다 사용한 대처 기술을 기록하고 두려움의 정도를 1부터 100까지(1은 완전히 침착함, 완전한 자신감, 마음의 평화, 느슨함, 편안한 느낌을 나타냄. 100은 완전히 공황 상태에 빠져 식은땀을 흘리며 심장이 두근거릴 정도로 떨림을 나타냄)로 평가합니다. 특정 단계에 지속적으로 노출되었을 때 등급이 10점 이하로 내려가면 다음 단계로 넘어가는 것을 고려할 때입니다.

연습 33-B

노출 단계별 대처 기술 및 공포 등급

노출 단계	대처기술 및 공포 등급(1~100)
1단계: ____________	첫 번째 시도: ____________
____________	두 번째 시도: ____________
____________	세 번째 시도: ____________
2단계: ____________	첫 번째 시도: ____________
____________	두 번째 시도: ____________
____________	세 번째 시도: ____________
3단계: ____________	첫 번째 시도: ____________
____________	두 번째 시도: ____________
____________	세 번째 시도: ____________
4단계: ____________	첫 번째 시도: ____________
____________	두 번째 시도: ____________
____________	세 번째 시도: ____________
5단계: ____________	첫 번째 시도: ____________
____________	두 번째 시도: ____________
____________	세 번째 시도: ____________
6단계: ____________	첫 번째 시도: ____________
____________	두 번째 시도: ____________
____________	세 번째 시도: ____________

34. 외상 후 스트레스 장애(PTSD)

치료사를 위한 개요: 트라우마가 나에게 미치는 영향

연습의 목표

1. PTSD 증상의 경험을 파악하고 명확히 설명합니다.
2. 가장 고통스러운 증상과 그 발생 빈도를 파악합니다.
3. 외상성 사건이 삶의 여러 측면에 미친 부정적인 영향을 줄이고 외상 전 수준의 기능으로 회복합니다.

이 연습이 가장 유용할 수 있는 추가 문제

- 아동기 외상
- 성폭력 피해자

내담자와 이 연습을 수행하기 위한 제안

이 연습은 내담자가 자신이 경험한 특정 외상 후 스트레스 장애 증상에 대해 집중적으로 생각하도록 돕기 위해 고안된 간단하고 쉬운 연습입니다. 세션 중에 내담자와 함께 목록을 검토하여 일부 증상 설명의 의미를 명확히 할 수 있습니다. 완료된 연습을 검토하는 동안 내담자가 각 증상에 대해 자세히 설명하게 하고 이러한 증상이 자신의 삶에 어떤 영향을 미쳤는지 탐색할 수 있도록 합니다.

연습 34-A

트라우마가 나에게 미치는 영향

심각한 위협이나 실제 신체적 외상 또는 학대에 노출된 후 많은 사람들이 일련의 정서적, 인지적 또는 행동적 증상을 경험합니다. 두려움, 무력감, 공포와 같은 즉각적인 반응은 때때로 강렬하고 다양한 방식으로 삶에 영향을 미칠 수 있는 여운을 남기는 경우가 많습니다. 이 연습은 자신이 경험한 외상 후 스트레스 장애의 특정 증상을 식별하고 집중하는 데 도움이 되도록 합니다.

1. 두 열의 항목을 검토하고 트라우마 사건이 발생한 이후 경험한 증상 앞에 체크 표시를 하세요.

________	방해가 되는 생각/이미지	________	수면 패턴 이상
________	불안한 꿈	________	짜증
________	트라우마의 플래시백(회상)	________	집중력 저하
________	트라우마가 떠올라 괴로움	________	초조함
________	손 떨림, 식은땀, 두근거림	________	쉽게 놀람
________	트라우마에 대해 이야기하지 않기	________	슬픔 또는 죄책감
________	트라우마 장소/사람 피하기	________	알코올/약물 남용
________	트라우마 관련 기억상실	________	자살 충동
________	활동 중단	________	타인과의 갈등
________	다른 사람으로부터 분리된 느낌	________	언어적/신체적 폭력
________	정서적 무감각	________	기타: ________________
________	미래에 대해 비관적	________	기타: ________________

2. 체크 표시를 한 증상 중 가장 괴로웠던 세 가지 증상은 무엇인가요? ____________________

____

____

3. 2번에서 언급한 각 증상이 얼마나 자주 발생하나요? ________________________________

____

____

4. PTSD 증상이 마지막으로 발생한 시기는 언제이며, 그 증상은 무엇이었나요? ____________

____

____

치료사를 위한 개요: 고통스러운 기억의 공유

연습의 목표

1. 충격적인 경험에 대해 자세히 설명합니다.
2. 트라우마가 삶에 어떤 영향을 미쳤는지 파악합니다.
3. 충격적인 사건과 관련된 감정을 전달합니다.
4. 외상 후 스트레스 장애(PTSD)에서 회복하는 데 도움이 되는 치료 옵션을 검토합니다.
5. 부정적인 생각, 감정, 충동에 압도되지 않고 트라우마 사건을 회상합니다.

이 연습이 가장 유용할 수 있는 추가 문제

- 아동기 외상
- 성폭력 피해자

내담자와 이 연습을 수행하기 위한 제안

내담자가 경험한 심각한 트라우마의 세부 사항을 탐색하도록 언제, 어떻게 격려할지는 항상 섬세하게 해야 하는 임상적 결정입니다. 내담자가 지지적 치료 관계 밖에서 외상 사건의 세부 사항에 집중할 수 있는 능력이 있는지에 대해 의문이 있는 경우, 치료 세션 내에서 내담자가 첫 번째 질문에 답할 수 있도록 합니다. 내담자가 트라우마와 관련된 감정, 즉 사건으로 인해 즉각적으로 촉발된 감정과 사건 이후에도 유발될 수 있는 감정을 표현하기 시작하도록 허용합니다. 6번 항목에 있는 치료 전략 목록을 검토하여 내담자에게 추가 설명을 제공해야 할 수도 있습니다.

연습 34-B

고통스러운 기억의 공유

신체적 또는 정서적 트라우마를 경험한 사람이 그 트라우마와 관련된 모든 것을 피하고 싶어 하는 것은 드문 일이 아닙니다. 일반적인 반응은 "이야기하고 싶지 않다"는 것입니다. 그러나 트라우마 사건을 묻어 두려고 시도함으로써 트라우마에 대처하는 것을 거부하는 것은 트라우마로 인한 부정적인 결과를 증가시키고 그 영향을 장기화할 뿐입니다. 적절한 시기가 되면 그 경험을 가능한 한 자세하게 공유해야 합니다. 이 연습은 무슨 일이 일어났는지, 그리고 그에 대해 어떻게 느끼는지 공유하는 데 도움이 됩니다.

1. 가능한 한 많은 세부 사항(예: 나이, 발생 장소, 사건의 세부 사항, 외상 당시 함께 있었던 사람)을 포함하여 충격적인 사건에 대해 설명합니다. 필요한 경우 추가 종이를 사용하여 경험을 설명하세요.

____

____

____

2. 1번 항목에 기술한 충격적인 사건과 유사한 다른 어떤 사건을 경험한 적이 있나요?

____

____

____

3. 트라우마에 대한 정서적 반응에 대처하기 위해 시도한 해로운 방법(예: 약물 남용, 사건에 대한 생각 피하기, 사건과 관련된 사람/장소 피하기, 사회적 철수, 수면)은 무엇인가요?

____

4. 트라우마와 그에 대한 반응이 당신의 삶(예: 친밀한 파트너 관계, 친구와의 관계, 업무 성과, 가족 관계, 사회/여가 활동, 영적 여정, 신체적 건강)에 어떤 영향을 미쳤나요?

5. 다음 각 감정에 대해 느끼는 감정의 강도를 표시하세요.

분노

매우 강함	강함	약간	거의 없음	전혀 없음

슬픔

매우 강함	강함	약간	거의 없음	전혀 없음

공포

매우 강함	강함	약간	거의 없음	전혀 없음

죄책감/수치심

매우 강함	강함	약간	거의 없음	전혀 없음

당황스러움

매우 강함	강함	약간	거의 없음	전혀 없음

긴장/초조함

매우 강함	강함	약간	거의 없음	전혀 없음

6. 다음에 설명된 다양한 치료 전략을 검토하고 이 트라우마를 극복하는 데 도움이 될 수 있다고 생각되는 전략에 표시하세요.

_______ 안전한 치료 환경에서 사건의 세부 사항을 천천히 다시 이야기하고 점차적으로 되살립니다.

_______ 트라우마에 대해 생각하는 새로운 방법을 배웁니다.

_______ 분노와 기타 강한 감정을 관리하고 조절하는 방법을 배웁니다.

_______ 우울증과 불안에 대처하기 위해 처방약을 복용합니다.

_______ 고통에서 벗어나기 위한 물질 남용을 끝내기 위한 회복 프로그램에 참여합니다.

_______ 긴장, 스트레스, 공황을 줄이기 위한 이완 기법을 배웁니다.

_______ 침착하고 편안한 마음을 유지하면서 외상성 사건의 기억에 천천히, 체계적으로 노출합니다.

_______ 트라우마를 겪은 다른 사람들과의 그룹 환경에서 자신의 경험을 공유합니다.

_______ 이해하고 지지해 줄 수 있는 가족 구성원과 경험을 공유합니다.

_______ 긴장된 친밀한 관계에 적용할 수 있는 의사소통 및 갈등 해결 기술을 배웁니다.

_______ 피로와 불안감을 줄일 수 있는 수면 유도 루틴을 개발합니다.

_______ 직업적 갈등에 대한 문제 해결 능력을 배양하여 고용 안정화를 도모합니다.

_______ 스트레스를 줄이고 에너지 수준을 높이기 위한 운동 요법을 시행합니다.

_______ 영적인 믿음에 의지하여 자신감을 키우고 용서와 평화를 조성합니다.

연습 34-B

7. 6번에서 선택한 각 치료법이 당신에게 도움이 될 것이라고 생각하는 이유를 설명하세요.

35. 정신증

치료사를 위한 개요: 무엇을 듣고 보는가

연습의 목표

1. 정신증적 증상의 유형과 병력을 설명합니다.
2. 환각 경험과 관련된 불안을 줄입니다.
3. 환각의 빈도나 강도를 증가시키는 스트레스 요인을 파악합니다.
4. 현실과 환각 경험을 분리합니다.

이 연습이 가장 유용할 수 있는 추가 문제

- 양극성 장애–조증
- 우울증–단극성
- 편집증적 사고

내담자와 이 연습을 수행하기 위한 제안

이 연습은 내담자가 환각에 이르기까지 이야기, 환각의 성격 및 환각의 촉발 상황을 설명할 수 있는 기회를 제공합니다. 내담자가 이 연습을 글쓰기 과제로 완료할 만큼 충분히 집중하지 못할 수 있으므로 치료 세션 내에서 구두로 진행해야 할 수도 있습니다. 치료사는 이러한 환각 경험을 현실의 반영이 아니라 내담자의 질병으로 인한 결과라고 명확하게 설명해야 합니다. 대처 기술(주의 분산, 약물 조절, 지지하는 사람과의 공유 등)에 대해 제안을 할 수 있습니다.

연습 35-A

무엇을 듣고 보는가

환각은 다른 사람들이 경험하지 못하는 목소리나 소리를 듣거나 환상을 보는 개인적인 경험을 말합니다. 다른 사람들이 들을 수 없는 목소리를 듣거나 다른 사람들이 볼 수 없는 사람이나 사물을 볼 수 있습니다. 이는 매우 무서운 경험이 될 수 있으며, 정신이 혼란스러워서가 아니라 실제 경험인 것처럼 보일 수 있습니다. 이 연습에서는 다른 사람들과 공유하지 않는 이러한 개인적인 경험을 묘사해 보도록 권장합니다. 이 질문에 답할 때 편안하다고 느끼는 만큼 솔직하고 개방적으로 답해 주세요.

1. 다른 사람들이 듣지 못하는 목소리가 들리나요? 예 ______ 아니요 ______

   예인 경우,

   A. 언제 그런 목소리를 처음 들었나요? ____________________

   ____

   ____

   B. 그 목소리가 무엇을 말하나요? (필요한 경우 추가 용지 사용) ____________________

   ____

   ____

   C. 목소리가 머리 밖에서 들리는 것 같나요, 아니면 머리 안에서 들리는 것 같나요? ______

   ____

   ____

   D. 그 목소리가 당신에게 무언가를 하라고 명령한 적이 있나요? 그렇다면 무엇을 하라고 하나요? 당신은 시키는 대로 하나요? ____________________

   ____

____

E. 어떤 상황에서 환청이 들리는 것 같나요(피곤할 때, 두려울 때, 긴장할 때, 혼자 있을 때, 군중과 함께 있을 때 등)? ______________________________

____

____

F. 약을 복용하면 환청에 어떤 영향을 미치나요? ______________________

____

____

G. 별도의 종이에 대화 상대가 어떻게 생겼는지 상상하는 모습을 그림으로 그려 보세요.

2. 다른 사람이 볼 수 없는 사람이나 사물이 보입니까? 예 _____ 아니요 _____

예인 경우,

A. 이러한 환시를 언제 처음 경험하셨나요? ______________________

____

____

B. 다른 사람이 볼 수 없는 것을 설명해 주세요. ______________________

____

____

C. 어떤 상황에서 환시가 나타나는 것 같나요? ______________________

____

____

D. 약을 복용하면 이러한 사람이나 사물을 보는 데 어떤 영향을 미치나요?

____

____

____

E. 다른 사람이 보지 못하는 것을 별도의 종이에 그림으로 그려 보세요.

36. 성폭력 피해자

치료사를 위한 개요: 가해자를 비난하는 편지와 용서하는 편지

연습의 목표

1. 성폭력이 미친 영향을 포함하여 가해자에 대한 감정을 표현합니다.
2. 학대에 대한 책임을 가해자에게 명확히 지우고 자신의 책임으로 돌리지 않습니다.
3. 쓰라린 분노에서 벗어나기 위해 용서의 과정을 시작합니다.
4. 가해자에 대한 현재의 감정과 가해자에 대한 기대치를 명확히 합니다.
5. 성폭력의 피해자가 되는 것에서 벗어나 성폭력의 생존자가 되기 위한 과정을 시작합니다.

이 연습이 가장 유용할 수 있는 추가 문제

- 해리장애
- 낮은 자존감

내담자와 이 연습을 수행하기 위한 제안

이 연습은 성폭력 생존자의 회복 과정에서 두 가지 중요한 단계에 중점을 둡니다. 첫째, 내담자는 성폭력에 대한 가해자의 책임을 명확히 하고 자신의 책임으로 돌리지 않습니다. 둘째, 내담자는 회복 과정을 방해할 수 있는 분노나 복수심을 줄이기 위해 용서의 과정을 시작해야 합니다. 용서의 편지는 상담 과정 초기에 너무 일찍 작성해서는 안 되며, 치료사는 그러한 편지가 가해자의 행동에 대한 책임을 면제해 준다는 것을 의미하지 않도록 주의해야 합니다.

연습 36-A

가해자를 비난하는 편지와 용서하는 편지

성폭력의 트라우마에서 회복되려면 성폭력 피해에 대한 자신의 감정을 정리하고 가해자를 책임 있는 당사자로 명확히 파악하는 것이 매우 중요합니다. 성폭력에 대해 간접적이거나 조금이라도 책임을 지려는 일반적인 경향에 저항해야 합니다. 또한 회복의 후기 단계에서 가해자에 대한 용서의 개념과 씨름하기 시작하는 것도 중요합니다. 용서의 개념과 이것이 시간이 걸리는 과정이라는 점에 대해 논의해야 합니다. 왜 용서가 쓰라린 분노를 평화로 대체하는 데 상당한 이점을 가져다주는 건강한 실천이 될 수 있는지에 대한 이해를 키우는 것이 중요합니다. 이 과제는 비난의 편지를 쓰는 것이 회복의 중요한 단계이며, 용서의 편지는 가해자를 변명해 주거나 죄책감을 면제해 주는 것과 혼동해서는 안 되는 단계라는 것을 생각해 보는 데 도움을 주기 위해 고안되었습니다.

1. 비난 편지: 다음 줄에 가해자에게 보내는 비난 편지를 작성하되, 편지에 다음 요소를 포함하는 것을 고려하세요.
   - 가해자에게 당신이 당한 폭력에 대한 고발 내용을 알려 주세요.
   - 이러한 폭력에 대한 책임이 전적으로 가해자에게 있는 이유를 설명하세요.
   - 성폭력이 발생했을 당시와 현재 어떤 기분이 드는지 설명하세요.
   - 성폭력이 당신의 삶에 어떤 영향을 미쳤는지 설명하세요.
   - 성폭력을 당하기 전, 당하는 동안, 그리고 직후에 가해자에 대해 어떻게 느꼈는지 설명하세요.
   - 현재 가해자에 대해 어떤 기분이 드는지 설명하세요.

____

____

____

____

2. 용서의 편지: 다음 줄에 용서의 편지를 작성하고 다음 요소를 포함하는 것을 고려하세요.

- 가해자에게 성폭력에 대한 책임은 전적으로 가해자에게 있음을 알립니다.
- 용서하려는 이유를 설명하세요.
- 용서한다고 해서 상대방의 폭력이 용서받을 수 있는 것은 아니라고 설명합니다.
- 용서는 완료하는 데 오랜 시간이 걸릴 수 있는 과정이며 이제 시작에 불과하다고 설명합니다.
- 가해자에게 현재와 미래에 기대하는 바를 알려 주세요.
- 가해자에게 앞으로 어떤 유형의 관계를 원하는지(있다면 어떤 관계인지) 알려 주세요.

치료사를 위한 개요: 성폭력 장소 그림 그리기

연습의 목표

1. 성폭력이 발생한 위치와 합리적인 근접 거리에 있던 모든 사람을 파악합니다.
2. 성폭력 발생 장소를 관행적으로 회피하고 있었다는 것을 인정합니다.
3. 할 수 있다는 생각은 증가시키고 회피 행동은 감소시킵니다.
4. 성폭력과 관련된 문제를 올바르게 이해하고 감정을 조절하여 성공적으로 해결합니다.

이 연습이 가장 유용할 수 있는 추가 문제

- 해리장애
- 외상 후 스트레스 장애(PTSD)

내담자와 이 연습을 수행하기 위한 제안

성폭력의 트라우마를 겪은 내담자는 종종 회피 행동을 합니다. 이러한 회피는 사건에 대해 생각하지 않으려 하거나, 사건에 대해 논의하기를 거부하거나, 폭력이 발생한 장소에서 멀리 떨어져 있거나, 가해자와의 접촉을 피하는 등의 행동으로 나타날 수 있습니다. 회복이 진행됨에 따라 내담자는 이러한 회피 행동을 중단하고 폭력을 상기시키는 상황에 대처할 수 있는 능력에 대한 자신감을 가져야 합니다. 내담자가 과거의 트라우마와 관련된 자극에 직면하도록 격려하십시오. 트라우마에 대한 기억을 떠올리는 것이 대상부전(호흡곤란 등)으로 이어지기 시작하면 내담자에게 지원을 제공하고 이러한 자극을 조기에 처리해야 한다는 압박을 받지 않도록 하는 것이 매우 중요합니다.

연습 36-B

성폭력 장소 그림 그리기

트라우마를 겪은 사람들이 흔히 하는 행동은 트라우마와 관련된 모든 것을 피하는 것입니다. 그러나 이러한 관행은 치유를 촉진하지 않으며 트라우마 후 발생하는 부정적인 결과를 과장할 수 있습니다. 건강한 회복을 위해서는 부정적인 감정에 압도되지 않고 트라우마의 세부 사항을 마주할 수 있어야 합니다. 이 연습은 적어도 트라우마가 발생한 특정 환경의 관점에서 트라우마 경험을 직면하는 데 도움이 되도록 할 것입니다.

1. 별도의 종이에 성폭력이 발생한 장소(예: 집, 교회, 자동차, 공원)의 평면도 또는 도표를 그립니다. 그림에서 당신과 가해자가 어디에 있었는지, 그리고 근처에 있던 다른 사람들이 어디에 있었는지 표시합니다. 폭력이 여러 장소에서 발생한 경우, 이 페이지에 그림을 두 개 이상 그리거나 다른 종이를 사용하여 그림을 그릴 수 있습니다.

____

____

____

____

2. 폭력 장소에 대한 회상, 악몽 또는 기타 생각을 설명하세요.

____

____

____

____

3. 폭력 장소를 기억할 때 어떤 기분이 드는지 설명하세요.

____

____

____

____

4. 폭력 장소를 보지 않거나, 가까이 가지 않거나, 생각조차 하지 않기 위해 어떤 조치를 취했는지 설명하세요.

____

____

____

____

5. 이 트라우마에서 회복되면 이곳을 피하거나, 사건에 대해 이야기하거나, 수치심을 느끼거나, 관계에서 위축되는 것을 극복할 수 있습니다. 이러한 유형의 회복에 대해 원하는 정도를 평가하세요.

1	2	3	4	5
없음				매우 강함

6. 이제 이 회복을 달성할 수 있다는 자신감의 정도를 평가하세요.

1	2	3	4	5
없음				매우 강함

37. 성적 지향 혼란

치료사를 위한 개요: 성적인 생각, 환상, 갈등에 대한 일지

연습의 목표

1. 성적인 생각, 감정, 환상에 대한 인식을 높입니다.
2. 성적 매력을 느끼는 감정의 방향을 명확히 합니다.
3. 성적 매력을 느끼는 감정에 대한 갈등의 원인을 명확히 합니다.
4. 성적 지향과 관련된 불안의 전반적인 빈도와 강도를 줄여 일상적인 기능에 지장을 주지 않도록 합니다.

이 연습이 가장 유용할 수 있는 추가 문제

- 여성 성기능 장애
- 친밀한 관계에서의 갈등
- 남성 성기능 장애

내담자와 이 연습을 수행하기 위한 제안

내담자에게 성적 흥분과 매력의 감정과 관련된 혼란이나 불안의 정도를 나타낼 수 있는 기회를 주어야 합니다. 동성애적 감정이 지배적인 경우, 내담자는 이러한 충동에 대한 갈등의 감정을 명확히 밝혀야 합니다. 이성애적 감정이 우세한 경우에도 그러한 성적 감정을 경험하는 것에 대한 갈등이 있을 수 있습니다. 내담자의 감정이 떠오르는 대로 처리하고 자기 수용을 장려하고 긍정적으로 바라보도록 격려하십시오.

연습 **37-A**

성적인 생각, 환상, 갈등에 대한 일지

이 연습은 자신의 성적 생각, 감정, 환상 및 욕구를 더 잘 인식하는 데 도움이 됩니다. 성적 감정에 대한 갈등을 경험하면, 우리는 이러한 감정을 억압하고 그 존재를 부정하려는 경향이 있습니다. 이러한 생각과 감정의 표현을 억제하려는 자연스러운 경향을 극복하려고 노력하세요. 이 글은 생각하고 느끼는 것에 대해서 논의의 목적으로만 작성하는 것이지, 어떤 결정을 내리거나 어떤 행동을 취하라는 것이 아님을 기억하세요. 자신의 성 정체성을 명확히 하기 위해서는 먼저 내면에서 자연적으로 발생하는 충동과 욕구를 파악해야 합니다.

1. 일지 쓰기: 이 양식을 사용하여 매일 성적인 생각, 그러한 생각이나 환상을 자극하는 데 수반되는 트리거(촉발) 상황, 성적인 생각과 관련하여 경험하는 흥분의 정도, 마지막으로 이러한 생각을 억제할 수 있는 내적 갈등 또는 다른 생각을 부추길 수 있는 내적 허용을 설명하세요.

항목 1 요일/날짜 및 시간 __________	성적 생각	
	촉발 상황	
	흥분 정도	1 2 3 4 5 없음 … 매우 강함
	내적 갈등 또는 내적 허용	

연습 37-A

항목 2 요일/날짜 및 시간 ____________	성적 생각	
	촉발 상황	
	흥분 정도	1 2 3 4 5 없음 매우 강함
	내적 갈등 또는 내적 허용	

항목 3 요일/날짜 및 시간 ____________	성적 생각	
	촉발 상황	
	흥분 정도	1 2 3 4 5 없음 매우 강함
	내적 갈등 또는 내적 허용	

항목 4 요일/날짜 및 시간 ______________	성적 생각	
	촉발 상황	
	흥분 정도	1 2 3 4 5 없음 매우 강함
	내적 갈등 또는 내적 허용	

항목 5 요일/날짜 및 시간 ______________	성적 생각	
	촉발 상황	
	흥분 정도	1 2 3 4 5 없음 매우 강함
	내적 갈등 또는 내적 허용	

연습 37-A

항목 6 요일/날짜 및 시간 ______	성적 생각	
	촉발 상황	
	흥분 정도	1 2 3 4 5 없음 매우 강함
	내적 갈등 또는 내적 허용	

항목 7 요일/날짜 및 시간 ______	성적 생각	
	촉발 상황	
	흥분 정도	1 2 3 4 5 없음 매우 강함
	내적 갈등 또는 내적 허용	

2. 한 주 동안 동성에게 느낀 성적 흥분의 평균 정도를 평가하세요.

1	2	3	4	5
매력 없음				강한 매력

3. 한 주 동안 이성에 대해 느끼는 성적 흥분의 평균 정도를 평가하세요.

1	2	3	4	5
매력 없음				강한 매력

4. 2번과 3번에서 부여한 평가가 정확하고 신뢰할 수 있다고 얼마나 확신하나요?

1	2	3	4	5
확실하지 않음				확실

확실하지 않은 경우 이 문제에 대해 혼란스러워 하는 이유는 무엇인가요? ____________

____

____

5. 어떤 유형의 사람이 성적 매력을 느끼게 하나요? ____________

____

6. 인생의 어느 시점에서 2번 또는 3번에 기술된 성적 매력에 대한 감정을 처음 인식하게 되었습니까? ____________

____

7. 성적 매력과 흥분을 느끼는 것에 대해 얼마나 편안하게 생각하시나요?

1	2	3	4	5
매우 불편함				매우 편안함

설명: ____________

____

치료사를 위한 개요: 나의 성적 지향을 누구에게 어떻게 공개할 것인가

연습의 목표

1. 성적 지향에 대한 정보를 알게된 후 받아들일 수 있는 신뢰할 만한 사람을 파악합니다.
2. 내용을 공개 받는 사람의 생각과 감정을 예상합니다.
3. 공개 내용을 신중하게 준비하고 가장 적절한 공개 시기를 파악합니다.
4. 선택된 중요한 사람에게 성적 지향을 공개합니다.

이 연습이 가장 유용할 수 있는 추가 문제

- 없음

내담자와 이 연습을 수행하기 위한 제안

자신의 성적 지향을 밝힌 후에도 내담자에게는 여전히 중요한 과제가 남아 있습니다. 내담자는 자신의 인생에서 중요한 사람들에게 자신의 성적 지향을 공개하는 과정을 잘 생각해야 합니다. 이 연습은 내담자가 정보를 언제, 어디서, 누구에게 공개할지 결정하고 정보를 공개받는 사람이 가질 수 있는 질문과 반응을 결정하는 과정을 돕기 위해 고안되었습니다. 완료된 과제를 내담자와 함께 검토하면서 내담자가 공개 내용을 수정할 수 있도록 하고, 이 단계에서 가장 흔히 수반되는 불안과 거절에 대한 두려움을 극복할 수 있는 기회를 제공합니다. 대처 전략도 훈련하거나 검토할 수 있습니다. 고립감과 소외감을 줄이기 위해 내담자가 지지 체계를 개발하거나 확장할 수 있도록 도와주십시오.

연습 37-B

나의 성적 지향을 누구에게 어떻게 공개할 것인가

자신의 성적 지향을 알고 있지만 이를 공개하는 데 어려움을 겪었다면, 공개와 관련된 감정을 해소하는 것이 도움이 될 수 있습니다. 공개와 관련된 감정을 명확히 하고, 표현하고, 해결한 후에는 인생에서 중요한 사람들에게 공개하기 위한 계획을 세우는 것이 도움이 될 수 있습니다. 이 연습은 공개 또는 커밍아웃 과정을 생각하는 데 도움이 되도록 합니다. 이는 자신이 누구인지 밝히고, 수용을 구하고, 잠재적인 거절에 대처하는 데 있어 어렵지만 중요한 단계입니다.

1. 최종적으로 성적 지향에 대해 알려야 한다고 생각하는 사람은 누구인가요? ____________

____

____

____

____

2. 당신의 성적 지향에 대해 아직 알지 못하는 사람 중 가장 먼저 이야기할 사람은 누구인가요?

____

____

____

____

3. 언제 가족에게 성적 지향을 알려야 한다고 생각하나요? ____________

____

____

____

____

연습 37-B

4. 가족들이 이미 당신의 성향에 대해 어느 정도 알고 있다고 생각하나요? 왜 그런가요? 또는 왜 그렇지 않은가요? ______

5. 성적 지향에 대해 누가 이미 알고 있나요? ______

6. 가족에게 성적 지향에 대해 이야기할 때, 어떤 반응을 기대하나요? ______

7. 공개에 대해 부모님으로부터 어떤 반응을 기대하나요? ______

8. 형제자매, 조부모, 사촌 등 대가족 구성원으로부터 어떤 반응을 기대하나요? (그 사람의 이름과 예상되는 반응을 말하세요.) ______

9. 친구에게 어떤 반응을 기대하나요? (친구의 이름과 예상되는 반응을 말하세요.)

10. 다음 줄에 자신의 성적 지향에 관해 친구 또는 가족에게 발표할 수 있는 내용을 작성하세요. 발표 내용에는 자신의 성적 지향을 처음 깨달은 시기, 이 발견과 관련된 감정적 어려움, 성적 지향에 대한 현재의 확신 정도, 커밍아웃 후의 미래 삶에 대한 현재의 느낌, 그리고 공개로 인한 상대방의 반응에 대한 두려움에 대해 이야기하는 내용을 포함하세요. 필요한 경우 추가 종이를 사용하세요.

11. 이 정보를 받는 사람이 공개 내용을 들은 후 어떤 질문을 할 수 있나요?

12. 그러한 공개를 가장 편하게 할 수 있는 사람, 시간 및 환경을 정확히 기술하세요.

38. 수면 장애

치료사를 위한 개요: 수면 패턴 기록

연습의 목표

1. 효과적인 수면 유도 루틴에 대한 인식을 높입니다.
2. 수면 유도 루틴을 실행합니다.
3. 스트레스, 수면 패턴, 방해가 되는 꿈, 수면유도제 사용 여부 등을 매일 기록합니다.
4. 좋은 수면 위생을 실천합니다.
5. 편안한 수면 패턴을 회복합니다.

이 연습이 가장 유용할 수 있는 추가 문제

- 불안
- 양극성 장애–조증
- 우울증–단극성
- 물질 사용

내담자와 이 연습을 수행하기 위한 제안

많은 내담자를 괴롭히는 수면 장애 패턴을 극복하기 위해서는 효과적인 수면 루틴을 수립하는 것이 필수적입니다. 내담자가 일관되게 실행할 수 있는 루틴을 수립하도록 도와주세요. 이 과제의 첫 번째 부분에 있는 제안 사항을 검토하고 목록에 없는 몇 가지 기법을 추가할 수 있습니다. 내담자의 일지에는 편안한 수면을 방해하는 생활 속 불안을 유발하는 사건에 대한 추가 정보가 기록될 수 있습니다. 내담자에게 두 가지 항목이 포함된 일지 페이지의 추가 사본을 제공합니다.

연습 38-A

수면 패턴 기록

불면증은 특히 빠르게 변화하는 현대 문화에서 널리 퍼져 있는 문제입니다. 어떤 사람들은 대부분의 성인이 규칙적으로 약 7시간의 수면이 필요한데 자신은 4~5시간만 자면 된다고 착각하기도 합니다. 다른 사람들은 자신이 전혀 잠을 자지 않는다고 생각하지만, 이들을 관찰한 사람들은 주기적으로 깨기는 해도 밤에 몇 시간 동안 잠을 잔다는 사실을 발견합니다. 사람들이 더 나은 수면 루틴을 개발하는 데 도움이 될 수 있는 기술이 있습니다. 가장 중요한 기술은 매일 일정한 취침 및 기상 시간을 정하고 규칙적으로 운동하며 음주를 피하는 것입니다. 다음 목록은 많은 사람들이 성공적으로 사용한 다른 수면 유도 방법에 대한 아이디어를 제공합니다. 각 항목을 검토하고 매일 꾸준히 실천할 수 있는 항목 옆에 체크 표시를 하고 수면 유도 루틴을 만들어 보세요.

1. 수면 유도 절차

_________ 매일 오후에 20~30분 동안 격렬한 운동을 합니다.

_________ 밤에는 매운 음식을 피합니다.

_________ 잠자리에 들기 30분 전에 따뜻한 물로 목욕/샤워를 합니다.

_________ 잠자리에 들기 30분 전에 우유를 마십니다(또는 멜라토닌 정제를 복용합니다).

_________ 잠자리에 들기 전에는 충돌 문제를 피합니다.

_________ 침대에 누워 책을 읽습니다.

_________ 매일 같은 시간에 잠자리에 들고 일어납니다.

_________ 심부 근육 이완 기술을 사용하여 긴장을 완화합니다.

_________ 침대에 누워 다음 날을 생각하기보다 편안한 장면을 상상해 봅니다.

_________ 커피, 차, 콜라, 초콜릿 및 카페인이 함유된 기타 음식이나 음료를 피합니다.

_________ 방해가 되는 생각을 적어서 마음에서 지워 버립니다.

연습 38-A

________ 심호흡을 할 때마다 100부터 거꾸로 세면서 횡격막 호흡에 집중합니다.

________ 취침 4~5시간 전에는 술을 마시지 않습니다.

________ 차분하고 조용한 음악 또는 '백색 소음'을 재생합니다.

2. 스트레스를 받은 사건, 수면 패턴, 방해가 되는 꿈, 사용한 수면 유도 기법 등을 매일 기록합니다.

<table>
<tr><td rowspan="4">요일/날짜
____
__________</td><td>스트레스를
받은 사건</td><td></td></tr>
<tr><td>수면
패턴</td><td>시작 시간: __________
종료 시간: __________
깨어난 횟수: __________
깨어 있는 총 시간: __________
총 수면 시간: __________</td></tr>
<tr><td>방해가
되는 꿈</td><td></td></tr>
<tr><td>수면 유도
기법 사용</td><td></td></tr>
</table>

요일/날짜 ________ ________	스트레스를 받은 사건	
	수면 패턴	시작 시간: ________ 종료 시간: ________ 깨어난 횟수: ________ 깨어 있는 총 시간: ________ 총 수면 시간: ________
	방해가 되는 꿈	
	수면 유도 기법 사용	

3. 수면 개선에 도움이 된 수면 유도 기법에는 어떤 것이 있나요?

____

____

____

____

4. 스트레스와 수면 장애 또는 악몽의 관계를 설명하세요.

____

____

____

____

연습 38-A

5. 수면 유도 루틴의 효과를 평가하세요.

1	2	3	4	5
비효과적				매우 효과적

39. 사회 불안

치료사를 위한 개요: 적극적인 자기 주장하기

연습의 목표

1. 자기주장을 더 강하게 하고, 눈을 더 많이 마주치고, 자기대화 메시지에서 긍정적인 특성을 확인하여 자존감이 향상되었음을 보여 줍니다.
2. 자존감, 자신감, 유능감이 향상됩니다.
3. 관계에 대한 의존도를 줄이면서 자신의 필요를 충족하고 자신감을 키우며 자기주장을 연습할 수 있습니다.
4. 공격적인 분노의 기원과 대안을 명확히 하여 현재의 분노 행동에 대한 인식을 키웁니다.

이 연습이 가장 유용할 수 있는 추가 문제

- 분노 조절 문제
- 의존성
- 낮은 자존감
- 물질 사용

내담자와 이 연습을 수행하기 위한 제안

치료의 상당 부분은 심리 교육, 교육, 피드백, 격려/칭찬을 중심으로 진행됩니다. 처음에 내담자는 자기주장 연속선(공격적 · 소극적–공격적 · 소극적 · 자기주장적)에서 자신의 위치를 평가받아야 합니다. 내담자가 성공할 수 있는 일반적인 영역(예: 상사에게 거절하는 것과 같은 특정 생활 상황에서 '아니요.'라고 말하는 것)부터 시작하는 것이 좋습니다. 내담자가 경험, 자신감, 기술을 쌓으면 자기주장 기술을 적용할 수 있는 더 어려운 영역에 도전하도록 장려할 수 있습니다.

연습 39-A

적극적인 자기주장하기

우리 중 누구도 '자기주장적'으로 태어나는 사람은 없습니다. 이는 우리가 습득해야 하는 일련의 기술입니다. 자기주장적 행동에 대한 다음 정의를 읽은 후 이어지는 질문에 답하세요.

> 자기주장적 행동은 자신의 최선의 이익을 위해 행동하고, 과도한 불안감 없이 스스로를 옹호하며, 솔직한 감정을 편안하게 표현하고, 타인의 권리를 부정하지 않으면서도, 개인의 권리를 행사할 수 있게 해줍니다.
>
> –Alberti and Emmons

1. 연속선 위에 현재 자신의 자기주장적인 모습에 ×를 표시하고, 앞으로 바라는 자기주장적인 자신의 모습에 ○를 표시하세요.

____

별로 그렇지 않음	그저 그런	매우 그러함
(대부분의 사람보다 더 못함)	(대부분의 사람처럼)	(항상 자기주장적)

2. 더 적극적으로 하지 않는 요인은 무엇이라고 생각하시나요? ______________________________

____

____

____

3. 대부분의 상황에서 자기주장이 강하다고 생각할 때 어떤 감정을 경험하시나요?

____

____

____

4. 자기주장이 강해지면 구체적으로 어떤 면에서 도움이 된다고 생각하나요?

5. 자기주장을 더 강하게 하는 데에 도움이 되는 추가 지식입니다. 다음 질문에 참(T)또는 거짓(F)으로 답한 후 치료사와 함께 선택한 내용을 검토하세요.

T F 대부분의 사람은 자기주장을 펼칠 권리가 있다고 믿습니다.

T F 대부분의 사람은 자기주장을 하는 것에 대해 불안해하거나 두려워하지 않습니다.

T F 많은 사람이 자신을 효과적으로 표현하는 기술이 부족합니다.

6. 자기주장적인 태도를 취할 때 기억해야 할 사항

응답하기 전에 잠시 멈추고 심호흡을 여러 번 합니다.

상대방과 지속적으로 눈을 마주칩니다.

'나'로 시작하는 문장을 사용합니다(각 응답은 '나' 로 시작합니다).

답변은 간결하게 하고 요점만 전달합니다(장황한 설명은 피하세요).

상대방을 존중하고 예의를 지킵니다.

7. 이제 다음 상황 중 하나를 선택하여 치료사와 함께 역할극을 합니다.

부탁을 거절하기

상점에 물건 반품하기

어떤 주제에 대한 자신의 의견 말하기

낯선 사람과 대화 시작하기

칭찬이나 긍정적인 피드백받기

부정적인 피드백 또는 비판받기

친구에게 도움이 되는 긍정적인 피드백 제공하기

줄을 서서 기다리는데 누군가 내 앞을 가로막는 경우

잘못된 거스름돈 받기

연습 39-A

역할극을 완료한 후에는 역할극에서 했던 대로 실행하기 전에 치료사와 다음의 질문에 답하세요.

이번 경험은 어떤 느낌이었나요? ______________________________

____

____

어떤 점이 좋았다고 생각하시나요? ______________________________

____

____

개선하고 싶은 점이 있다면 무엇인가요? ______________________________

____

____

8. 이제 다음 주 동안 할 일을 한 가지 선택하여 실행하고 7번의 목록을 사용하여 점검합니다.

상황 ______________________________

____

이번 경험은 어떤 느낌이었나요? ______________________________

____

____

어떤 점이 좋았다고 생각하시나요? ______________________________

____

____

개선하고 싶은 점이 있다면 무엇인가요? ______________________________

____

____

9. 자기 주장이 강해지기 위해 노력할 때 기억하세요.

자기 주장은 학습됩니다.

변화는 어렵지만 가능합니다.

작은 발걸음을 내딛으세요.

노력하는 자신을 인정하세요.

치료사를 위한 개요: 사회적 상황에서의 편안함 회복

연습의 목표

1. 편향되고 두려운 자기대화를 식별하고, 도전하며, 현실에 기반한 긍정적인 자기대화로 바꿉니다.
2. 부정적인 사고 패턴의 근본 원인을 파악합니다.
3. 과도한 두려움이나 불안감 없이 사회적으로 소통합니다.

이 연습이 가장 유용할 수 있는 추가 문제

- 우울증–단극성
- 낮은 자존감
- 공황/광장공포증
- 성폭력 피해자

내담자와 이 연습을 수행하기 위한 제안

이 연습은 인지 치료 원칙을 중심으로 설계되었습니다. 내담자는 먼저 사회적 불안을 유발하는 부정적이고 자동적인 생각을 확인해야 합니다. 그런 다음 이러한 부정적인 사고 패턴에 기여하는 과거 경험을 발견하기 위해 노력해야 합니다. 마지막으로 내담자는 두려움과 사회적 위축을 극복하기 위한 수단으로 긍정적인 사고를 시작하도록 도전받습니다. 두려움을 불러일으키는 왜곡된 자동적 사고의 몇 가지 예를 검토하고 1번 항목의 목록에 자신의 생각을 추가할 수 있습니다. 또한 내담자가 자신감을 키우고 두려움에 대응할 수 있는 긍정적이고 현실적인 진술을 개발하고 작성하도록 도와야 할 수도 있습니다.

연습 39-B

사회적 상황에서의 편안함 회복

다른 사람들과 함께 있는 것에 대한 두려움은 사회적 상황을 고려할 때 떠오르는 자동적 사고에 기반합니다. 왜곡된 생각은 부정적인 감정으로 이어져 부적응적인 행동으로 이어집니다. 사회적 불편감의 경우, 비현실적인 생각이 두려움으로 이어져 사회적 위축과 고립 행동으로 이어집니다. 이 연습은 왜곡된 사고를 파악하고 그 기원에 대해 생각해 볼 수 있을 뿐 아니라 보다 현실적인 생각으로 대체할 수 있는 방법을 찾는 데 도움이 되도록 합니다.

1. 다음에 나열되어 있는 두려움과 사회적 위축을 유발하는 왜곡되고 자동적으로 떠오르는 일반적인 생각을 확인하세요. 자신이 경험한 생각을 체크해 보세요.

_________ 무슨 말을 해야 할지 모르겠어요.

_________ 내가 말하면 바보가 될 것 같아요.

_________ 이 사람들은 저보다 훨씬 똑똑해요.

_________ 이 사람은 나를 좋아하지 않아요.

_________ 공황 발작이 올 것 같아요.

_________ 사람들은 비열하고 비판적이에요.

_________ 먼저 술을 몇 잔 마시지 않으면 사람들과 대화할 수 없어요.

_________ 단체 상황에 있을 때마다 사람들이 저를 무시해요.

_________ 저를 쳐다보는 눈빛만 봐도 제가 멍청하다고 생각한다는 걸 알 수 있어요.

_________ 저는 말을 잘 못해요.

2. 사회적 만남을 생각할 때 떠오르는 또 다른 부정적인 생각은 무엇인가요?

3. 다른 사람과의 상호작용에 대해 그렇게 부정적으로 생각하는 이유는 무엇인가요? 자신감이 부족하다고 느낀 경험은 무엇인가요?

4. 비판적이거나 거부적인 부모, 형제자매 또는 또래와의 어린 시절 경험 중 현재 사람들에 대한 불안에 여전히 영향을 미친다고 생각되는 것이 있다면 설명하세요.

5. 사회적 상호작용에 대한 가장 큰 두려움은 무엇인가요?

6. 사회적 두려움을 극복하고자 하는 욕구의 강도를 평가하세요.

1	2	3	4	5
욕구 없음				강한 욕구

연습 39-B

7. 사회적 상호작용에 대해 기분이 좋았고 즐거웠던 때를 떠올려 보세요. 그 상황에서는 무엇이 달랐나요? 불안을 극복할 수 있었던 이유는 무엇인가요?

8. 7번 항목에서 설명한 상황에서 사용한 대처 기술을 새로운 사회적 만남에 어떻게 적용할 수 있나요?

9. 사회적 상호작용에 대한 두려움을 유발하는 왜곡된 자동적 생각의 반대되는 긍정적인 문장 세 개를 써 보세요. 이러한 생각을 통해 자신감을 키우고, 두려움을 조성하는 부정적인 생각에 대응하세요.

40. 신체화

치료사를 위한 개요: 신체적 문제에 집중된 초점 조절

연습의 목표

1. 신체적 불편함, 병원 진료, 약물 의존도를 줄이면서 정상적이고 생산적으로 기능할 수 있다는 스스로에 대한 평가를 높입니다.
2. 신체적 불편함에 대한 집중의 밑바탕이 되는 정서적 스트레스를 파악합니다.
3. 자기 자신과 신체적 불편함에 몰두하기보다 사회적, 생산적 활동을 늘립니다.

이 연습이 가장 유용할 수 있는 추가 문제

- 불안
- 만성 통증
- 의료 문제

내담자와 이 연습을 수행하기 위한 제안

신체화 문제가 있는 내담자는 신체적 문제를 주된 관심사 또는 유일한 관심사로 선택합니다. 이는 중요한 다른 사람들을 매우 당황스럽게 할 수 있으며 내담자의 효과적인 기능 능력을 심각하게 저하시킬 수 있습니다. 이 연습은 내담자가 자신의 자산과 즐거운 활동에 집중하도록 합니다. 또한 '걱정 시간'을 하루 30분으로 구성하여 신체적 불편에 할애되는 시간을 제한합니다. 이 구조화된 시간의 중요성을 강조하고 내담자가 나머지 시간을 다른 문제에 집중할 수 있도록 격려합니다. 또한 내담자는 종종 근본적인 문제에 집중하지 않으려고 하기 때문에 신체적 불편함 이면에 있을 수 있는 정서적 문제를 살펴보는 데 도움이 필요할 수 있습니다. 신체적 불편함과 무관한 생산적인 활동에 더 많은 시간과 주의를 기울이도록 합니다.

연습 40-A

신체적 문제에 집중된 초점 조절

삶을 바라보는 관점에 적절한 균형을 잡는 것이 중요합니다. 신체적 건강에 대한 걱정이 있더라도 당신과 당신의 삶에는 그러한 걱정보다 훨씬 더 많은 것이 있습니다. 건강과 신체적 걱정에만 집중하는 사람보다 한 사람으로서의 정체성이 훨씬 더 중요합니다. 신체적 문제에 대한 걱정에 쏟는 시간과 에너지를 조절하고 건설적이고 생산적이며 즐거운 활동에 삶의 초점을 다시 맞춰야 합니다. 이 연습은 집중력을 되찾고 시야를 넓히는 데 도움이 됩니다.

1. 가장 좋아하는 관심사, 즉 자신이 즐기는 생활 분야나 활동을 다섯 가지 나열하세요.

   A. ______________________________

   B. ______________________________

   C. ______________________________

   D. ______________________________

   E. ______________________________

2. 자신이 가지고 있고 즐기는 능력, 재능 또는 기술 다섯 가지를 나열하세요.

   A. ______________________________

   B. ______________________________

   C. ______________________________

   D. ______________________________

   E. ______________________________

3. 자신의 관심사와 능력을 고려하여 앞으로 몇 주 안에 신체 건강에 대한 신경을 끄고 보다 생산적이고 건설적이며 자극적이고 즐거운 일에 집중할 수 있는 활동 다섯 가지를 나열하세요.

   A. ______________________________

   B. ______________________________

   C. ______________________________

   D. ______________________________

   E. ______________________________

4. 신체적 문제에 대해 집중하는 것을 낮추고 건설적인 활동을 늘리기 위해 매일 30분을 정해서 신체적 문제에 대해 생각하고, 이야기하고, 기록하는 시간을 가지세요. 불편한 사항을 한 번 이상 적었더라도 여전히 마음에 남는다면 계속 기록하세요. 정해진 시간 외에는 신체적 문제에 대해 이야기하거나 생각하지 마세요.

1일차　　날짜:

시간(30분) 오전/오후 ________:________ 부터 오전/오후 ________:________ 까지.

나의 신체적 불편 또는 문제: ______________________________

____

____

2일차　　날짜:

시간(30분) 오전/오후 ________:________ 부터 오전/오후 ________:________ 까지.

나의 신체적 불편 또는 문제: ______________________________

____

____

3일차　　날짜:

시간(30분) 오전/오후 ________:________ 부터 오전/오후 ________:________ 까지.

나의 신체적 불편 또는 문제: ______________________________

____

____

연습 40-A

4일차 날짜:

시간(30분) 오전/오후 ________:________ 부터 오전/오후 ________:________ 까지.

나의 신체적 불편 또는 문제: ____

____

____

5일차 날짜:

시간(30분) 오전/오후 ________:________ 부터 오전/오후 ________:________ 까지.

나의 신체적 불편 또는 문제: ____

____

____

6일차 날짜:

시간(30분) 오전/오후 ________:________ 부터 오전/오후 ________:________ 까지.

나의 신체적 불편 또는 문제: ____

____

____

7일차 날짜:

시간(30분) 오전/오후 ________:________ 부터 오전/오후 ________:________ 까지.

나의 신체적 불편 또는 문제: ____

____

____

5. 신체 건강과 관련이 없는 어떤 걱정이나 갈등(예: 두려움, 걱정, 상처, 좌절)을 경험하고 있나요? ____

____

____

____

____

6. 때로는 5번 항목에 나열된 감정적 어려움에 직면하기보다는 신체적 불편에 집중한다는 생각이 드나요? 그렇다면 왜 그렇게 한다고 생각하시나요? ______

7. 가족과 친한 친구들에게 나의 신체적 우려에 대처하기 위해 무엇을 해야 한다고 생각하는지 물어보세요. 그들의 응답을 기록하세요(필요한 경우 추가 종이를 사용하세요).

41. 영적 혼란

치료사를 위한 개요: 나의 영성 역사

⊘ 연습의 목표

1. 영적 탐구/여정에 대한 이야기를 설명합니다.
2. 삶의 경험이 전지전능한 존재(a higher power)에 대한 믿음에 어떤 영향을 미쳤는지 살펴봅니다.
3. 영적 삶을 심화하기 위한 조치를 취합니다.
4. 영적 개념을 명확히 하고 도움을 받을 수 있는 자원으로서 전지전능한 존재(a higher power)에 접근할 수 있는 자율성을 심어줍니다.

⊘ 이 연습이 가장 유용할 수 있는 추가 문제

- 우울증-단극성
- 의료 문제
- 물질 사용
- 자살 사고

⊘ 내담자와 이 연습을 수행하기 위한 제안

연구에 따르면 활동적이고 의미 있는 영적 삶이 신체적, 정신적 건강에 긍정적인 영향을 미치는 것으로 밝혀졌습니다. 내담자의 영적 개념과 종교적 관습에 대한 경험의 역사를 살펴봅니다. 내담자가 더 깊은 영적 삶을 추구하는 데 관심을 보이는 경우 장애물을 극복할 수 있도록 도와주십시오. 내담자의 종교적, 영적 선호도를 존중하십시오.

연습 41-A

나의 영성 역사

내가 믿는 신에 대해 배우고 신과 관계를 맺은 경험에 초점을 맞춘 일대기를 써서 영적 삶을 탐구하기 시작하세요. 어린 시절 신에 대한 이해에 대한 기억부터 시작하여 그 이해를 현재에 이르기까지 추적해 보세요. 신과 친밀했던 시간, 신과 멀어졌던 시간, 신을 향한 분노, 신에 대한 질문, 신에 대한 예배 등 의미 있는 모든 순간을 포함하세요. 그런 다음 영적인 문제에 대한 생각, 믿음, 감정에 영향을 준 경험을 탐구하는 몇 가지 질문에 답하세요.

1. 나의 영적 여정–경험에 초점을 맞춘 일대기(필요한 경우 종이 뒷면 사용)

연습 41-A

2. 나는 지금 영적으로 어디에 있으며 어떻게 여기까지 왔나?

A. 나는 현재 전지전능한 존재 또는 신에 대해 무엇을 믿고 있나요?

B. 신에 대한 나의 생각은 나의 아버지나 어머니와의 경험에 의해 어떤 영향을 받았나요?

C. 내 삶의 경험이 신에 대한 나의 믿음과 감정에 어떤 영향을 미쳤나요?

D. 더 의미 있는 영적 삶을 발전시키는 데 방해가 되는 것은 무엇이라고 생각하나요?

E. 영성과 종교의 차이점은 무엇인가요? 서로 관련이 있을까요?

F. 종교인들과 어떤 긍정적, 부정적 경험을 한 적이 있나요? ______________________

G. 신이 가혹하고 비판적인 분이라고 믿나요, 아니면 사랑하고 용서하는 분이라고 믿나요? 나의 믿음은 나의 영적 관계에 어떤 영향을 미치나요? ______________________

H. 신앙과 영성의 삶을 더 의미 있게 만들기 위해 내가 할 수 있는 세 가지 일은 무엇인가요?

치료사를 위한 개요: 나의 영적 유산 목록

연습의 목표

1. 신앙이나 믿음이 발전하고 성장하는 데 방해가 되는 문제를 해결합니다.
2. 개인과 가족의 영적 역사가 주는 유익, 축복, 짐을 파악합니다.
3. 현재의 신앙과 영적 유산이 주는 혜택과 축복에 대한 인식을 높입니다.
4. 영적 성장을 방해하는 과거의 영적 짐을 내려놓습니다.

이 연습이 가장 유용할 수 있는 추가 문제

- 불안
- 우울증–단극성
- 미해결된 애도/상실
- 낮은 자존감
- 물질 사용

내담자와 이 연습을 수행하기 위한 제안

과제를 수행하게 하기 전에 이 영역을 살펴보는 것과 관련된 내담자의 생각과 감정을 확인하는 것이 좋습니다. 이렇게 하면 내담자가 과제를 최대한 활용할 수 있는 길이 열립니다. 그리고 이 영역을 대부분 어려워하는 것이 정상적이라는 것을 알려 주는 것은 내담자가 최대한 마음을 열도록 하는 데 중요합니다. 또한, 정답이 없다는 것은 무엇이 필요한 영역인지 파악하는 데 도움이 된다는 점에서 중요하다고 알려 줄 필요가 있습니다. 마지막으로, 성인과 함께 다른 작업을 할 때와 마찬가지로 과제를 처음 수행한 후에 검토와 성찰을 위한 시간을 갖게 되면 내담자에게 추가 정보와 통찰력이 제공되는 경우가 많으므로 과제를 다시 검토해야 합니다.

연습 41-B

나의 영적 유산 목록

다음 각 영역의 질문에 아는 한도 내에서 또는 가장 먼저 떠오르는 대로 답하세요. 만약 가능하다면, 그리고 그렇게 하는 것이 편안하게 느껴진다면 가족들에게 물어볼 수도 있습니다.

외조부모

종교/소속 ______________________________

참여 수준: ________ 정기 참석자

________ 준정기 참석자

________ 비정기 참석자

________ 비참석자

신에 대한 견해: ________ 처벌하는 신

________ 허용하는 신

________ 관여하지 않는 신

________ 존재하지 않는 신

의견: ______________________________

____

____

____

신앙, 선과 악, 삶과 죽음, 기도 등에 관한 그들의 신념을 살펴보세요. ______________

____

____

____

연습 41-B

이러한 질문에 대해 할아버지와 할머니 사이에 존재하는 차이점을 적어 보세요. ________

____

____

____

친조부모

종교/소속 ____

참여 수준: ________ 정기 참석자

________ 준정기 참석자

________ 비정기 참석자

________ 비참석자

신에 대한 견해: ________ 처벌하는 신

________ 허용하는 신

________ 관여하지 않는 신

________ 존재하지 않는 신

의견: ____

____

____

____

신앙, 선과 악, 삶과 죽음, 기도 등에 관한 그들의 신념을 살펴보세요. ________________

____

____

____

이러한 질문에 대해 할아버지와 할머니 사이에 존재하는 차이점을 적어 보세요. ________

____

____

____

부모

종교/소속 ______________________________

참여 수준: ________ 정기 참석자

________ 준정기 참석자

________ 비정기 참석자

________ 비참석자

신에 대한 견해: ________ 처벌하는 신

________ 허용하는 신

________ 관여하지 않는 신

________ 존재하지 않는 신

의견: ______________________________

____

____

____

신앙, 선과 악, 삶과 죽음, 기도 등에 관한 그들의 신념을 살펴보세요. ________________

____

____

____

이러한 질문에 대해 아버지와 어머니 사이에 존재하는 차이점을 적어 보세요. ________

____

____

____

자신

종교/소속 ______________________________

참여 수준: ________ 정기 참석자

________ 준정기 참석자

________ 비정기 참석자

연습 41-B

_______ 비참석자

신에 대한 견해: _______ 처벌하는 신

_______ 허용하는 신

_______ 관여하지 않는 신

_______ 존재하지 않는 신

의견: ______________________________

____

____

____

신앙, 선과 악, 삶과 죽음, 기도 등에 관한 나의 신념: ______________________________

____

____

____

신앙을 발전시키는 데 가장 큰 영향을 준 사람은 누구인가요? ______________________________

____

____

____

기도에 대한 나의 신념은 무엇인가요? ______________________________

____

____

____

얼마나 자주 기도하시나요? _______ 지속적으로

_______ 매일

_______ 자주

_______ 가끔

_______ 드물게

_______ 전혀 안함

_______ 어려운 시기에

이제 나의 영적 유산을 살펴보고 다음에 대해 생각해 보세요.

은혜/축복:

1. ______________________
2. ______________________
3. ______________________
4. ______________________
5. ______________________

장벽/장애물:

1. ______________________
2. ______________________
3. ______________________
4. ______________________
5. ______________________

42. 물질 사용

치료사를 위한 개요: 사후 관리 계획의 구성 요소

연습의 목표

1. 비중독상태(Sobriety)를 유지하려면 다양한 생활 변화와 지원 요소가 필요하다는 것을 인정합니다.
2. 회복에 도움이 될 구체적인 사후 관리 구성 요소를 파악합니다.
3. 비중독상태를 장기간 유지합니다.
4. 기분을 변화시키는 모든 물질을 사용하지 않고 지속적인 회복을 확립합니다.

이 연습이 가장 유용할 수 있는 추가 문제

- 없음

내담자와 이 연습을 수행하기 위한 제안

물질 남용에서 회복하려면 다각적인 접근이 필요합니다. 자연스러운 재발 경향을 극복하기 위해 다양한 지원 시스템이 필요하다는 점을 내담자에게 자주 상기시켜야 합니다. 구조화된 사후 관리 계획은 치료 초기부터 중간 단계까지 내담자가 작성해야 합니다. 내담자가 양식에서 요청하는 필수 정보를 작성할 수 있도록 도와주십시오. 내담자의 회복을 지원하는 데 필요하다고 생각되는 또 다른 정보를 추가합니다.

사후 관리 계획의 구성 요소

장기적인 비중독상태를 유지하려면 회복 노력을 지원하는 다양한 구성 요소가 포함된 사후 관리 계획이 필요합니다. 이 과제를 통해 장기적인 비중독상태 유지를 위해 어떤 구성 요소에 의존할지 정할 수 있습니다. 회복의 유일한 구성 요소가 '특정 물질 사용을 중단하겠다'는 것뿐이라면 비중독상태는 결코 유지될 수 없습니다. 물질 남용이 한 사람의 삶을 지배하는 힘이 된 후에는 순수한 의지력만으로는 비중독상태를 유지할 수 없으며, 앞으로도 그럴 수 없습니다. 계획을 강력하게 유지하고 앞으로 나아가기 위해서는 다양한 요소가 필요합니다.

회복하는 동안 사용할 자원에 관한 관련 정보를 빈칸에 모두 기입하세요.

A. 알코올/마약 중독자 익명 모임

장소? ______________________________

시간? ______________________________

일주일에 몇 번? ______________________________

B. 후원자

누구? ________________ 전화 번호 ________________

C. 상담

누구와 함께? ________________ 전화 번호 ________________

얼마나 자주? ______________________________

D. 가족 상담

누구와 함께? ________________ 요일 및 시간 ________________

E. 영적 지지 그룹

어디에서? ______________________ 얼마나 자주? ______________________

F. 고용(직장)

어디에서? ______________________ 주당 근무시간 ______________________

G. 채용 정보 검색

어떻게 검색하시나요? ______________________

얼마나 자주 검색하시나요? ______________________

H. 여가

무엇을 할까요? ______________________

언제 할 건가요? ______________________

I. 새로운 비중독자(sober) 친구들

그들은 누구인가요? ______________________

함께 무엇을 하실 건가요? ______________________

새로운 친구를 어떻게 사귀시나요? ______________________

J. 운동 프로그램

무엇을 할까요? ______________________

언제 할 건가요? ______________________

일주일에 몇 번이나 할까요? ______________________

K. 보호관찰/가석방 관련 담당자와의 연락

누구? ______________________ 얼마나 자주? ______________________

L. 자녀 방문

어디에서? ______________________ 날짜와 시간 ______________________

M. 수면 일정

취침시간? ______________________ 기상 시간? ______________________

N. 식사 일정

아침식사 시간? ______

점심식사 시간? ______

저녁식사 시간? ______

O. 기타 중요한 구성 요소: ______

______

______

P. 또 다른 중요한 구성 요소: ______

______

______

사후 관리 회복 계획에서 가장 중요한 세 가지 구성 요소를 나열하고 이러한 사항을 어떻게 이행할 것인지 설명하십시오. ______

______

______

______

______

______

치료사를 위한 개요: 재발을 일으키는 요인 및 단서 파악*

연습의 목표

1. 개인적인 상황에 따른 재발을 일으키는 요인과 단서에 대한 인식을 높입니다.
2. 재발 위험이 높은 고위험 상황을 인식합니다.
3. 재발을 일으키는 요인, 단서, 경고 신호를 관리하기 위한 대체 대처 전략을 개발합니다.

이 연습이 가장 유용할 수 있는 추가 문제

- 없음

내담자와 이 연습을 수행하기 위한 제안

이 활동은 새로 회복 중인 내담자가 환경적 재발 요인과 내적 재발 요인을 모두 파악하고, 재발 요인이 발생했을 때 이를 신속하게 파악하고 대처할 수 있는 전략을 계획하도록 돕기 위해 설계되었습니다. 후속 조치에는 '재발 방지 계획' 활동을 완료하고, 이 연습에서 얻은 정보를 활용하여 작업한 일지를 작성하고, 확인된 전략의 결과를 치료사 또는 그룹에 보고하는 것이 포함될 수 있습니다.

* 이 과제는 J. R. Finley와 B. S. Lenz의 중독 치료 과제 플래너(Hoboken, NJ: Wiley, 2009)를 각색한 것입니다.

연습 42-B

재발을 일으키는 요인 및 단서 파악

재발은 흔한 일이지만 예방할 수 있습니다. 재발을 예방하려면 중독성 행동을 유발할 수 있는 요인에 대한 인식과 그러한 요인이 발생했을 때 그에 대한 조치를 취하려는 의지가 필요합니다. 이 연습의 목적은 스스로에게 질문을 던져 재발을 일으킬 가능성이 있는 요인에 대한 인식을 높이고 이에 대처하고 재발을 예방하기 위한 계획을 세우는 것입니다.

위험한 상황

1. 재발은 종종 과거에 중독성 행동과 관련이 있었던 광경, 소리, 상황에 의해 촉발됩니다. 회복 중에 있는 많은 사람들은 경계하지 않는 한 음주, 약물 사용, 도박을 했던 사람들과 함께 있을 때 자동으로 예전의 행동 패턴으로 돌아간다는 사실을 알게 됩니다. 과거에 중독성 행동을 주로 함께 했던 사람 또는 그런 부류의 사람들은 누구인가요?

___

___

___

2. 중독성 행동은 때로는 사회적 활동이기 때문에, 당신이 예전 습관을 계속하기를 기대하는 사람들을 알고 있을 수 있습니다. 이들은 당신의 회복을 이해하지 못하거나 관심을 갖지 않을 수 있으며, 재발을 유도하기 위해 설득, 놀림 또는 논쟁을 사용할 수 있습니다. 당신의 삶에서 중독성 행동이 재발하도록 사회적 압력을 행사할 가능성이 가장 높은 사람은 누구입니까? (이 목록에는 질문 1에 기재한 사람 중 전부 또는 일부가 포함될 수 있습니다.)

___

___

___

연습 42-B

3. 회복 중인 많은 사람은 가족, 친구, 동료 등 다른 사람들이 자신의 중독을 조장했다는 사실을 알게 됩니다(즉, 이들이 중독의 결과를 피하도록 도와주거나 다른 방식으로 중독을 계속하기 쉽게 만들어 주었습니다). 중독을 조장한 사람이 있다면 나열해 주세요.

4. 앞서 나열한 각 사람(음주/약물/도박 동반자, 재발을 압박하는 사람, 조력자)에 대해 그들의 행동으로 인해 유발된 재발을 어떻게 피할 것인지 설명하세요.

5. 재발 위험이 가장 크다고 생각하는 사회적 상황은 무엇인가요?

6. 많은 사람이 스트레스에 대처하기 위해 중독을 사용하며, 때로는 인간 관계 문제가 극심한 스트레스가 될 수 있습니다. 당신의 미래를 생각할 때 어떤 관계의 어려움으로 인해 중독 패턴으로 돌아갈 위험에 처할 수 있나요?

7. 또한 우리 중 많은 사람에게 중독은 일상의 일부가 되어 퇴근 직후와 같은 특정 시간대에 자동으로 하는 일이 되었다는 사실을 알 수 있습니다. 이전의 일상을 돌아보면 하루 중 어떤 시간대에 중독이 재발할 가능성이 가장 높은가요?

8. 많은 사람이 술을 마시는 친구와 함께 있거나, 오랜 단골 술집에 가는 등 어려운 상황에서 자신의 회복 능력을 시험해 보고 싶은 욕구를 느낍니다. 이는 종종 재발로 이어지며 불필요한 위험을 초래합니다. 회복 상태를 유지할 수 있는 능력을 테스트해 본 방법을 설명하세요.

9. 스트레스로 인한 재발을 방지하는 또 다른 방법으로, 중독에 빠지지 않고 대처하기 위해 준비해야 하는 현재 상황과 미래의 생활 사건에 대해 생각해 보세요. 그것들은 무엇인가요?

10. 이러한 상황에 대처하기 위한 계획은 무엇인가요? 앞서 나열한 상황에서 재발에 대한 압박과 유혹에 대처하기 위해 어떤 변화를 기꺼이 받아들이고 할 수 있습니까?

11. 중독성 있는 행동을 하고 싶은 충동이나 갈망을 경험할 때, 몸은 어떻게 느껴지나요?

12. 중독적으로 행동하고 싶은 충동을 경험할 때, 주로 어떤 감정을 느끼나요?

연습 42-B

13. 앞서 언급했듯이 중독은 종종 스트레스에 대처하기 위한 도구(즉, 싫어하는 감정을 더 편한 감정으로 바꾸는 방법)입니다. 어떤 불쾌한 감정이 재발의 가장 큰 위험 요인이 될까요?

____

____

____

14. 사람들은 대체로 다음의 감정에 대처하기 위해 화학물질을 사용합니다. 물질 남용을 대체할 수 있는 대안이 없으면 재발 위험이 높아지므로, 대처하기 위해 마시거나 사용하지 않기로 결심하는 것뿐만 아니라 무엇을 할 것인지 아는 것도 중요합니다. 각 감정 옆에 해당 감정에 대처하기 위해 물질을 사용하는 대신 무엇을 할 것인지 설명하세요.

감정	대처 방법
분노	______________________
불안	______________________
지루함	______________________
슬픔	______________________
피로	______________________
두려움	______________________
좌절	______________________
외로움	______________________
무관심	______________________
자기 연민	______________________
수치심	______________________
우울	______________________
기타 감정	______________________

치료사를 위한 개요: 재발 방지 계획*

연습의 목표

1. 재발 트리거(촉발 요인) 및 경고 신호에 대처하기 위한 행동 계획을 수립합니다.
2. 회복에 대한 의지를 평가합니다.
3. 계획을 통해 회복에 대한 책임감을 높이고 성공 가능성을 높입니다.

이 연습이 가장 유용할 수 있는 추가 문제

- 없음

내담자와 이 연습을 수행하기 위한 제안

이 활동은 회복을 시작하거나 재발 위험을 증가시키는 스트레스를 경험하는 내담자에게 재발을 일으키는 요인과 단서를 예측하고, 대처 또는 회피 전략을 계획하고, 재발 과정의 조기 경고 신호를 발견하고, 회복을 유지하는 데 사용할 자원, 전략 및 관계를 파악하기 위한 개인화된 계획을 수립하는 구조화된 프레임워크(frame work)를 제공합니다. 최상의 결과를 얻으려면 이 활동을 배정하기 전에 내담자에게 '재발을 일으키는 요인 및 단서 파악'(연습 42-B 참조)을 완료하도록 합니다. 후속 조치에는 내담자가 치료사, 치료 그룹 및 프로그램 후원자에게 계획을 발표하게 하고, 계획 준수에 대한 일지 또는 일기를 작성하고, 내담자가 계획한 전략을 사용한 결과에 대해 보고하는 것이 포함될 수 있습니다.

---

* 이 과제는 J. R. Finley와 B. S. Lenz의 Addiction Treatment Homework Planner (Hoboken, NJ: Wiley, 2009)를 각색한 것입니다. Copyright © by John Wiley & Sons, Inc. 허가를 받아 재인쇄됨.

재발 방지 계획

개인적인 재발 트리거(촉발 요인)와 재발 경고 신호를 파악했다면, 중독으로 다시 돌아가기 전에 재발 과정과 이를 조기에 발견하는 방법을 알게 된 것입니다. 이제 이 정보를 바탕으로 구체적인 전략을 세워 실천에 옮겨야 할 때입니다. 이 계획을 더 많이 세우고 더 구체적으로 세울수록 알코올, 약물 또는 기타 중독성 행동 패턴에 의존하지 않고 일상생활과 예기치 않은 스트레스 상황에 대처할 수 있는 준비가 더 잘 이루어질 것입니다.

1. 먼저, 비중독상태에 대한 자신의 생각과 감정을 평가합니다. 고통스러운 감정을 차단하거나 쾌락을 추구하기 위해 마음을 변화시키는 화학물질이나 중독성 있는 행동을 사용하지 않고 삶을 살기 위해 필요한 모든 조치를 취할 준비가 되셨나요? 이에 대한 당신의 태도를 설명하세요.

2. 중독으로 돌아간다면 어떤 결과가 초래되나요?

3. 재발 트리거(촉발 요인)와 경고 신호에 대한 연습 문제를 참조하거나 재발 과정에 대해 알고 있는 모든 정보를 활용하세요. 재발에 대한 가장 중요한 개인적 유발 요인 및 경고 신호 열 가지와 이에 대처하기 위해 무엇을 할 것인지 나열하세요.

재발 트리거(촉발 요인)/경고 신호	피하기 위한 구체적 계획 (음주/물질사용/중독성 행동)
예시: 절망감	**진행 상황 검토**: 다른 사람들에게 어떤 성장이 보이는지 물어보기
예시: 사용 충동	**회의 참석**: 후원자에게 연락하기, 명상하기
________________	________________
________________	________________
________________	________________
________________	________________
________________	________________
________________	________________
________________	________________
________________	________________
________________	________________

4. 회복은 혼자서 하는 과정이 아니기 때문에 다른 사람의 도움 없이 그만두려고 시도하는 사람들은 대개 재발합니다. 지원과 도움을 받기 위해 누구에게 연락합니까? 여섯 명을 나열하세요.

이름	전화번호
________________	________________
________________	________________
________________	________________
________________	________________
________________	________________
________________	________________

5. 비상 계획: 재발 방지 계획에는 스트레스가 많은 상황이나 갑작스러운 위기가 발생하여 물질 사용이나 음주 또는 중독 행동으로 돌아가고 싶은 강한 충동을 유발하는 경우 어떻게 대처할 것인지가 포함되어야 합니다. 간단하고 즉시 시작할 수 있는 계획을 작성하세요.

6. 중독성 행동을 관리하려면 일상을 바꾸는 것이 중요합니다. 비중독 상태를 유지하기 위해 하루를 어떻게 시작하고 마무리할까요?

7. 재발 방지 계획에는 알코올 중독자 익명 모임, 마약 중독자 익명 모임, 도박 중독자 익명 모임 등 지지 그룹에 참석하는 것이 포함되어야 합니다. 정기적으로 참석하기로 약속한 모임을 나열하세요.

그룹 이름	요일 및 시간	위치

8. 이 계획을 실행하는 데 장애물이나 장벽이 있을 것으로 예상되나요? 있다면 어떤 것들이 있나요?

9. 회복을 방해하는 이러한 장애물이나 경험한 다른 장애물에 대해 어떻게 하시겠습니까?

10. 계획이 충분하지 않아 재발하는 경우, 회복을 정상 궤도로 되돌리려면 어떻게 해야 하나요?

11. 이 계획 중 이미 실행하고 있는 부분이 있습니까? 어떤 것들이 있으며 얼마나 효과가 있었나요?

12. 이제 계획을 세웠으므로 계획의 성공 여부를 점검하고 필요에 따라 수정하거나 추가하는 것이 중요합니다. 언제 누구와 함께 정기적으로 진행 상황을 점검할까요?

사람	진행 상황에 대해 이야기할 시기

치료사를 위한 개요: 재발 트리거(촉발 요인)

연습의 목표

1. 잠재적인 재발을 일으키는 요인에 대한 인식을 높입니다.
2. 각 재발의 트리거(촉발 요인)에 대한 대처 기술을 파악합니다.
3. 기분을 변화시키는 모든 물질에 대한 무력감을 받아들이고 타인의 도움을 포함한 체계적인 회복 프로그램의 필요성을 인정합니다.
4. 모든 기분 변화 물질의 장기간의 비중독 상태를 유지하는 데 필요한 기술을 습득합니다.

이 연습이 가장 유용할 수 있는 추가 문제

- 없음

내담자와 이 연습을 수행하기 위한 제안

내담자가 재발을 유발할 가능성이 가장 높은 사람, 장소, 사물을 파악할 수 있더라도 이러한 각 유발 요인에 대한 대처 기술을 나열하는 데는 상당한 지침이 필요할 수 있습니다. 지원과 추가 지침을 제공하기 전에 내담자가 스스로 이러한 대처 기술을 파악하기 위해 노력하게 하십시오. 특정 유발 상황에 대해 두 가지 이상의 대처 기술이 권장될 수 있습니다.

연습 42-D

재발 트리거(촉발 요인)

알코올 중독자 익명모임(AA)에서는 물질 남용의 재발을 유발할 수 있는 사람, 장소, 사물을 '재발 트리거(relapse triggers)'라고 합니다. 물질 사용의 유혹에 대한 취약성을 높일 수 있는 사람이나 상황을 파악하는 것이 매우 중요합니다. 물질 사용의 트리거를 파악하는 것은 향후 약물 사용의 영향력을 최소화하기 위해 이러한 각 트리거에 대처하기 위한 계획을 세우는 첫 번째 단계입니다.

1. 경험상 기분 전환 물질을 다시 사용하도록 유혹하는 사람, 장소 또는 사물을 여덟 개 항목 이상 나열합니다. 친구 또는 동료, 가족, 약물 또는 알코올 사용 장소, 약물 또는 알코올 구매 장소, 약물 또는 알코올 사용과 관련된 강한 감정, 물질 사용과 관련된 여가 활동, 사용 기회를 제공하는 재정 상황 등을 고려하세요.

A. ______________________________

____

B. ______________________________

____

C. ______________________________

____

D. ______________________________

____

E. ______________________________

____

F. ______________________________

____

G. ____________________

____

H. ____________________

____

2. 나열한 각 트리거를 고려하고 약물 사용으로 돌아가지 않기 위해 이러한 상황, 사람 또는 감정에 대처할 수 있는 긍정적인 방법을 적습니다. 대처 기술에 대해서는 치료사와 상담해야 할 수도 있지만, 스스로 몇 가지 방법을 생각해 보세요. 알코올 중독자 모임, 후원자 접촉, 고강도 명상, 긍정적 지지 그룹, 긍정적 관계, 일대일 상담, 특정 친구나 장소 피하기, 손에 돈을 가지고 있지 않기, 여가 활동 늘리기 등을 고려하세요.

A. ____________________

____

B. ____________________

____

C. ____________________

____

D. ____________________

____

E. ____________________

____

F. ____________________

____

G. ____________________

____

H. ____________________

____

3. 강력한 영향력을 피하기 위해 주의해야 할 가장 중요한 세 가지 트리거는 무엇인가요?

A. ____________________

B. ____________________

C. ____________________

4. 비중독상태를 유지하는 데 도움이 될 것으로 생각하는 가장 중요한 대처 기술 세 가지는 무엇인가요?

A. ____________________

B. ____________________

C. ____________________

치료사를 위한 개요: 물질 남용의 부정적 영향 vs. 비중독상태의 긍정적 영향

연습의 목표

1. 물질 남용의 부정적인 결과를 인정함으로써 부정과 최소화를 무너뜨립니다.
2. 회복의 잠재적인 긍정적 결과를 인식함으로써 비중독상태에 대한 희망과 동기를 높입니다.
3. 비중독상태를 촉진할 수 있는 회복 프로그램에 참여합니다.
4. 질병과 회복 과정에 대한 지식을 늘리면서 완전한 중단을 확립하고 유지합니다.

이 연습이 가장 유용할 수 있는 추가 문제

- 없음

내담자와 이 연습을 수행하기 위한 제안

화학 물질에 의존하는 내담자의 거부를 극복하는 것은 어려운 과제입니다. 이 과제는 내담자가 물질 사용이 자신의 삶과 타인의 삶에 미치는 파괴적인 영향을 평가할 수 있는 기회를 제공합니다. 최소화 또는 부정으로 인해 내담자의 물질 남용 패턴을 둘러싼 부정적인 결과를 정직하게 인정하지 못하는 경우 직면이 사용될 수 있습니다. 정직성이 입증되면 강화와 지지를 제공해야 합니다. 절망감과 무력감이 우세한 경우가 드물지 않으므로 화학물질 의존증 내담자에게 비중독상태가 미래에 미칠 긍정적인 영향에 대한 비전을 제시하는 것이 필요할 수 있습니다.

연습 42-E

물질 남용의 부정적 영향 vs. 비중독상태의 긍정적 영향

비중독상태를 유지하려면 물질 사용이 자신과 타인의 삶에 미친 부정적인 영향을 부정하거나 최소화하지 않고 인정해야 하며, 반대로 비중독상태가 자신과 타인의 삶에 긍정적인 영향을 미칠 수 있다는 사실을 받아들여야 합니다. 이 과제는 자신의 약물 사용 이력으로 인한 부정적인 결과를 정직하게 평가하고 비중독상태가 자신과 타인에게 어떤 긍정적인 결과를 가져올지 예상해 볼 수 있는 기회를 제공합니다.

1. 물질 사용이 당신의 삶에 미친 부정적인 영향을 여덟 가지 이상 나열하세요. 건강, 인간 관계, 자존감, 고용, 법적 문제, 재정, 우정, 가족 관계, 자녀 등을 고려합니다.

   A. ______________________________

   B. ______________________________

   C. ______________________________

   D. ______________________________

   E. ______________________________

   F. ______________________________

   G. ______________________________

H. ____

____

2. 당신의 물질 사용이 다른 사람의 삶에 미친 부정적인 영향을 여덟 가지 이상 나열하세요. 친구, 가족, 고용주, 자녀, 직장 동료, 이웃, 상담사, 성직자, 알코올 중독자, 후원자 등을 고려하세요(약물 사용으로 인해 영향을 받은 사람 뿐만 아니라 그들이 어떤 영향을 받았는지 설명하세요).

A. ____

____

B. ____

____

C. ____

____

D. ____

____

E. ____

____

F. ____

____

G. ____

____

H. ____

____

3. 비중독상태가 당신의 삶에 미칠 긍정적인 영향을 여덟 가지 이상 나열하세요. 1번에서 검토한 것과 동일한 영역을 고려하세요.

A. ____

____

B. ____

____

C. ____

____

D. ____

____

E. ____

____

F. ____

____

G. ____

____

H. ____

____

4. 비중독상태가 다른 사람들의 삶에 미칠 긍정적인 영향을 여덟 가지 이상 나열하세요. 2번에서 생각한 사람들과 같은 사람들을 생각해 보세요.

A. ____

____

B. ____

____

C. ____

____

D. ____

____

E. ____

____

F. ____

____

G. ____

____

H. ____

____

5. 물질 사용이 당신의 삶에 미치는 가장 중요한 부정적인 결과 세 가지를 나열하세요. 1번에서 선택합니다.

A. ____

B. ____

C. ____

이것들을 가장 중요한 항목으로 선택한 이유는 무엇인가요? ______________________

____

6. 당신의 물질 사용이 다른 사람에게 미치는 가장 중요한 부정적인 결과 세 가지를 나열하세요. 2번에서 선택합니다.

A. ____

B. ____

C. ____

이것들을 가장 중요한 항목으로 선택한 이유는 무엇인가요? ______________________

____

7. 개인 생활에서 비중독상태의 가장 중요한 긍정적 결과 세 가지를 나열하세요. 3번에서 선택합니다.

A. ____

B. ____

C. ____

이것들을 가장 중요한 항목으로 선택한 이유는 무엇인가요? ______________________

____

8. 비중독상태가 다른 사람들의 삶에 미치는 가장 중요한 긍정적인 결과 세 가지를 나열하세요. 4번에서 선택합니다.

A. ______

B. ______

C. ______

이것들을 가장 중요한 항목으로 선택한 이유는 무엇인가요? ______

______

9. 물질 사용의 부정적인 결과와 함께 물질 사용이 지속될 확률을 줄이고, 긍정적인 결과와 함께 비중독상태를 유지할 확률을 높이기 위해 생활에서 어떤 변화를 줄 수 있나요?

______

______

______

______

______

______

______

43. 자살 사고

치료사를 위한 개요: 왜곡되고 부정적인 생각의 일지

연습의 목표

1. 자살 사고를 일으키기 전의 생활 요인을 파악합니다.
2. 자살 충동을 유발하는 왜곡된 인식과 낙담하는 생각을 파악합니다.
3. 절망감과 무력감을 매개하는 부정적인 사고 패턴을 파악하고 대체합니다.

이 연습이 가장 유용할 수 있는 추가 문제

- 경계성 성격 장애
- 우울증-단극성

내담자와 이 연습을 수행하기 위한 제안

내담자가 자살 충동을 유발하는 상황과 왜곡된 인식을 파악하는 일지를 작성한 후에는 내담자의 사고에 정확성이 결여되어 있는 부분에 대해 문제를 제기하는 것이 가장 중요합니다. 각 역기능적 사고는 긍정적이고 자기 강화적인 사고로 대체되어야 합니다. 부정적이거나 낙담하는 생각을 보다 긍정적이거나 현실에 기반한 메시지로 대체하도록 내담자를 도와야 할 수도 있습니다. 이 과제의 일지 사본을 추가로 제공하여 추후에 발생할 수 있는 사고를 대비합니다.

연습 43-A

왜곡되고 부정적인 생각의 일지

우울증과 절망의 그물에 갇혀 있을 때는 자신을 삶의 끝자락으로 밀어붙이는 상황과 생각을 파악해야 합니다. 이 연습은 왜곡되고 낙담하는 생각과 그러한 생각을 유발하는 상황을 발견하는 데 도움이 됩니다. 또한 자신이 처한 상황과 자신을 지지하고 돌봐 주는 사람들의 긍정적인 측면을 파악하여 자신의 삶에 대한 관점을 얻는 것도 중요합니다.

1. 자살을 생각하게 만드는 상황과 자기 패배적이고 부정적인 생각을 매일 기록하세요.

사건 1 요일/날짜: __________ __________	유발 상황	
	낙담하는 생각	

사건 2 요일/날짜: __________ __________	유발 상황	
	낙담하는 생각	

연습 43-A

사건 요일/날짜: __________ __________	유발 상황	
	낙담하는 생각	

사건 요일/날짜: __________ __________	유발 상황	
	낙담하는 생각	

사건 요일/날짜: __________ __________	유발 상황	
	낙담하는 생각	

2. 가장 흔하게 발생하는 낙담적인 생각은 무엇인가요? ______________________

____

____

____

3. 낙담적인 생각의 목록을 검토한 후, 이를 보다 긍정적이거나 현실에 기반한 자기대화로 바꿔 보세요. ______________________

____

____

____

4. 가장 큰 갈등과 절망을 야기하는 상황은 어떤 것인가요? ______________________

____

____

____

5. 현재 삶에서 희망을 주는 긍정적인 측면은 무엇인가요? ______________________

____

____

____

6. 도움과 지원을 요청할 수 있는 사람은 누구인가요? ______________________

____

____

____

____

치료사를 위한 개요: 자해금지 서약

연습의 목표

1. 자살 사고나 자해 충동을 경험했을 때 따를 행동 계획을 수립합니다.
2. 자해에 대한 심각한 충동이 발생하면 치료사나 다른 응급 전화에 연락하겠다는 약속을 구두로 합니다.
3. 자살 사고나 자해 충동을 경험할 때 의지할 수 있는 개인 및 기관의 지원 네트워크를 구축합니다.
4. 자신과 미래에 대한 희망감을 회복합니다.

이 연습이 가장 유용할 수 있는 추가 문제

- 양극성 장애–조증
- 우울증–단극성
- 성폭력 피해자

내담자와 이 연습을 수행하기 위한 제안

이 개입에서 내담자는 자살 사고나 자해 충동을 경험할 경우 특정 개인이나 기관에 연락하는 데 동의하는 공식 계약서에 서명해야 합니다. 이 계약은 내담자가 자살을 시도하려고 할 때 이용할 수 있는 지원 네트워크가 있음을 상기시켜 줍니다. 또한 이 계약은 내담자가 어려움에 처했을 때 중요한 사람을 동원하는 데 도움이 됩니다. 먼저, 내담자의 자살 위험을 평가하고 입원 치료가 필요한지 여부를 결정합니다. 이 계약은 입원 치료가 필요한 경우 입원 치료를 대신할 수 있는 것은 아닙니다. 내담자, 부모, 치료사는 내담자가 어떠한 자해 행위도 하지 않겠다고 구두로 약속하고 자살 사고나 충동을 경험할 때 다른 사람에게 알리는 데 동의한 후에만 계약서에 서명해야 합니다. 내담자가 계약서에 서명하기를 거부하는 것은 입원 치료가 필요하다는 강력한 지표이지만, 반대로 서명 의사가 내담자를 자해로부터 보호하기 위해 입원이 필요하지 않다는 단일한 의미로 해석되어서는 안 됩니다. 내담자가 향후 자살을 시도하려고 할 경우를 대비하여 위기 핫라인이나 지역 병원 응급실과 같은 중요한 기관 또는 개인의 전화번호를 확보합니다.

연습 43-B

자해금지 서약

이 서약은 당신의 안전을 지키기 위해 만들어졌습니다. 자살 사고나 자해 충동을 경험할 경우 어떤 방식으로든 자해를 하지 않고 이를 중요한 기관이나 사람에게 알리는 데 동의하는 자해금지 계약서에 서명합니다. 이 계약서에 서명함으로써 당신은 자신의 삶이 소중하고 자신이 가치 있는 사람이라는 것을 인정합니다. 또한 이 계약은 슬프거나 상처를 받았을 때 의지할 수 있는 다른 사람이나 기관이 있다는 사실을 상기시켜 줍니다.

1. 다음 서약서에는 두 가지 중요한 약속이 포함되어 있습니다. 첫째, 어떤 방식으로든 자신을 해치지 않겠다고 약속합니다. 둘째, 향후 자살 사고와 충동을 경험하는 경우 다른 중요한 사람이나 기관에 알릴 것을 약속합니다. 서약서에는 자살 사고를 경험할 때 도움을 청할 수 있는 중요한 개인 또는 기관의 이름과 전화번호가 포함되어 있습니다. 필요한 경우 중요한 전화번호를 빠르게 찾을 수 있는 은밀하고도 쉽게 접근할 수 있는 곳에 서약서를 비치합니다. 예를 들어, 서약서를 책상 맨 위 서랍이나 전화기와 가까운 서류철에 보관하세요. 자살 사고나 자해 충동을 경험하는 경우 주저하지 말고 서약서에 명시된 개인 또는 기관에 연락하세요.

2. 서약서에 서명한 후 상담 세션에 참석하여 후속 조치를 취하세요. 치료사 또는 상담사가 약물 치료의 필요성에 대해 이야기할 수 있습니다. 이 선택에 대해 치료사와 신중하게 이야기하고 궁금한 점이 있으면 언제든지 질문하세요. 치료나 상담은 힘든 작업일 수 있으며, 때로는 고통스러운 생각, 감정 또는 기억과 마주해야 하는 경우도 있습니다. 치료사는 자살 사고나 충동을 유발하는 요인을 살펴볼 것입니다. 이러한 요인을 파악하면 문제를 해결하거나 처리할 수 있는 보다 효과적인 방법을 찾을 수 있습니다. 마찬가지로, 치료사는 당신의 필요를 충족시킬 수 있는 건설적인 방법을 찾는 데 도움을 줄 수 있습니다. 치료나 상담은 힘든 일이 될 수 있지만, 결국에는 치료나 상담을 통해 더 강한 사람이 될 수 있습니다.

연습 43-B

자해금지 서약서

본인 ________은 어떤 방식으로든 자신을 해치거나 다치게 하지 않을 것에 동의합니다.
(내담자 이름)

본인 ________은 자살 사고 또는 자해 충동을 경험하는 경우 나열된 기관 또는 개인 중 적어
(내담자 이름)

도 한 곳 이상에 반드시 연락할 것에 추가로 동의합니다.

내담자 서명 ______________________

배우자/중요한 타인의 서명 ______________________

부모 또는 친구의 서명 ______________________

치료사 서명 ______________________

개인 또는 기관의 이름	**전화번호**
배우자: ____________	휴대폰/집: ________ 직장 ________
부모: ____________	휴대폰/집: ________ 직장 ________
친구: ____________	휴대폰/집: ________ 직장 ________
치료사: ____________ (이름)	전화: ____________
위기 핫라인: ____________ (기관 이름)	전화: ____________
응급실: ____________ (병원 이름)	전화: ____________
정신 병원: ____________	전화: ____________
기타: ____________ (이름)	전화: ____________
기타: ____________ (이름)	전화: ____________

치료사를 위한 개요: 자살 사고와 감정에 저항하는 전략

연습의 목표

1. 자살 충동이 나타날 때 스스로를 해하고자 하는 충동을 성공적으로 억제할 수 있는 전략을 개발합니다.
2. 자살 사고와 감정이 떠오를 때 살아야 하는 이유를 파악하고 말로 표현합니다.
3. 자살 충동을 완화하기 위해 차분하고 위로가 되는 활동에 참여합니다.
4. 자살 위기 상황을 안정화시킵니다.
5. 자신과 미래에 대한 희망감을 회복합니다.

이 연습이 가장 유용할 수 있는 추가 문제

- 양극성 장애–우울증
- 양극성 장애–조증
- 경계성 성격 장애
- 우울증–단극성

내담자와 이 연습을 수행하기 위한 제안

이 과제에서는 내담자가 자해 충동에 저항하는 데 도움이 될 수 있는 세 가지 전략을 사용합니다. 먼저 내담자에게 삶의 구체적인 이유를 파악하도록 요청합니다. 이 목록은 내담자에게 의미와 목적의식을 제공해야 합니다. 다음으로 자살 충동을 극복하는 데 도움이 될 수 있는 진정 활동 목록을 확인하도록 지시합니다. 마지막으로 내담자가 힘들 때 의지할 수 있는 지지자 목록을 확인하도록 합니다. 이 과제는 치료 세션에서 완료할 수 있습니다. 자살 충동이 떠오를 때 검토할 수 있도록 내담자에게 응답이 적힌 과제지를 집에서 쉽게 접근할 수 있는 곳에 두도록 지시합니다. 이 과제는 이 장의 다른 과제와 함께 사용하여 자살 방지 계획을 수립하는 데 도움을 줄 수 있습니다. 이러한 전략이 자살 충동을 극복하는 데 도움이 되지 않는다고 판단되는 경우 내담자에게 치료사, 24시간 핫라인 또는 기타 지지적인 가족 및 친구에게 연락하도록 강력히 권유해야 합니다.

연습 43-C

자살 사고와 감정에 저항하는 전략

삶의 목적과 의미를 갖는 것은 새로운 희망을 가져다줄 수 있습니다. 희망은 우울증과 싸우고 자해 충동에 저항하는 데 강력한 힘이 될 수 있습니다. 이 과제에서는 자살 충동이 일어날 때 당신 스스로를 해하고 싶은 충동을 억제하는 데 사용할 수 있는 세 가지 전략을 강조합니다.

1. 먼저 삶의 이유에 대해 생각해 보세요. 혼자서 또는 다른 지지자의 도움을 받아 이 작업을 수행할 수 있습니다. 성찰의 시간을 보낸 후, 당신이 살아가는 이유를 나열하세요(공간이 더 필요하면 이 페이지 뒷면에 이유를 더 추가하세요).

   A. ______________________________

   B. ______________________________

   C. ______________________________

   D. ______________________________

   E. ______________________________

2. 다음으로 정신이 혼미하거나 크게 화가 났을 때 자신을 위로하기 위해 할 수 있는 활동 목록을 확인합니다. 자살 충동을 느낄 때 자신을 진정시키거나 위로하기 위해 무엇을 할 수 있나요? (공간이 더 필요하면 이 페이지 뒷면에 활동을 더 추가하세요.)

   A. ______________________________

   B. ______________________________

   C. ______________________________

   D. ______________________________

3. 정신이 혼미하거나 화가 날 때 지지해 주거나 이해해 주는 사람과 이야기하는 것이 도움이 되는 경우가 많습니다. 속상하거나 스트레스를 받을 때 누구에게 의지할 수 있나요? 전화번호와 함께 최소 다섯 명 이상을 기재하세요.

이름: ______________________ 전화번호 #: ______________

이름: ______________________ 전화번호 #: ______________

이름: ______________________ 전화번호 #: ______________

이름: ______________________ 전화번호 #: ______________

이름: ______________________ 전화번호 #: ______________

자살 충동과 감정이 떠오를 때 삶의 이유, 위로할 수 있는 활동, 도움을 받을 수 있는 사람을 확인할 수 있도록 이 문서를 집에서 쉽게 볼 수 있는 곳에 보관하세요.

치료사를 위한 개요: 자살의 여파

연습의 목표

1. 자살이 가족과 중요한 타인에게 미칠 수 있는 파괴적인 영향을 파악합니다.
2. 자살 충동과 자기 파괴적 행동의 기저에 있는 충족되지 않은 욕구를 파악합니다.
3. 자신과 미래에 대한 희망감을 회복합니다.
4. 자살 사고나 자해 충동을 경험할 때 의지할 수 있는 지지 네트워크를 파악합니다.

이 연습이 가장 유용할 수 있는 추가 문제

- 우울증—단극성

내담자와 이 연습을 수행하기 위한 제안

이 과제에서 내담자는 자살을 결정할 경우 가족 및 기타 주요 개인에게 미칠 영향을 파악하도록 요청받습니다. 질문에 대한 답변은 자살 충동이나 사고의 출현에 영향을 미치는 요인에 대한 통찰력을 제공하는 데 도움이 될 수 있습니다. 보다 구체적으로, 응답을 통해 자살 충동의 기저에 있는 내담자의 충족되지 않은 욕구, 내적 갈등 또는 환상이 드러날 수 있습니다. 이 과제는 치료 세션 내에 완료할 것을 강력히 권장합니다. 치료사는 이 단계가 필요하다고 판단되는 경우 내담자에게 입원 치료를 의뢰할 준비가 되어 있어야 합니다. 내담자의 자살 위험이 입원이 필요할 만큼 높지 않다고 평가되는 경우, 치료사는 자살 방지 계약을 체결하고, 중요한 타인이 24시간 감독하도록 주선하고, 향후 내담자가 자살 충동을 느낄 수 있는 경우에 대비하여 기관 또는 개인의 전화번호(예: 위기 핫라인)를 제공할 것을 권장합니다.

연습 43-D

자살의 여파

자살을 생각해 본 적이 있는 사람들은 자신이 자살하면 어떤 일이 일어날지 궁금해하는 경우가 많습니다. 때때로 사람들은 자신이 자살을 선택했을 때 다른 사람들이 어떻게 반응할지 공상하거나 상상하기도 합니다. 이 연습에서는 스스로 목숨을 끊기로 한 결정이 다른 사람에게 미칠 영향에 대해 살펴봅니다. 다음 질문에 답해 주세요.

1. 내가 목숨을 끊는다면 다른 사람들에게 어떤 문제가 생길까요?

____

____

____

____

____

2. 목숨을 끊기로 한 결정이 여러 사람에게 어떤 영향을 미칠까요?

배우자/파트너 ______________________________

____

____

자녀 ______________________________

____

____

어머니 ______________________________

____

____

연습 43-D

아버지 ____________________

____

____

형제자매 ____________________

____

____

조부모님 ____________________

____

____

기타 주요 가족 구성원(이름을 적으세요) ____________________

____

____

친구 ____________________

____

____

적대자들은 ____________________

____

____

3. 자살을 선택할 경우 자신에게 어떤 일이 일어날지에 대한 영적 신념은 무엇인가요?

____

____

____

____

4. 만약 당신이 목숨을 끊는다면 사람들은 당신의 장례식에서 당신에 대해 어떤 말을 할까요?

____

____

____

____

5. 장례식에서 사람들이 당신에 대해 어떤 말을 하기를 원하세요?

6. 죽고 싶었던 이유에 대해 다른 사람들에게 어떤 이야기를 하고 싶으신가요?

7. 문제와 고통스러운 감정을 다루기 위해 누군가에게 정서적 지원을 요청할 수 있나요?

8. 정서적으로 더 강해지고 우울감을 덜 느끼도록 다른 사람들이 도와줄 수 있는 말은 무엇인가요?

9. 정서적으로 더 강해지고 우울감을 덜 느끼도록 돕기 위해 다른 사람들이 할 수 있는 일은 무엇인가요?

연습 43-D

10. 미래에 대한 희망을 갖기 위해 무엇을 할 수 있나요?

11. 자살 충동의 강도를 평가하세요.

1	2	3	4	5
충동 없음				통제할 수 없는 충동

44. A 유형 행동

치료사를 위한 개요: 비경쟁적 가치 개발

연습의 목표

1. 추진력, 성취, 경쟁을 지나치게 강조하면 인생의 균형이 깨진다는 사실을 인정합니다.
2. 가치의 우선순위를 재조정하여 성취보다는 휴식과 관계 형성에 더 중점을 둡니다.
3. 비경쟁적 활동의 목록을 작성하고 참여를 약속합니다.
4. 일상 생활에서 업무/경쟁적 시간과 사교/비경쟁적 시간 사이의 균형을 유지합니다.

이 연습이 가장 유용할 수 있는 추가 문제

- 생애 발달과업의 문제
- 영적 혼란

내담자와 이 연습을 수행하기 위한 제안

이 연습은 내담자가 가치관을 명확히 하고 새로운 우선순위로 이어지는 활동에 집중하는 데 도움이 됩니다. 내담자는 이러한 계획된 활동을 피하려는 경향이 있기 때문에 이러한 활동을 실행하는 데 책임을 져야 합니다. 내담자가 작성한 활동 목록을 검토하고 보다 편안하고 영적이며 관계적이고 내면에 집중하는 데 도움이 될 수 있는 추가 활동을 제안합니다.

연습 44-A

비경쟁적 가치 개발

끊임없이 앞서 나가고, 어떤 대가를 치르더라도 승리하고, 모든 사회적 또는 비즈니스 상황을 지배하는 데 몰두하는 사람은 균형을 잃은 사람입니다. 이런 사람은 일반적으로 다른 사람에 대해 참을성이 없고 조용히 앉아 휴식을 취하지 못합니다. 균형을 찾으려면 자기 중심을 줄이고, 타인을 더 중시하며, 타인과의 경쟁과 조급함을 줄이고, 우정을 더 소중히 여기고 가꾸어야 합니다. 이 연습을 통해 삶의 균형을 회복하고 점점 더 많은 것을 성취하려는 욕구를 줄일 수 있는 방법에 대해 생각해 보세요.

1. 관계: 당신의 삶에서 중요한 관계를 나열하세요. 각 이름 옆에 그 사람과 함께할 수 있는 활동 중 관계의 친밀감을 키우고 강화할 수 있는 활동을 적습니다.

이름	**활동**
A. ______________	______________________
	______________________
	______________________
B. ______________	______________________
	______________________
	______________________
C. ______________	______________________
	______________________
	______________________
D. ______________	______________________
	______________________
	______________________

2. 여가: 편안하고 즐겁고 마음을 안정시키는 데 도움이 되는 여가 활동을 나열하세요. 해당 활동을 시작할 수 있는 날짜를 적습니다.

활동	**날짜**
A. ______________________	______________
______________________	
B. ______________________	______________
______________________	
C. ______________________	______________
______________________	
D. ______________________	______________
______________________	
E. ______________________	______________
______________________	

3. 영적 성장: 성품의 영적 측면을 키울 수 있는 활동을 나열하세요. 이 활동을 시작할 날짜를 적습니다.

활동	**날짜**
A. ______________________	______________
______________________	
B. ______________________	______________
______________________	
C. ______________________	______________
______________________	

4. 성찰과 미학: 성찰하고, 휴식을 취하고, 삶의 예술을 즐길 수 있는 능력을 키울 수 있는 활동을 나열하세요. 시작할 날짜를 적습니다.

활동	날짜
A. ______________________	______________
______________________	
B. ______________________	______________
______________________	
C. ______________________	______________
______________________	

5. 타인에게 기부하기: 다른 사람을 위해 봉사할 수 있는 참여 가능한 활동을 나열하세요. 시작할 날짜를 적습니다.

활동	날짜
A. ______________________	______________
______________________	
B. ______________________	______________
______________________	
C. ______________________	______________
______________________	

45. 직업적 스트레스

치료사를 위한 개요: 직업적 행동 계획

연습의 목표

1. 움직일 수 없는 무력감, 불안감, 분노와 같은 감정을 극복합니다.
2. 스트레스를 조장하는 부정적이고 왜곡된 인지 메시지를 파악하고 대체합니다.
3. 직업적 스트레스를 줄이기 위해 취해야 할 사전 예방적 조치를 나열합니다.
4. 합리적이고 희망적이고 긍정적인 태도로 일관되게 구직활동을 합니다.

이 연습이 가장 유용할 수 있는 추가 문제

- 재정적 스트레스

내담자와 이 연습을 수행하기 위한 제안

고용과 관련된 실패, 거절, 대립 또는 갈등을 경험한 내담자는 두려움과 무력감으로 쉽게 움직이지 못할 수 있습니다. 내담자가 고용 위기에 처했거나 해고되었거나 직장 내 직원과 갈등을 겪고 있는 경우, 상황을 개선하기 위해 건설적인 조치를 취해야 한다는 책임을 받아들여야 합니다. 2번('자기 패배적 메시지 파악')의 자기 패배적 인식을 파악하고 대체할 수 있도록 내담자를 도와야 할 수도 있습니다. 내담자에게 책임감을 갖게 하고 3번('자기 패배적 메시지 바꾸기')의 사전 예방적 단계를 실행하기 위해 취한 조치를 강화합니다.

연습 **45-A**

직업적 행동 계획

직업적 스트레스에 압도당하고 절망감과 무력감을 느끼는 것은 흔한 일입니다. 자신이 상황을 통제할 수 없고 다른 사람이 모든 것을 좌지우지한다고 느낄 수도 있습니다. 하지만 자신이 통제할 수 있고 통제해야 하는 것들에 대한 통제감을 되찾아야 합니다. 주변 상황에 휘둘리지 않고 상황에 능동적으로 대응할 수 있는 행동 계획을 세워야 합니다. 다른 사람들이 당신에게 직접적인 영향을 미치는 결정을 내리고 행동을 실행했을 수도 있지만, 그렇다고 해서 수동적으로 대응할 필요는 없습니다. 갈등을 줄이거나 새로운 길을 개척하기 위해 적극적이고 건설적으로 대응하는 방법에 대한 선택권이 당신 앞에 있습니다.

1. 도움을 줄 사람: 스트레스가 많은 이 시기를 극복하는 데 도움을 주고 건설적인 제안을 해줄 수 있는 사람 세 명을 적으세요.

   A. ______________________________

   B. ______________________________

   C. ______________________________

2. 자기 패배적인 메시지 파악: 먼저 자신의 직업 상황에 대해 절망, 불안, 무력감을 느끼게 하는 부정적, 비관적, 자기 패배적, 왜곡된 생각을 나열합니다(예: '그 상황에 도움이 될 만한 내가 할 수 있는 일은 아무 것도 없어.' '내가 시도한 모든 것은 실패했다.' '나는 또 다시 거절당할 뿐이다.').

   A. ______________________________

   ____

   B. ______________________________

   ____

C. ____________________

____

D. ____________________

____

E. ____________________

____

3. 자기 패배적인 메시지 바꾸기: 이제 마음을 가득 채우고 화나고 우울하고 걱정하고 움직이지 못하게 만드는 부정적인 생각에 도전하세요. 각 생각을 상황을 개선하기 위해 건설적인 행동으로 옮길 수 있는 보다 현실적이고 활기찬 생각으로 바꾸세요(예: '상황을 개선하기 위해 내가 할 수 있는 선택지가 있다.' '변화를 실행하기 위해 다시 시도해야 한다.' '나를 믿어 주는 사람들이 있으니 위험을 감수하고 다가갈 수 있다.').

A. ____________________

____

B. ____________________

____

C. ____________________

____

D. ____________________

____

E. ____________________

____

4. 사전 예방적 단계: 현재 상황을 개선하고 직업적 스트레스를 줄이기 위해 취할 다섯 가지 행동을 작성하세요.

A. ____________________

____

B. ____________________

____

C. ____________________

D.

E.

부록 A: 제시된 문제를 위한 대체 과제

분노 조절 문제

반사회적 행동	나는 다른 사람에게 어떻게 상처를 주었는가 (2–A)
반사회적 행동	사과의 편지 (2–B)
반사회적 행동	세 가지 친절 (2–C)
주의력결핍 과잉행동 장애(ADHD)–성인	문제 해결: 충동적인 행동의 대안 (4–A)
경계성 성격 장애	행동하기 전에 계획하기 (7–B)
가족갈등	대인관계 갈등에 문제 해결법 적용 (16–A)
법적 분쟁	불법 행위에 대한 책임 수용 (22–A)
법적 분쟁	비뚤어진 행동으로 이어지는 비뚤어진 사고 (22–B)
외로움	도움이 되지 않는 생각을 버리기 (23–C)
육아	육아의 양면성: 부모 경험의 두 가지 측면(내가 경험한 나의 부모와 내가 부모가 되는 것) (31–B)
육아	육아에 강화 원리 활용하기 (31–C)
사회 불안	적극적인 자기 주장하기 (39–A)

반사회적 행동

분노 조절 문제	공격적인 분노의 대안 (1–A)
분노 조절 문제	분노 일지 (1–B)
분노 조절 문제	분노에 대한 자기주장적 의사 표현 (1–C)
주의력결핍 과잉행동 장애(ADHD)–성인	자기 모니터링/자기 보상 프로그램 (4–B)
해리장애	트라우마를 설명하기 (13–A)
가족갈등	대인관계 갈등에 문제 해결 적용 (16–A)

법적 분쟁	불법 행위에 대한 책임 수용 (22–A)
법적 분쟁	비뚤어진 행동으로 이어지는 비뚤어진 사고 (22–B)
아편유사제(OPIOID) 사용 장애	변화하려는 나의 동기 탐색 (28–B)

불안

경계성 성격 장애	자기 패배적인 사고 수정 및 일지 작성 (7–A)
아동기 외상	심호흡 연습 (8–B)
우울증–단극성	부정적인 감정을 유발하는 부정적인 생각 (12–B)
우울증–단극성	긍정적인 자기대화 (12–C)
외로움	마음챙김 훈련 (23–B)
외로움	도움이 되지 않는 생각을 버리기 (23–C)
낮은 자존감	두려움을 긍정적인 메시지로 바꾸기 (24–B)
강박 장애(OCD)	강박 사고/강박 행동 중단하기 (27–A)
강박 장애(OCD)	생각 멈추기 기법 사용하기 (27–B)
공황/광장공포증	대처 카드 (29–A)
공황/광장공포증	나의 공황 발작 경험 모니터링 (29–B)
공포증	두려움을 줄이는 네 가지 방법 (33–A)
수면 장애	수면 패턴 기록 (38–A)
신체화	신체적 문제에 집중된 초점 조절 (40–A)
영적 혼란	나의 영적 유산 목록 (41–B)

주의력결핍 과잉행동 장애(ADHD)–성인

분노 조절 문제	공격적인 분노의 대안 (1–A)
반사회적 행동	세 가지 친절 (2–C)
양극성 장애–조증	충동적인 행동의 부정적인 결과 인식 (6–B)
양극성 장애–조증	약 복용을 싫어하는 이유 (6–D)
경계성 성격장애	행동하기 전에 계획하기 (7–B)
인지적 결손	기억 보조장치: 개인 정보 관리 기록 (10–A)
인지적 결손	기억력 향상 기술 (10–B)
충동 조절 장애	충동적 행동 일지 (20–A)

양극성 장애-우울증

주의력결핍 과잉행동 장애(ADHD)-성인	자기 모니터링/자기 보상 프로그램 (4-B)
양극성 장애-조증	일상의 리듬 유지하기 (6-A)
양극성 장애-조증	나의 좋은 자질은 무엇인가 (6-C)
양극성 장애-조증	약 복용을 싫어하는 이유 (6-D)
자살 사고	자살 사고와 감정에 저항하는 전략 (43-C)

양극성 장애-조증

분노 조절 문제	분노에 대한 자기주장적 의사 표현 (1-C)
주의력결핍 과잉행동 장애(ADHD)-성인	문제 해결: 충동적인 행동의 대안 (4-A)
주의력결핍 과잉행동 장애(ADHD)-성인	자기 모니터링/자기 보상 프로그램 (4-B)
양극성 장애-우울증	우울증의 조기 경고 신호 (5-A)
경계성 성격장애	행동하기 전에 계획하기 (7-B)
충동 조절 장애	충동적 행동 일지 (20-A)
낮은 자존감	나의 강점 인정하기 (24-A)
의료 문제	내 질병의 영향 (26-B)
정신증	무엇을 듣고 보는가 (35-A)
수면 장애	수면 패턴 기록 (38-A)
자살 사고	자해금지 서약 (43-B)
자살 사고	자살 사고와 감정에 저항하는 전략 (43-C)

경계성 성격 장애

분노 조절 문제	공격적인 분노의 대안 (1-A)
분노 조절 문제	분노 일지 (1-B)
양극성 장애-조증	일상의 리듬 유지하기 (6-A)
양극성 장애-조증	충동적인 행동의 부정적인 결과 인식 (6-B)
의존성	충족되지 않은 정서적 욕구 충족 (11-B)
해리장애	트라우마를 설명하기 (13-A)
충동 조절 장애	충동적 행동 일지 (20-A)
외로움	마음챙김 훈련 (23-B)
자살 사고	왜곡되고 부정적인 생각의 일지 (43-A)

자살 사고	자살 사고와 감정에 저항하는 전략 (43–C)

아동기 외상

양극성 장애–우울증	트리거(촉발 요인) 확인 및 처리 (5–B)
해리장애	트라우마를 설명하기 (13–A)
육아	육아의 양면성: 부모 경험의 두 가지 측면(내가 경험한 나의 부모와 내가 부모가 되는 것) (31–B)
공포증	공포증에 대한 두려움을 점차적으로 줄이기 (33–B)
외상 후 스트레스 장애(PTSD)	트라우마가 나에게 미치는 영향 (34–A)
외상 후 스트레스 장애(PTSD)	고통스러운 기억의 공유 (34–B)

만성 통증

외로움	내가 무엇을 가치 있게 여기는지 확인하기 (23–A)
아편유사제(OPIOID) 사용 장애	만성 통증과 함께 잘 지내기 (28–C)
생애 발달과업의 문제	나와 내 삶의 좋은 점은 무엇인가 (32–B)
신체화	신체적 문제에 집중된 초점 조절 (40–A)

인지적 결손

해리장애	현재의 현실에 집중하기 (13–B)

의존성

불안	두려운 사건이 발생할 확률 분석 (3–A)
친밀한 관계에서의 갈등	서로의 필요와 욕구를 어떻게 충족시킬 수 있는가 (21–A)
외로움	내가 무엇을 가치 있게 여기는지 확인하기 (23–A)
낮은 자존감	두려움을 긍정적인 메시지로 바꾸기 (24–B)
생애 발달과업의 문제	나와 내 삶의 좋은 점은 무엇인가 (32–B)
사회 불안	사회적 상황에서의 편안함 회복 (39–B)

우울증-단극성

불안	두려운 사건이 발생할 확률 분석 (3-A)
불안	걱정 시간 (3-C)
주의력결핍 과잉행동 장애(ADHD)-성인	자기 모니터링/자기 보상 프로그램 (4-B)
양극성 장애-우울증	우울증의 조기 경고 신호 (5-A)
양극성 장애-조증	일상의 리듬 유지하기 (6-A)
양극성 장애-조증	나의 좋은 자질은 무엇인가 (6-C)
양극성 장애-조증	약 복용을 싫어하는 이유 (6-D)
경계성 성격 장애	자기 패배적인 사고 수정 및 일지 작성 (7-A)
인지적 결손	기억 보조장치: 개인 정보 관리 기록 (10-A)
의존성	스스로 결정하기 (11-A)
의존성	충족되지 않은 정서적 욕구 충족 (11-B)
미해결된 애도/상실	기념 콜라주 만들기 (19-A)
미해결된 애도/상실	______에게: 고인에게 보내는 편지 (19-B)
외로움	내가 무엇을 가치 있게 여기는지 확인하기 (23-A)
외로움	마음챙김 훈련 (23-B)
외로움	도움이 되지 않는 생각을 버리기 (23-C)
낮은 자존감	나의 강점 인정하기 (24-A)
낮은 자존감	두려움을 긍정적인 메시지로 바꾸기 (24-B)
강박 장애(OCD)	강박 사고/강박 행동 중단하기 (27-A)
아편유사제(OPIOID) 사용 장애	생각과 감정 파악하기 (28-A)
생애 발달과업의 문제	내 삶에서 무엇이 바뀌어야 하는가 (32-A)
생애 발달과업의 문제	나와 내 삶의 좋은 점은 무엇인가 (32-B)
정신증	무엇을 듣고 보는가 (35-A)
수면 장애	수면 패턴 기록 (38-A)
사회 불안	사회적 상황에서의 편안함 회복 (39-B)
영적 혼란	나의 영성 역사 (41-A)
영적 혼란	나의 영적 유산 목록 (41-B)
자살 사고	왜곡되고 부정적인 생각의 일지 (43-A)
자살 사고	자해금지 서약 (43-B)
자살 사고	자살 사고와 감정에 저항하는 전략 (43-C)

자살 사고	자살의 여파 (43–D)

해리장애

인지적 결손	기억 보조장치: 개인 정보 관리 기록 (10–A)
외로움	마음챙김 훈련 (23–B)
성폭력 피해자	가해자를 비난하는 편지와 용서하는 편지 (36–A)
성폭력 피해자	성폭력 장소 그림 그리기 (36–B)

섭식 장애와 비만

우울증–단극성	부정적인 감정을 유발하는 부정적인 생각 (12–B)
여성 성기능 장애	몸 연구하기: 옷을 입은 상태와 옷을 벗은 상태 (17–B)
강박 장애(OCD)	생각 멈추기 기법 사용하기 (27–B)
강박 장애(OCD)	강박 행동의 강도 줄이기 (27–C)
아편유사제(OPIOID) 사용 장애	변화하려는 나의 동기 탐색 (28–B)

교육 결손

인지적 결손	기억력 향상 기술 (10–B)

가족 갈등

분노 조절 문제	공격적인 분노의 대안 (1–A)
분노 조절 문제	분노 일지 (1–B)
분노 조절 문제	분노에 대한 자기주장적 의사 표현 (1–C)
반사회적 행동	사과의 편지 (2–B)
우울증–단극성	즐거운 활동을 파악하고 계획하기 (12–A)
재정적 스트레스	예산 계획 (18–A)
육아	팀으로서 부모가 되는 법 배우기 (31–A)
육아	육아에 강화 원리 활용하기 (31–C)

여성 성기능 장애

친밀한 관계에서의 갈등	서로의 필요와 욕구를 어떻게 충족시킬 수 있는가 (21–A)
친밀한 관계에서의 갈등	관계에 대한 긍정적 기여와 부정적 기여. 내가 기여하는 것과 파트너가 기여하는 것 (21–B)
외로움	마음챙김 훈련 (23–B)
남성 성기능 장애	비요구적 성적 쾌감에 대한 반응 일지 작성(감각 집중법) (25–A)
성적 지향 혼란	성적인 생각, 환상, 갈등에 대한 일지 (37–A)

재정적 스트레스

교육 결손	나의 학업 및 직업상의 장점 (15–A)
교육 결손	교육의 장점 (15–B)
충동 조절 장애	충동적 행동 일지 (20–A)
직업적 스트레스	직업적 행동 계획 (45–A)

미해결된 애도/상실

양극성 장애–우울증	우울증의 조기 경고 신호 (5–A)
의존성	스스로 결정하기 (11–A)
의존성	충족되지 않은 정서적 욕구 충족 (11–B)
우울증–단극성	부정적인 감정을 유발하는 부정적인 생각 (12–B)
우울증–단극성	긍정적인 자기대화 (12–C)
외로움	내가 무엇을 가치 있게 여기는지 확인하기 (23–A)
영적 혼란	나의 영적 유산 목록 (41–B)

충동 조절 장애

분노 조절 문제	분노에 대한 자기주장적 의사 표현 (1–C)
반사회적 행동	세 가지 친절 (2–C)
불안	과거의 성공적인 불안 대처 (3–B)
주의력결핍 과잉행동 장애(ADHD)–성인	문제 해결: 충동적인 행동의 대안 (4–A)
주의력결핍 과잉행동 장애(ADHD)–성인	자기 모니터링/자기 보상 프로그램 (4–B)

양극성 장애-조증	충동적인 행동의 부정적인 결과 인식 (6-B)
법적 분쟁	불법 행위에 대한 책임 수용 (22-A)
아편유사제(OPIOID) 사용 장애	생각과 감정 파악하기 (28-A)

친밀한 관계에서의 갈등

반사회적 행동	사과의 편지 (2-B)
의존성	충족되지 않은 정서적 욕구 충족 (11-B)
우울증-단극성	즐거운 활동을 파악하고 계획하기 (12-A)
우울증-단극성	부정적인 감정을 유발하는 부정적인 생각 (12-B)
가족갈등	대인관계 갈등에 문제 해결 적용 (16-A)
여성 성기능 장애	부정적인 성적 태도에 영향을 미치는 요인 (17-A)
미해결된 애도/상실	기념 콜라주 만들기 (19-A)
미해결된 애도/상실	______에게: 이별한 사랑하는 사람에게 보내는 편지 (19-B)
아편유사제(OPIOID) 사용 장애	변화하려는 나의 동기 탐색 (28-B)
편집증적 사고	의심을 실제와 대조하여 확인하기 (30-A)
육아	육아에 강화 원리 활용하기 (31-C)
성적 지향 혼란	성적인 생각, 환상, 갈등에 대한 일지 (37-A)

법적 분쟁

반사회적 행동	나는 다른 사람들에게 어떻게 상처를 주었는가 (2-A)
반사회적 행동	사과의 편지 (2-B)
반사회적 행동	세 가지 친절 (2-C)
충동 조절 장애	충동적 행동 일지 (20-A)

외로움

양극성 장애-조증	일상의 리듬 유지하기 (6-A)
우울증-단극성	즐거운 활동을 파악하고 계획하기 (12-A)
아편유사제(OPIOID) 사용 장애	변화하려는 나의 동기 탐색 (28-B)
생애 발달과업의 문제	내 삶에서 무엇이 바뀌어야 하는가 (32-A)

생애 발달과업의 문제	나와 내 삶의 좋은 점은 무엇인가 (32-B)
사회 불안	적극적인 자기 주장하기 (39-A)
사회 불안	사회적 상황에서의 편안함 회복 (39-B)

낮은 자존감

불안	두려운 사건이 발생할 확률 분석 (3-A)
불안	걱정 시간 (3-C)
양극성 장애-우울증	우울증의 조기 경고 신호 (5-A)
양극성 장애-조증	나의 좋은 자질은 무엇인가 (6-C)
경계성 성격 장애	자기 패배적인 사고 수정 및 일지 작성 (7-A)
아동기 외상	감정과 용서 편지 (8-C)
의존성	스스로 결정하기 (11-A)
의존성	충족되지 않은 정서적 욕구 충족 (11-B)
의존성	독립을 향한 발걸음 (11-C)
우울증-단극성	부정적인 감정을 유발하는 부정적인 생각 (12-B)
우울증-단극성	긍정적인 자기대화 (12-C)
여성 성기능 장애	몸 연구하기: 옷을 입은 상태와 옷을 벗은 상태 (17-B)
외로움	도움이 되지않는 생각을 버리기 (23-C)
아편유사제(OPIOID) 사용 장애	생각과 감정 파악하기 (28-A)
성폭력 피해자	가해자를 비난하는 편지와 용서하는 편지 (36-A)
사회 불안	적극적인 자기 주장하기 (39-A)
사회 불안	사회적 상황에서의 편안함 회복 (39-B)
영적 혼란	나의 영적 유산 목록 (41-B)

남성 성기능 장애

여성 성기능 장애	부정적인 성적 태도에 영향을 미치는 요인 (17-A)
친밀한 관계에서의 갈등	서로의 필요와 욕구를 어떻게 충족시킬 수 있는가 (21-A)
친밀한 관계에서의 갈등	관계에 대한 긍정적 기여와 부정적 기여. 내가 기여하는 것과 파트너가 기여하는 것 (21-B)

성적 지향 혼란	성적인 생각, 환상, 갈등에 대한 일지 (37-A)

의료 문제

양극성 장애-우울증	우울증의 조기 경고 신호 (5-A)
만성 통증	통증과 스트레스 일지 (9-A)
아편유사제(OPIOID) 사용 장애	만성 통증과 함께 잘 지내기 (28-C)
신체화	신체적 문제에 집중된 초점 조절 (40-A)
영적 혼란	나의 영성 역사 (41-A)

강박 장애(OCD)

불안	두려운 사건이 발생할 확률 분석 (3-A)
불안	과거의 성공적인 불안 대처 (3-B)
불안	걱정 시간 (3-C)
아편유사제(OPIOID) 사용 장애	생각과 감정 파악하기 (28-A)
공황/광장공포증	대처 카드 (29-A)

아편유사제(OPIOID) 사용 장애

반사회적 행동	나는 다른 사람들에게 어떻게 상처를 주었는가 (2-A)
반사회적 행동	사과의 편지 (2-B)
양극성 장애-조증	충동적인 행동의 부정적인 결과 인식 (6-B)
양극성 장애-조증	나의 좋은 자질은 무엇인가 (6-C)
우울증-단극성	즐거운 활동을 파악하고 계획하기 (12-A)
교육 결손	교육의 장점 (15-B)
충동 조절 장애	충동적 행동 일지 (20-A)
강박 장애(OCD)	강박 행동의 강도 줄이기 (27-C)
육아	육아의 양면성: 부모 경험의 두 가지 측면(내가 경험한 나의 부모와 내가 부모가 되는 것) (31-B)
수면 장애	수면 패턴 기록 (38-A)
사회 불안	적극적인 자기 주장하기 (39-A)
영적 혼란	나의 영성 역사 (41-A)

영적 혼란	나의 영적 유산 목록 (41–B)

공황/광장공포증

불안	과거의 성공적인 불안 대처 (3–B)
불안	걱정 시간 (3–C)
우울증–단극성	부정적인 감정을 유발하는 부정적인 생각 (12–B)
낮은 자존감	두려움을 긍정적인 메시지로 바꾸기 (24–B)
공포증	두려움을 줄이는 네 가지 방법 (33–A)
사회 불안	사회적 상황에서의 편안함 회복 (39–B)

편집증적 사고

양극성 장애–조증	약 복용을 싫어하는 이유 (6–D)
우울증–단극성	부정적인 감정을 유발하는 부정적인 생각 (12–B)
외로움	도움이 되지 않는 생각을 버리기 (23–C)
정신증	무엇을 듣고 보는가 (35–A)

육아

가족갈등	체계적인(구조화된) 양육 계획 (16–B)

생애 발달과업의 문제

불안	과거의 성공적인 불안 대처 (3–B)
만성 통증	통증과 스트레스 일지 (9–A)
인지적 결손	기억 보조장치: 개인 정보 관리 기록 (10–A)
교육 결손	나의 학업 및 직업상의 장점 (15–A)
가족갈등	대인관계 갈등에 문제 해결 적용 (16–A)
재정적 스트레스	예산 계획 (18–A)
미해결된 애도/상실	________에게: 이별한 사랑하는 사람에게 보내는 편지 (19–B)
외로움	내가 무엇을 가치 있게 여기는지 확인하기 (23–A)
아편유사제(OPIOID) 사용 장애	변화하려는 나의 동기 탐색 (28–B)
A 유형 행동	비경쟁적 가치 개발 (44–A)

공포증

불안	두려운 사건이 발생할 확률 분석 (3–A)
불안	과거의 성공적인 불안 대처 (3–B)
불안	걱정 시간 (3–C)
아동기 외상	심호흡 연습 (8–B)
아편유사제(OPIOID) 사용 장애	생각과 감정 파악하기 (28–A)
공황/광장공포증	대처 카드 (29–A)
공황/광장공포증	나의 공황 발작 경험 모니터링 (29–B)

외상 후 스트레스 장애(PTSD)

분노 조절 문제	공격적인 분노의 대안 (1–A)
분노 조절 문제	분노 일지 (1–B)
양극성 장애–우울증	트리거(촉발 요인) 확인 및 처리 (5–B)
아동기 외상	피해자에서 생존자로의 변화 (8–A)
아동기 외상	심호흡 연습 (8–B)
아동기 외상	감정과 용서 편지 (8–C)
해리장애	트라우마를 설명하기 (13–A)
해리장애	현재의 현실에 집중하기 (13–B)
외로움	마음챙김 훈련 (23–B)
육아	육아의 양면성: 부모 경험의 두 가지 측면(내가 경험한 나의 부모와 내가 부모가 되는 것) (31–B)
공포증	공포증에 대한 두려움을 점차적으로 줄이기 (33–B)
성폭력 피해자	성폭력 장소 그림 그리기 (36–B)

정신증

양극성 장애–조증	약 복용을 싫어하는 이유 (6–D)
인지적 결손	기억 보조장치: 개인 정보 관리 기록 (10–A)
해리장애	현재의 현실에 집중하기 (13–B)
외로움	도움이 되지 않는 생각을 버리기 (23–C)
의료 문제	내 치료에 대한 나의 생각 (26–A)

의료 문제	내 질병의 영향 (26-B)
편집증적 사고	의심을 실제와 대조하여 확인하기 (30-A)

성폭력 피해자

양극성 장애-우울증	트리거(촉발 요인) 확인 및 처리 (5-B)
양극성 장애-조증	나의 좋은 자질은 무엇인가 (6-C)
아동기 외상	피해자에서 생존자로의 변화 (8-A)
아동기 외상	심호흡 연습 (8-B)
아동기 외상	감정과 용서 편지 (8-C)
해리장애	트라우마를 설명하기 (13-A)
해리장애	현재의 현실에 집중하기 (13-B)
외로움	마음챙김 훈련 (23-B)
낮은 자존감	두려움을 긍정적인 메시지로 바꾸기 (24-B)
외상 후 스트레스 장애(PTSD)	트라우마가 나에게 미치는 영향 (34-A)
외상 후 스트레스 장애(PTSD)	고통스러운 기억의 공유 (34-B)
사회 불안	사회적 상황에서의 편안함 회복 (39-B)
자살 사고	자해금지 서약 (43-B)

성적 지향 혼란

여성 성기능 장애	부정적인 성적 태도에 영향을 미치는 요인 (17-A)
여성 성기능 장애	몸 연구하기: 옷을 입은 상태와 옷을 벗은 상태 (17-B)

수면 장애

양극성 장애-우울증	우울증의 조기 경고 신호 (5-A)
편집증적 사고	의심을 실제와 대조하여 확인하기 (30-A)

사회 불안

불안	두려운 사건이 발생할 확률 분석 (3-A)
불안	과거의 성공적인 불안 대처 (3-B)
양극성 장애-조증	나의 좋은 자질은 무엇인가 (6-C)

경계성 성격 장애	자기 패배적인 사고 수정 및 일지 작성 (7-A)
아동기 외상	심호흡 연습 (8-B)
의존성	충족되지 않은 정서적 욕구 충족 (11-B)
우울증-단극성	부정적인 감정을 유발하는 부정적인 생각 (12-B)
외로움	도움이 되지 않는 생각을 버리기 (23-C)
낮은 자존감	나의 강점 인정하기 (24-A)
낮은 자존감	두려움을 긍정적인 메시지로 바꾸기 (24-B)
공황/광장공포증	대처 카드 (29-A)
공황/광장공포증	나의 공황 발작 경험 모니터링 (29-B)
편집증적 사고	의심을 실제와 대조하여 확인하기 (30-A)
공포증	두려움을 줄이는 네 가지 방법 (33-A)
공포증	공포증에 대한 두려움을 점차적으로 줄이기 (33-B)

신체화

만성 통증	통증과 스트레스 일지 (9-A)
외로움	내가 무엇을 가치 있게 여기는지 확인하기 (23-A)
아편유사제(OPIOID) 사용 장애	만성 통증과 함께 잘 지내기 (28-C)

영적 혼란

A 유형 행동	비경쟁적 가치 개발 (44-A)

물질 사용

반사회적 행동	나는 다른 사람에게 어떻게 상처를 주었는가 (2-A)
반사회적 행동	사과의 편지 (2-B)
양극성 장애-조증	충동적인 행동의 부정적인 결과 인식 (6-B)
양극성 장애-조증	나의 좋은 자질은 무엇인가 (6-C)
교육 결손	교육의 장점 (15-B)
충동 조절 장애	충동적 행동 일지 (20-A)
외로움	내가 무엇을 가치 있게 여기는지 확인하기 (23-A)

강박 장애(OCD)	강박 행동의 강도 줄이기 (27–C)
아편유사제(OPIOID) 사용 장애	변화하려는 나의 동기 탐색 (28–B)
육아	육아의 양면성: 부모 경험의 두 가지 측면(내가 경험한 나의 부모와 내가 부모가 되는 것) (31–B)
수면 장애	수면 패턴 기록 (38–A)
사회 불안	적극적인 자기 주장하기 (39–A)
영적 혼란	나의 영성 역사 (41–A)
영적 혼란	나의 영적 유산 목록 (41–B)

자살 사고

불안	두려운 사건이 발생할 확률 분석 (3–A)
불안	과거의 성공적인 불안 대처 (3–B)
경계성 성격 장애	자기 패배적인 사고 수정 및 일지 작성 (7–A)
의존성	충족되지 않은 정서적 욕구 충족 (11–B)
우울증–단극성	부정적인 감정을 유발하는 부정적인 생각 (12–B)
우울증–단극성	긍정적인 자기대화 (12–C)
외로움	내가 무엇을 가치 있게 여기는지 확인하기 (23–A)
낮은 자존감	나의 강점 인정하기 (24–A)
낮은 자존감	두려움을 긍정적인 메시지로 바꾸기 (24–B)
아편유사제(OPIOID) 사용 장애	생각과 감정 파악하기 (28–A)
생애 발달과업의 문제	내 삶에서 무엇이 바뀌어야 하는가 (32–A)
생애 발달과업의 문제	나와 내 삶의 좋은 점은 무엇인가 (32–B)
영적 혼란	나의 영성 역사 (41–A)

A 유형 행동

반사회적 행동	세 가지 친절 (2–C)
경계성 성격 장애	행동하기 전에 계획하기 (7–B)
우울증–단극성	즐거운 활동을 파악하고 계획하기 (12–A)
충동 조절 장애	충동적 행동 일지 (20–A)
외로움	내가 무엇을 가치 있게 여기는지 확인하기 (23–A)
아편유사제(OPIOID) 사용 장애	생각과 감정 파악하기 (28–A)

직업적 스트레스

교육 결손	나의 학업 및 직업상의 장점 (15-A)
교육 결손	교육의 장점 (15-B)
가족갈등	대인관계 갈등에 문제해결법 적용 (16-A)
미해결된 애도/상실	________에게: 이별한 사랑하는 사람에게 보내는 편지 (19-B)
외로움	도움이 되지 않는 생각을 버리기 (23-C)
아편유사제(OPIOID) 사용 장애	생각과 감정 파악하기 (28-A)

부록 B: 연습 찾아보기(가나다순)

저자 소개

Arthur E. Jongsma, Jr. 노던일리노이대학교(NIU, Dekalb)에서 임상심리학 박사학위를 취득하였고, 컨설턴트와 심리치료 플래너 및 전문서적 저작자로서 정신건강 전문가 대상의 다양한 강연을 진행해 왔다. 그는 50여 년의 경력을 가진 상담 및 심리치료 서비스 제공의 전문가로서 국제적 명성을 얻고 있는 임상심리학자이다.

Timothy J. Bruce 뉴욕주립대학교(SUNY, Albany) 심리학과에서 임상심리학 전공으로 박사학위를 취득하였다. 현재 일리노이주립대학교 의과대학 정신과 및 행동의학과의 명예교수이다. 그는 교육 행정, 교육 및 임상심리학의 증거 기반 실무 분야에서 60개가 넘는 상을 수상하였으며 연구와 강연을 통해 국제적 명성을 얻고 있다.

역자 소개

문미란(Moon Miran, Ph. D.)

세종대학교 교육대학원 상담심리 전공의 겸임교수, 칼빈대학교 국제교육원의 대우교수, 심리상담연구소 문의 소장으로 재직하고 있다. 연세대학교에서 상담 전공으로 교육학석사, 홍익대학교에서 상담 전공으로 교육학박사 학위를 취득하였다.

국민대학교 교육대학원 상담심리 전공의 겸임교수와 명지대학교 교직학부의 겸임교수, 한국청소년상담학회 심리상담분과 학회장을 역임하였으며, 다수 대학교에서 강의·상담 및 연구를 하였다. 서울시 법률·의료 전문지원단, 서울특별시립 다시함께상담센터 법률·의료지원팀 운영위원으로 활동했고, 서울시교육청 교육활동보호센터의 협력-상담 전문가로 활동 중이며, 다수 EAP(Employee Assistance Program) 기관과 연계하여 상담을 진행하고 있다. 2021년에는 시정발전에 기여한 공로로 서울특별시 표창장을 수상하였다.

한국상담심리학회의 상담심리사 1급(주수련감독), 청소년상담사 1급, 평생교육사 1급 자격증을 취득하였고, 대표적인 저서로는『성격심리학』(공저, 태영출판사, 2008),『진로솔루션 워크북』(공저, 학지사, 2012),『인간관계의 심리』(4판, 공저, 시그마프레스, 2015),『성인학습 및 상담』(2판, 공저, 학지사, 2017)가 있다.

윤명신(Yoon Myoungshin)

경희대학교 대학원 교육학과에서 상담심리 전공으로 박사수료하였으며, 한국심리학회, 한국상담심리학회와 한국미술치료학회 정회원이다. 청소년상담사, 임상심리사, 미술치료 전문가 자격을 취득하였고, 남양주 심리코칭센터와 대학교 학생생활상담센터에서 미술치료사 및 상담사로 활동하였으며, 현재 서울특별시립 다시함께상담센터 의료심리지원단, 심리상담연구소 문 연구원, EAP 기업상담사로 활동 중이다.

아이리스 리(Iris Lee)

아이리스 리는 존스홉킨스 대학교에서 문예창작과 심리학을 전공하고 동대학원에서 MFA(Master of Fine Art) 과정에 있다.『Marque Magazine』의 크리에이티브 디렉터로 일하며『Fence』에 시를 발표하고, 신경심리학 연구소에서 기억 연구를 위한 이야기를 쓰는 등 프리랜서 작가와 번역가로 활동 중이다.

성인 상담 및 심리치료 과제 플래너
Adult Psychotherapy Homework Planner (6th Edition)

2024년 7월 25일 1판 1쇄 인쇄
2024년 7월 30일 1판 1쇄 발행

지은이 • Arthur E. Jongsma, Jr. · Timothy J. Bruce
옮긴이 • 문미란 · 윤명신 · 아이리스 리
펴낸이 • 김진환
펴낸곳 • ㈜ 학지사
04031 서울특별시 마포구 양화로 15길 20 마인드월드빌딩
대표전화 • 02-330-5114 팩스 • 02-324-2345
등록번호 • 제313-2006-000265호

홈페이지 • http://www.hakjisa.co.kr
인스타그램 • https://www.instagram.com/hakjisabook

ISBN 978-89-997-3172-3 93180

정가 27,000원

역자와의 협약으로 인지는 생략합니다.
파본은 구입처에서 교환해 드립니다.